타임라인

M

한국 근현대 군사사 프로젝트 타임라인M 제 1권

2022년 12월 15일 초판 1쇄 발행

글	김기윤
그림	우용곡, 금수, 초초혼, 판처
기획	원종우
편집	정성학
디자인	김애린
마케팅	이수빈

발행인	원종우
발행처	블루픽
주소	경기도 과천시 뒷골로 26, 2층
전화	02-6447-9000
팩스	02-6447-9009
메일	edit@bluepic.kr
홈페이지	https://bluepic.kr

ISBN	979-11-6769-185-9 04910
정가	27,000원

타임라인 M 01

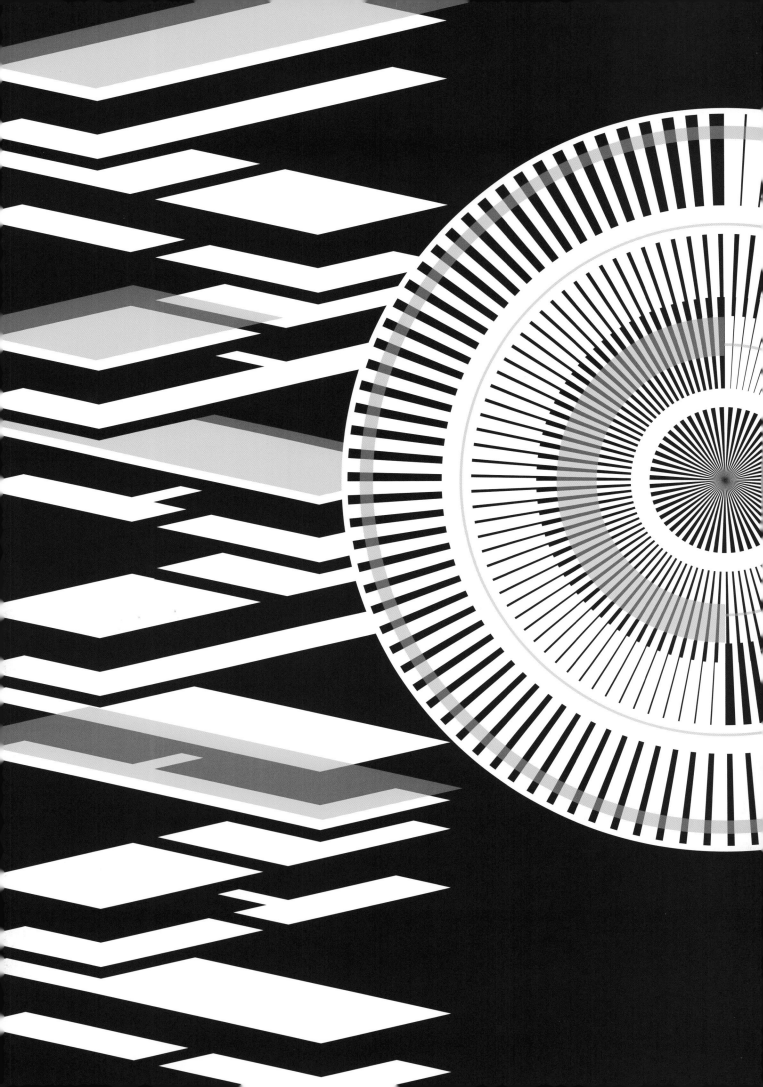

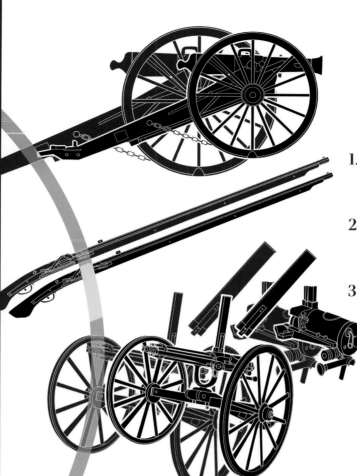
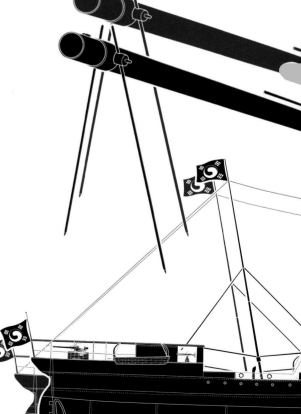

contents

目次

1866

1871

1875

1876

1881

1882

1884

1894

發刊辭

발간사 — 오로라_김기윤

　　역사라는 학문은 한없이 넓은 바다처럼 시간과 공간을 제공하며 수많은 것을 담아낸다. 그리고 그 시간과 공간을 통해 무언가를 공유할 수 있다는 것은 엄청난 행운이다. 과거의 누군가가 숨쉬며 마주했던 사건들을 통하여 우리가 그 뿌리를 찾는다. 그리고 그를 통해 과거와 미래를 이어가며 현재를 배워간다.

　　거창한 주제를 두고 이 책을 쓴 것은 아니었다. 2019년 7월, 우용곡 님과 의기투합해서 내놓은 작은 회지 〈Twilight of Dynasty〉에서 시작된 일이었다. 겁 없던 학부생 시절부터 개항기와 대한제국, 그리고 근현대를 아우르는 한국 역사는 늘 매력적이었다. 그 중에서도 가장 사랑하는 분야는 그들이 자국을 지키려 조직했던 군대와 그들 자신의 이야기였다. 회지에서는 개항기 조선군의 복식과 무기, 그리고 그에 관련된 소소한 이야기들을 주로 다루었다. 자료를 수집하고 밤을 새어가며 만들어낸 회지는 큰 호응을 받았다. 그러나 말 그대로 처음 만들어보는 책이었기에 개인적으로는 깊은 고민을 느꼈다. 그 시대 사람들에게 녹아 있는 수많은 이야기가 있음에도 개항기와 대한제국 시대란 여전히 누군가에게는 부정적이며 부끄러운 역사이기 때문이었다.

　　그러한 인식에서 벗어나, 다른 관점과 요인으로서 개항기의 위정자들과 국가를 지키려 사력을 다한 군인들은 과연 어떻게 움직였고, 어떻게 당대 상황에 맞춰 변화했는지를 중점적으로 다뤄보고 싶었다. 그러던 사이 우용곡 작가님에게서 블루픽의 '타임라인 M' 프로젝트에 참가하자는 연락을 받자 정말 뛸 듯이 기뻤다. 그 제안이 그동안 구상해오던 개항기 조선의 수많은 이야기를 풀어 줄 기회가 되어서였다. 앞서 말했듯 그들이 거쳤던 시간과 공간을 통해 독자들과 무언가를 공유할 수 있다는, 적어도 지난 시간에 그들이 존재했다는 이야기를 남길 수 있다는 일념 하나에 정말로 흥분되었다. 28개월 동안 화천에서 군 생활을 하며 꾸준히 자료를 모으고 공부하며 원고 작성에 긴 시간을 보냈다. 전역 직후 출판이 확정되고 사학도로서 학업을 이어가며 이러한 프로젝트에 참여한 일은 늘 자랑스럽게 기억될 것이다. 부디 이 책이 개항기를 넘어 근현대 한국의 군대와 군제사를 이해하는 데 조금이나마 도움이 되길 바란다.

　　이 프로젝트를 진행하면서 함께 고민하고 울고 웃으며, 조선왕실신화 만화 작업으로 피곤한 몸에도 나의 꿈을 이끌어내주신 우용곡 작가님에게 진심으로 감사드린다. 함께 합을 맞추며 역사에 큰 열의를 보여주신 초혼 작가님, 판처 작가님, 금수 작가님에게도 감사의 말씀을 드린다. 이렇게 좋은 프로젝트와 작가님들의 아이디어를 적극적으로 반영해주신 블루픽 원종우 대표님, 그리고 저희의 작업을 물심양면으로 도와주신 모든 분에게도 감사의 마음을 전한다. 그리고 항상 묵묵히 뒤에서 자료와 풍부한 상상력을 보태어주신 늑대님과 지치고 힘들 때마다 나를 이끌어준 가장 사랑하는 친구 아름이, 언제나 묵묵히 아들을 응원해주신 부모님, 작업할 때마다 도도한 모습으로 장난을 치며 피로를 풀어주는 까망이와 마요에게도 사랑을 전하고 싶다.

한국 근현대 군사사 프로젝트의 힘찬 출발을 축하드립니다.

　　그동안 우리나라의 근현대 역사에 대한 연구가 없지는 않았습니다. 그러나 기존까지의 연구는 학계 내부 관계자들를 위한 해석적 연구에 그쳤고 그 결과물 역시 논문이나 연구서 형태로 출판되었기에, 관심이 많은 보통 독자들이 접하는 일은 드물었습니다. 그러나 타임라인 M 프로젝트는 우리나라의 근현대사, 그중에서도 군사사 관련 내용을 더욱 많은 사람이 대중적으로 접할 수 있도록 일목요연하고 보기 좋게 책으로 엮었습니다. 저는 이 책의 출간에 반가움을 넘어 가슴 벅찬 감동을 느낍니다.

　　이 프로젝트를 통하여 출간되는 책으로 독자 여러분이 한국군과 그 뿌리를 이해하고, 더불어 우리 한민족과 한국인 자신을 성찰할 수 있는 소중한 기회를 얻으리라 확신합니다. 또한 이를 통해 얻은 우리 자신에 대한 이해를 바탕 삼아 앞으로 우리나라와 한국군이 나아가야 할 방향을 발견하는 계기가 되리라고 믿습니다. 더불어 이 프로젝트에서는 철저한 고증 아래 한국군의 무기와 군제, 그리고 군복 등 다양한 정보와 자료를 제공합니다.

　　저는 이를 바탕으로 여러분이 군복과 무기의 중요성, 그리고 그 의미를 받아들여 올바른 군인의 가치관을 정립하는 계기가 되기를 기대합니다. 여러분이 이 한국 근현대 군사사 프로젝트를 통하여 조상들의 희생과 노력, 그리고 과오마저도 이해하고 우리의 선배들로부터 용기와 희망을 얻으며 자신을 되돌아보는 계기가 되었으면 합니다.

전 특전사령관
예비역 육군 중장 **전인범**

축전사

推薦辭

梁憲洙

병인양요

포군과 군제정비

1866

주립을 쓰고 융복을 입은 고위 무관과 군복을 입은 조총수

병인양요
포군과 군제정비

19세기 조선의 위기와 신흥 종교

철종 사후 고종과 흥선대원군의 치세가 시작될 무렵, 조선 사회의 정세는 상당히 불안했다. 정조 사후부터 시작된 흉년과 기아, 자연재해와 이로 말미암은 반란이 곳곳에서 발생했다. 홍경래의 난을 시작으로 진주민란과 임술농민봉기는 이러한 사회불안을 여지없이 보여주는 일련의 사건들이었다.

특히 홍경래의 난 직후 인구 감소 문제는 굉장히 심각한 수준이었다. 1807-1837년 사이의 조선 인구는 무려 17만여 호, 80여만 명의 인구가 감소했다. 가장 피해가 심했던 평안도는 홍경래의 난 전까지 민호 수는 302,844호였고 이 중 남성은 64만 명에 달했다. 그러나 반란 이후에는 192,867호에 남성 인구 40만까지 급감했다.

기아와 질병, 재해로 인해 유랑하는 농민들이 늘어난 결과였다. 게다가 19세기 조선 사회가 단 한 번도 겪지 못한 질병인 콜레라의 유행은 더더욱 인구 감소에 큰 영향을 주었다.

"⋯⋯서쪽에서 들어온 病이 무섭고 아픈데 藥을 써도 영험이 없고 醫員도 힘을 쓸 수가 없으니 이 백성이 무슨 죄가 있겠습니까. 神께서 보살펴서 도깨비가 있으면 막아 주시고 鬼神이

있으면 쫓아내어 주시기를 기원하나이다⋯⋯"

이는 동국요람에 기술된 당시 전염병에 대한 단락이며, 서쪽에서 들어온 병이며 약이나 의원도 힘을 쓸 수 없다는 한탄이기도 하였다. 이렇게까지 조선이 속수무책일 수밖에 없었던 것은 여러 가지 이유가 있었지만, 가장 큰 이유로는 기존 조선의 전염병 주기와 콜레라의 발병 양상이 달랐기 때문이었다.

보통 17세기의 전염병은 대체로 겨울에 발생한 전염병이 봄에 기승을 부리다가 여름에 잦아들었고, 18세기의 전염병은 늦봄에 시작해 여름에 극성을 부리다가 가을에 잦아드는 양상이었다. 하지만 19세기는 17, 18세기와는 차원이 다른 전염병의 공격을 받았다.

사시사철을 가리지 않고 전염병이 창궐했으며, 여기에 계속해서 늘어난 인구압은 기존 의료 체계를 압박했다. 조선은 전염병에 대응하기 위해 경기 지역에 많은 내의원 의관들을 수령으로 파견하였으며, 또한 한성부의 관리들을 의관으로 충원했지만 역부족이었다. 혜민서는 밀려드는 환자들을 감당하지 못했고, 전의감이나 활인서 같은 다른 의료기관도 사정은 마찬가지였다.

이러한 사회 불안에서 종교의 힘은 점점 강해졌다. 굶주리고 가난한 이들은 전염병의 창궐로 인해 종교에 의지하게 되었다. 19세기 전반, 조선 사회에는 무속신앙에 의지하는 이들이 넘

피에르 구스타브 로즈

병인양요 당시 프랑스군 최고지휘관이자 극동 함대 사령관 피에르 구스타브 로즈 제독. 이후 프랑스 본토로 귀국하여 프랑스-프로이센 전쟁에도 참전했다. 이후 지중해 소함대 사령관까지 역임했으며 1882년 파리에서 사망했다.

쳐났다. 18세기 전래된 서학도 초기 학문의 역할을 하던 것과는 달리 19세기에 들어서서 종교적 역할을 수행하기 시작했다.

천주교의 포교 자체는 이미 조선에서 탄압의 대상이었고 정조 15년인 1791년부터 총 5차례 탄압이 이루어졌다. 그러나 이러한 탄압에도 불구하고 급속히 사회가 불안해지자 폭발적으로 포교가 확대되었다.

다시 돌아와서, 고종과 대원군이 각각 조선의 국왕과 섭정으로 오르던 무렵에는 조선 사회의 모순과 위기가 굉장히 증폭된 상황이었다. 대외적으로는 이양선, 북경 조약으로 인해 조선과 국경을 맞대게 된 러시아의 등장으로 불안한 상황이 전개되었다. 대내적으로는 앞서 상술한 문제로 인하여 위기감이 고조되었다.

특히 러시아와의 접경은 굉장히 위협적이었다. 1864년과 1865년에 걸쳐 러시아는 계속해서 조선과의 통상을 요구했다. 이를 견제하기 위해 대원군은 내부의 천주교 신자들을 매개로 프

랑스와 교류를 시도했으나, 알 수 없는 이유로 베르뇌 주교가 접촉을 거부하였다.

거기에 신자들이 천주교와 내통한다는 소문이 돌기 시작하면서 조선 정부의 입장은 삽시간에 돌변했고, 이것이 병인박해의 시작이었다. 지난 4차례의 박해와는 달리, 이번 박해는 수많은 희생자를 수반했다.

프랑스인 사제 12명 중 9명이 체포되었고, 여기에 8,000여 명의 조선인 신도들이 희생되었다. 물론 조선 정부가 처음부터 잔인한 탄압을 한 것은 아니었다. 체포된 프랑스인 신부들에게는 원한다면 본국으로 아무 처벌 없이 송환한다는 제안을 했다. 신도들에게도 배교할 경우 석방해 주겠다는 제안과 함께, 노약자들에 대해서는 죽이지 말라는 명령을 내리기도 하였다.

그러나 박해에 저항하는 신념에 따라 이들은 조선 정부의 제안을 거부하고 죽음을 선택했다. 1866년에 시작된 박해는 1871년까지 이어졌고, 이것은 자연스럽게 프랑스를 자극하여 전

조선 원정에 나선 프랑스군 장교와 수병, 그리고 해군 육전대. 지상군 전력의 핵심은 바로 요코하마에서 차출한 150명의 해군 육전대였다. 그들의 주 임무는 식민지 및 조차지에 주로 방어하는 임무를 가졌으며, 이곳이 공격받으면 본국에서 병력이 증파될 때까지 버텨주는 임무를 자주 수행하는 정예부대였다. 조선군이 가장 자주 마주친 부대이기도 했다.

쟁으로 치달았다. 프랑스는 1846년에 벌어진 병오박해 때처럼 함대만 대동한 채 통상 요구를 할 생각이 전혀 없었기 때문이었다. 이번에야말로 이들은 조선을 강제로 개방할 생각이었다.

프랑스의 개입과 전쟁 준비, 그리고 서전

인도차이나 원정 및 멕시코 사태 개입에도 불구하고 조선에 대한 전쟁 준비는 상당히 빨랐다. 이미 5월 28일에 천진에 주둔하던 극동 함대 사령관 로즈 제독은 본국에 다음과 같은 보고서를 올렸다.

－천주교 선교사 처형을 보고하고 조선에 원정 함대를 보낼 것을 건의함－

이 보고서의 내용은 간단했다. 생존한 프랑스인 선교사 리델 신부로부터 병인박해의 소식 및 프랑스인의 피해를 보고함과 동시에 조선에 대한 군사적 보복이 필요하다는 것이 주요 골자였다. 이후 프랑스의 군사적 준비 태세는 차곡차곡 갖춰지고 있었다. 물론 벨로네 공사의 월권 행위 및 공사관과 해군 사이에서 발생한 알력 다툼 등의 사건이 있었지만 궁극적으로 프랑스의 전쟁 준비에는 큰 영향을 주진 않았다.

로즈 제독은 우선 조선에 대한 정보, 특히 함대가 기동할 수 있는 해역 탐사를 우선적으로 실시했다. 가장 먼저 정보를 취득한 곳은 리델 신부와 함께 온 조선인 선원들이었다. 그들은 조선의 해역에 대한 간략한 정보와 섬의 위치를 알려주었지만 이것만으로는 해군이 작전을 펴기에 매우 불충분했다.

특히 한성과 맞닿은 강화도, 그리고 그곳에 흐르는 한강 유역과 서해는 함대 운용에 있어 굉장한 애로사항이 있는 곳이기도 했다. 대다수의 열강 함대는 흘수가 깊은 범선을 주력함으로 운용했고, 이는 대규모 화력을 투사할 수 있는 강점을 자랑했다. 그러나 깊은 흘수로 인하여 해안가에 접근해서 포격을 하거나 혹은 조수 간만의 차가 심한 해안에서의 운용은 한계가 있었다.

실제로 2차례 양요에서 프랑스와 미국의 함대에 심대한 손실을 준 것은 조선군의 화력이 아닌, 바로 서해안 일대의 불리한 지형이었다. 이 때문에 프랑스 해군은 전쟁 전 해역 탐사에 대한 준비가 반드시 필요했다.

조선으로 정찰을 떠나기 전, 로즈 제독은 조선을 굴복시키기 위해 1,200~1,500명 규모의 상륙군과 12문의 4구경 대포가 필요하다고 본국의 해군장관에게 보고했다. 그러나 로즈 제독이 동원 가능한 병력은 보병 600명 및 4구경 대포 4문에 불과했다. 즉 외부에서의 증원이 필요했다. 그리하여 로즈 제독은 인도차이나에 있는 자국군에게 지원을 요청하였다. 그러나 병력 증원은

1858년에 프랑스가 도입한 라 이트 체계(Le système La Hitte) 모델 4 경야포. 모델 4 야포는 옆의 1858년식 야포 및 1859년식 페튈랑 산포(Le Pétulant) 두 종류가 있다. 코친차이나 원정에서 프랑스군이 운용했으며 조선 원정에도 여러 포대를 인수해 왔다.

이 야포의 가장 큰 발전점은 강선 및 그에 맞는 포탄의 도입이다. 포신에 강선을 파고 포탄은 길쭉한 모양으로 변경되었으며, 탄체에 돌출부를 달아 강선을 타고 회전할 수 있도록 만들었다. 덕분에 포탄이 기존에 비해 보다 먼 거리를 날아갈 수 있었으며, 작열탄과 파편탄이 도입되어 전근대적인 동아시아 국가의 군대들에게 치명적인 위협을 가할 수 있었다.

라 이트 모델 4 야포
Canon de campagne 4 modèle 1858 La Hitte

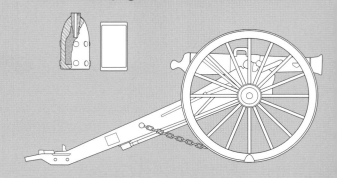

조선군 평조총

Mle 1857 보병총/카라빈
Fusil d'infanterie Mle 1857 / Carabine

병인양요 당시 프랑스군이 장비한 M1857 퍼커션 캡 소총(가운데)과 카라빈 소총(아래). Mle1857 소총은 Mle1853의 개조형으로 생테티엔, 무치그 등 다양한 국영 조병창에서 생산했다. 프라스군의 화기는 조선군의 주력 화기였던 화승식 소총에 비해 사거리와 장전 속도, 명중률에서 큰 우위를 보이며 전선을 압도했다.

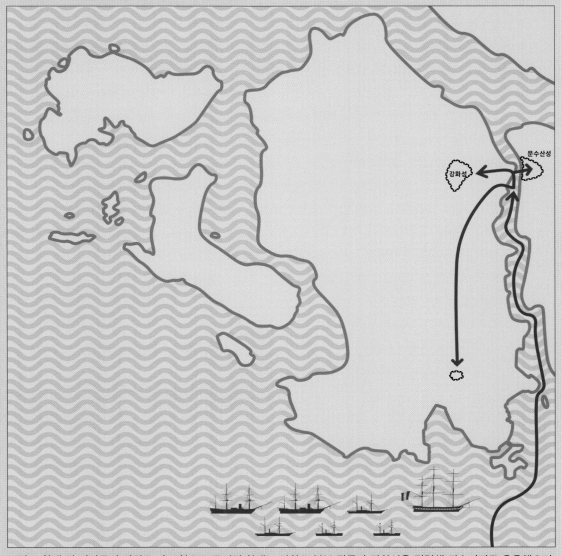

프랑스 함대 및 지상군의 진격로. 총 7척으로 구성된 함대는 강화도 북부 갑곶과 강화성을 점령해 전초기지로 운용했으며, 이후 본토에서 증원되는 조선군 본대를 압박하고 있었다.

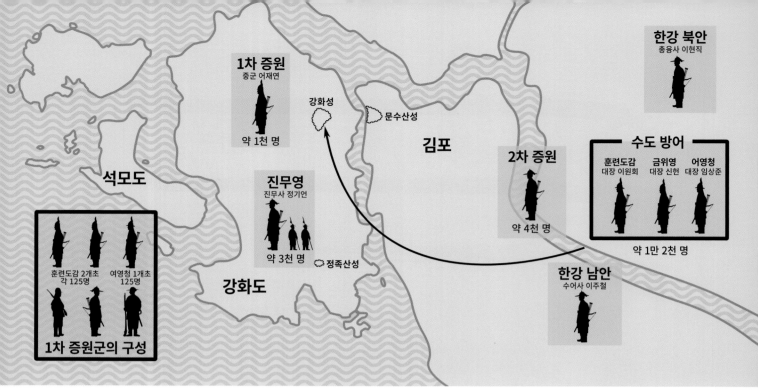

한강 북안
총융사 이현직

1차 증원
중군 어재연
약 1천 명

강화성

문수산성

김포

2차 증원
약 4천 명

수도 방어
| 훈련도감 | 금위영 | 어영청 |
| 대장 이원회 | 대장 신헌 | 대장 임상준 |
약 1만 2천 명

석모도

진무영
진무사 정기원
약 3천 명

정족산성

강화도

한강 남안
수어사 이주철

1차 증원군의 구성
훈련도감 2개초 / 여영청 1개초
각 125명 / 125명

제대로 이루어지지 못했는데, 이는 동시기 인도차이나의 프랑스군은 메콩강 유역에 대한 원정 작전에 나서 있어 조선 원정에 병력을 파견할 여력이 없었을 가능성이 컸다. 다만 포탄 보급 문서를 보아 8문의 4구경 대포 배치는 이루어졌을 것이다.

때문에 요코하마에 주둔한 150명의 해군 육전대(Fusiliers marins)를 증원받아 상륙군에 추가 배치했다. 추가적으로 지푸 항에서 군수품 및 침낭, 취침 도구 등 야영 비품과 석탄을 보급받아 만반의 태세를 갖췄다. 비록 병력 숫자는 로즈 제독의 구상보다 절반 이상 적었으나, 조선의 주요 요새가 자리한 강화도를 프랑스군이 점령한다면 굳게 닫힌 동방의 고요한 나라가 곧 문을 열 수도 있었을 것이다.

양측의 서전은 1866년 9월 26일 한강의 염창항 일대에서 벌어졌다. 아래는 일련의 해전에 대한, 프랑스와 조선의 기록이다.

#1. 제가 정했던 유예 기간이 지나섰고 정크선들은 자리를 비키려는 아무 움직임을 보이지 않아서 저는 즉각 저의 위협을 실행하기로 결심했습니다. 저는 타르디프의 소령과 함께 상의하고 타르디프를 선두에 세우고 저의 배는 타르디프에 바짝 붙기로 하고 30구경포로 몇 번 포격했습니다. 아주 정확한 그 포는 우리 앞에 말할 수 없는 혼란을 일으켰습니다. 그들 정크선의 선원

들은 첫 번째 포격이 가까운 연안으로 발사되자 서둘러 도망쳤습니다. 저는 그들 옆으로 바짝 통과할 수 있었고 제가 그들의 방어선을 지나는 사이에 콩그레브 같은 일종의 포탄(화전)이 강 양안에서 각각 우리에게 발사되었고 우리로부터 충분히 먼 거리에 떨어졌습니다. 또한 충분히 많은 수의 총탄이 우리에게도 떨어졌으므로 타르디프의 12포, 데룰레드의 12, 14포로 신속하게 총탄이 발사되었던 곳으로 몇 발의 포탄을 쏘아 보냈습니다. 총수들은 동시에 우리가 알아볼 수 있는 몇 명의 토착민 병사들에게 화승총(mousquetaire)을 발사했습니다. 그러자 잠시 후 그 사람들은 거대한 공포에 사로잡혀 줄행랑쳤으며 해변은 완전히 비었습니다.

– 로즈 제독, 해군부 장관에 1866년 9월 28일 조선 해안 탐사에 대한 결과를 보고하며.

#2. 25일에 양적(洋賊) 종선(從船) 2척이 강화 쪽에서 신(臣)이 있는 일대로 내려와 연거푸 대완구(大碗口)를 쏘아댔습니다. 신은 중군(中軍) 이지수(李祉秀)와 함께 방수군병(防守軍兵)을 거느리고 막 추포(追捕)하려 하였는데, 양놈들은 애당초 뭍에는 내리지 않고 앞 바다에 띄워 놓은 배 5척을 불질렀습니다. 그리고 다시 강화 쪽으로 올라가면서 또 대완구를 발사하여 포환이 신의 군영 앞에 떨어져 삼문(三門)의 계

단과 섬돌이 무너졌습니다. 떨어진 거리가 300보(步)는 되었으며 바로 창릉포(昌陵浦)로 향하였는데, 그 빠르기가 나는 것과 같아 방비하지 못하였습니다. 황공히 죄벌을 기다립니다.

－ 경기수사 정운익, 프랑스 해군이 경기수영 소속 전선 5척을 격침시켰다는 장계를 올리며.

9월 18일 새벽녘, 지푸에서 출발한 3척의 함선은 각각 프리깃 프리모게와 관측함 데룰레드, 포함 타르디프로 구성되었다. 다만 처음부터 양측이 포화를 주고받지는 않았다. 이들의 목적은 조선의 방비 상태 및 수로를 파악하는 데 있었다.

조선은 이들이 접근하자 김포군수 등을 보내 프랑스 함대의 국적과 목적을 물었으며, 함대가 식료품 구매를 요청하자 소와 돼지 1마리, 닭 10마리, 채소 12단, 청대콩 6단은 물론 다음 날에도 소 1마리, 닭 20마리, 계란 30개 등을 공급하는 등 지속적으로 호의적인 태도를 유지했다.

하지만 프리모게가 초지진 앞바다에서 좌초되어 뒤에 남겨졌고, 상대적으로 흘수가 낮았던 관측함 데룰레드와 포함 타르디프가 안보상 민감한 지역인, 그리고 수도 한성으로 들어서는 주요 길목이었던 한강 하류를 거슬러 올라가기 시작하면서 문제가 생겼다.

이 지역을 관할하는 경기수영은 한강을 거슬러 한성까지 올라오려는 이양선이 접근하게 내버려둘 수 없었다. 이에 따라 한강 양안에 경기수영 소속 전선들이 차단선을 구성하고 프랑스 함선들의 진입을 저지했다.

이때 동원된 조선 수군의 함선 숫자는 알 수 없다. 다만 경기수사 정운익의 보고에서 전선 5척이 격침당했다는 보고와, 로즈 제독의 보고서에서 25일 밤사이에 나온 정크선들이 많았다는 기록에 따라 추정하면 최소 5척 이상이 투입되었음을 추정할 수 있다.

한편 조선 수군과 마주한 프랑스 해군은 포함 타르디프의 12파운드 함포와 관측함 데룰레드의 12파운드, 14파운드 함포 몇 문 정도였다.

조선군 순무영 편제

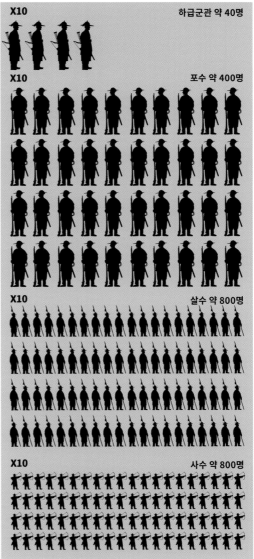

프랑스군의 침입을 막기 위해 소집된 기보도순무영 지휘부 및 예하병력 도표. 사실상 조선 정부가 동원 가능한 중앙군 전력의 대부분이 이곳에 소속되었다. 다만 국방은 물론 치안 유지 임무까지 수행하던 중앙군이 전선으로 나가자 수도의 치안이 불안해지는 사태가 발생하곤 하였다.

병인양요 당시 프랑스군의 전력

드라이어드급 1등 혼성 호위함 게리에르

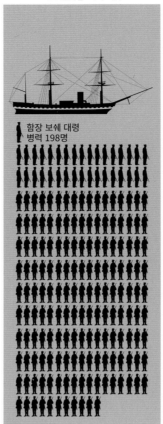

함장 올리비에 대령
병력 545명

초계함 프리모게

함장 보쉐 대령
병력 198명

초계함 라플라스

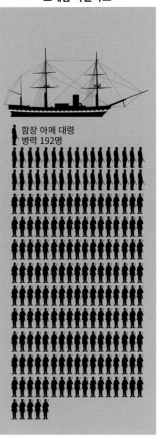

함장 아메 대령
병력 192명

외륜 통보함 키엔-샨

함장 트레브 중령
병력 42명, 상륙보트 5척

외륜 통보함 데룰레드

함장 리슈 중령
병력 42명, 상륙보트 8척

케네급 2등 포함 브레통

함장 위세 드 셍트르 중령
병력 52명

케네급 2등 포함 타르디프

함장 샤누앙 중령
병력 31명

조선 수군은 차단선을 구축한 채 몸으로 프랑스 해군을 저지하고자 했다.

프랑스 해군은 1시간 30분 내로 선단이 해산하지 않으면 발포하겠다고 으름장을 놓았으나, 조선 수군은 그것을 거부하고 차단선을 고수했다. 결국 관측함 데룰레드의 선제 포격으로 교전이 시작되었다.

포격은 조선 수군 함선에 직격했다. 조선 수군은 선박과 지상에서 화승총과 총통, 심지어 화전까지 가져와 대응했지만 프랑스 해군의 화력은 너무나도 압도적이었다. 마지막까지 저항하던 조선 수군을 와해시킨 것은 프랑스 해군 수병들의 소총 사격이었다.

프랑스 함대는 조선 수군의 저지선을 뚫고서 양화진을 거쳐 도성이 보이는 서강 입구까지 진입했다. 이에 조선은 이번에는 수군이 아닌 육군 병력을 보내어 응전하도록 했지만, 이미 프랑스군은 선수를 돌려 작약도로 돌아가 버렸다.

양측의 서전은 이양선의 압도적인 화력에 조선 수군이 무너지는 결과를 초래했다. 조선 조정은 공포에 휩싸였고, 도성은 피난을 준비하는 이들로 가득했다. 조정은 수군을 정비하기 위해 내탕금 3만 냥을 동원하는 등 박차를 가했지만 프랑스의 침공은 이미 눈앞에 다가온 불씨였다.

조선의 군사적 대응

대원군 집권 직후 조선의 군사적 태세는 아직 개편되지 못한 상태였다. 세도정치 기간 동안 줄어든 국방비, 그로 인한 군제 쇠퇴는 단시간 내로 해결할 수 없는 문제였다. 그런 와중에 해안에서는 이양선이, 북방에서는 러시아가 계속해서 접촉해 오며 조선의 국경을 개방하고자 하였다.

대내적으로는 국왕에 대한 권위가 지난 세도정치 기간 동안 크게 약화되었고 다수의 민란과 치안 불안으로 사회적인 분위기가 굉장히 좋지 못한 상태였다. 이를 해결할 수 있는 방법은 지난 60년 간 유명무실해졌던 군대를 되살려 대외적으로 양이를 막고, 대내적으로는 국왕의 권위를 높여 국내 치안을 유지하는 것이었다.

하지만 군비 증강이 미처 이루어지기도 전에 프랑스의 침공이 예견되었다. 이미 1866년 7월 초 청국 예부는 조선에 프랑스군의 침공을 대비하라는 경고를 보냈다. 그 다음 달인 8월에는 평양에서 제너럴 셔먼호 사건이 벌어지며 대외 침략에 대한 위기감을 고조시켰고, 9월에는 염창에서 경기수영 수군이 프랑스 소함대에 패배하자 도성민들의 피난과 곡물 품귀 현상이 이어졌다.

본격적으로 프랑스군이 침입하기 시작하자, 조선 정부 역시 군대를 동원하기 시작했다. 가장 먼저 조선군을 총지휘할 수 있는 조직이 구성되었고, 이는 곧 순무영이라는 큰 조직으로 편제되었다. 금위영에 사령부를 세운 순무영은 경기감사 및 경기병마절도사의 직무를 겸하며 각 감사 및 병사 이하를 통제할 권한을 받았다.

순무영은 이경하가 지휘했으며, 실질 병력 통제는 순무중군 이용희가 행사했다. 훈련도감의 마병 1초, 보병 5초 등 800여 명의 기간 병력을 포함해 약 2,000명의 병력이 급편되었으나 양화진에 도착할 즈음 이미 프랑스군이 강화유수부를 함락했다는 소식이 들려왔다.

강화도가 넘어간 이상 수도 방어 역시 조선 정부가 염두에 두어야 할 사항이 되었다. 기간병력 다수가 출정한 공백을 메꾸기 위해 수원과 광주, 양주에서 총 800명의 병력을 호출했다. 경기중군 및 총융청의 소집 병력은 행주항에 집결시켜 프랑스 함대가 수도로 거슬러 올라오는 것을 반드시 저지하도록 명령도 함께 내렸다.

이 당시 조선의 중앙군은 편제상 16,000명의 병력을 보유하고 있었으나 실제 가용한 병력은 그 절반에 불과했고, 이 부대를 모두 강화도에 투입할 수도 없었다. 그렇게 된다면 이미 강화도 함락으로 흔들리는 수도의 치안이 더욱 불

게리에르
Le Guerrière

1860년 건조한 프랑스 해군의 드라이어드급 3,600톤 프리깃. 증기기관을 탑재하였으며 165/18 M1858 MLR 30구경 함포 34문을 장비하여 강력한 화력을 제공할 수 있었다. 병인양요에서는 로즈 제독이 좌승하여 기함 역할을 수행했으며, 이후 1888년 프랑스군에서 퇴역하였다.

안해질 수밖에 없었기 때문이었다.

게다가 전장 환경의 변화도 병력의 확대를 불러왔다. 초기 조선군의 전략은 프랑스군의 공격으로부터 강화도와 수도를 방어하는 수순이었다. 그러나 강화도가 함락되자 이를 되찾기 위한 공세 전략까지 모두 염두해야 했다. 이러한 구상에 있어서 수도의 중앙군만으로는 역부족이었다. 이에 따라 경기를 제외한 전국 7도에 소모사를 파견하여 병력 소집을 시작했으나 속도는 매우 더뎠다. 기존의 군적을 활용한 군사 동원 체계 역시 유명무실했다. 삼남 지방의 경우 처음부터 군적에 따른 병력 소집 대신 의병 모집에 의존했다.

아직 병력 동원 체제가 남아 있던 북방의 평안, 함경, 황해도 및 서해안 일대 지방조차도 제대로 된 병력 집결이 이루어지지 못했다. 고작 금천, 배천, 평산, 연안 등 4개 고을에서만 가까스로 병력을 편성할 수 있었다. 군사적 요충지인 지역들에서조차 보유한 군적이 현재 상황과 대

입이 되지 않는 상태였다.

더 많은 병력 동원이 절실한 조선에게 있어서 의존할 수 있던 것은 즉시 동원이 가능한 중앙군과 각 지방에서 모집되는 포수들뿐이었다. 총기로 무장한 프랑스군을 상대로 삼수병 체제의 조선군은 별다른 대응을 할 수 없었다. 그나마 화기를 지닌 포수들만이 대항할 만한 전력이 되었지만, 정작 통진에 집결한 조선군 중 20% 정도만이 총기를 다룰 수 있었다. 이에 따라 각 지방에서는 순무영을 지원하기 위해 소집한 포수들이 속속 상경하기 시작했다.

한편, 문수산성에서의 교전은 조선군 지휘부에 큰 충격을 전했다. 순무영은 프랑스군의 진입을 저지하기 위해 병력을 매복시켜 두었고, 이때 한성근이 지휘하는 순무영 소속 별파진 50여 명은 문수산성으로 파견되었다. 조선군이 통진부를 중심으로 집결해 자신들을 압박하기 시작하자, 프랑스군은 해군육전대로 구성된 3중대를 투입하여 이를 걷어냄과 동시에 정보 수집을 위

하여 끊임없이 강화도 너머까지 정찰대를 파견하고 있었다.

문수산성 전투는 그러한 양측이 마주한 전장이었다. 미리 매복해 있던 조선군은 초반에 기습을 가했으며, 이 과정에서 상륙 중이던 프랑스군 해군육전대원 3명을 사살하고 2명에게 부상을 입히는 데 성공했다. 그러나 프랑스군의 반격을 떨쳐내지 못하고 끝내 패배했다.

프랑스군은 전술과 화기 부분에서 조선군을 효과적으로 압도했다. 강화성 전투와 문수산성 전투, 그리고 후술하게 될 정족산성 전투에서 프랑스군에게는 하나의 공통점이 있었다. 그것은 바로 조선군에게 전술적 기습을 허용했다는 점이었다. 이러한 기습을 허용한 부분에 있어서 조선군은 프랑스군에게 큰 부담을 줄 수 있었으나 실제 기습 효과는 매우 떨어졌다.

조선군의 기습에도 프랑스군은 침착하게 반격을 가했다. 조선 원정에서 벌어진 모든 전투에서 그러했으며 압도적인 화력을 퍼부어 조선군의 공세를 둔화시킴과 동시에, 장교를 필두로 하여 일제히 돌격, 전열을 붕괴시키는 전술을 자주 구사했다. 이러한 방식에 조선군은 속수무책으로 패배했다.

기습 효과가 떨어진 다른 이유는 한성근의 보고에서 찾아볼 수 있다. 그의 보고에 의하면 조선군 포수들이 사격 이후 장전을 할 새도 없이 프랑스군의 집중 사격이 날아들어 큰 피해를 보았다고 전했다. 즉 여기서 조선의 화승식 소총과 프랑스의 퍼거션 캡 소총의 결정적인 차이가 극명히 드러났다.

물론 프랑스군에게 처음 인명 손실을 안겨주었다지만, 이 전투의 결과는 조선군 수뇌부에게 많은 고민을 남겼다. 순무영은 조선군이 자랑하는 최정예 중앙군이 소집된 부대였고, 이 부대라면 그래도 프랑스군 상대로 어느 정도 버틸 것이라 구상했다. 그러나 한성근의 부대가 조기에 붕괴하며 이러한 구상은 수포로 돌아갔다.

프랑스군이 조선 원정을 위하여 이곳저곳에서 급하게 병력과 물자를 소집해 오기는 했으나, 전력이 약한 것은 분명히 아니었다. 결국 통진의 조선군은 프랑스군에 대한 압박 시도가 실패하자 전진도, 후퇴도 하지 못한 채 발이 묶여버린 상황에 직면했다.

전반적인 사기 저하와 탈영병 발생이 전쟁 수행에 많은 지장을 끼쳤다. 조선군에게는 프랑스군을 걷어낼 수 있는 강력한 한 방이 필요했다. 그러나 그것은 정면 대결이 아닌, 기습과 기만 작전으로써 이룰 수 있는 것이었다.

정족산성에서의 반격과 프랑스의 철수

문수산성에서의 패배 이후 순무영 예하 부대들은 전진하지도, 후퇴하지도 못하는 상황에 직면했다. 원래대로라면 한성근 부대에 천총 양헌수가 지휘하는 부대가 증원되어 문수산성에서 프랑스군을 격파하려고 했다. 하지만 한성근 부대가 너무나 빠르게 붕괴하며 작전 계획은 수포로 돌아갔다.

조선군은 프랑스군의 한성 진격을 막음과 동시에 강화도 수복이라는 2가지 전략 목표를 달성해야 했다. 이 중 한성 진격 저지 목표는 통진에 집결한 조선군의 견제에 의하여 달성하고 있었다. 조선군이 주요 교통로에 대거 집결하면 서 프랑스군 역시 부담을 느끼고 있었기 때문이었다.

그러나 강화도 회복이라는 전략 달성에 앞서서, 프랑스 해군의 제해권 장악은 치명적인 약점으로 지적되었다. 이미 강화도를 통한 물자 수송이 마비되어 조운선도 들어오지 못하는 상황이었다. 때문에 강화도 상륙을 위해 조선 정부로부터 지원받은 16척의 선박 역시 활용할 수 없었다. 간신히 2주 가까이 지난 11월 1일이 되어서야 순무영은 소형 선박 5척을 확보하여 덕포 일대에 은닉했다.

당초 조선군 수뇌부는 양헌수의 부대가 정

족산성으로 진입한다면 강화도 교동에 잔류한 병력과 개성에서 모은 병력을 투입해 협공하려는 추가 작전도 구상하고 있었다. 하지만 교동과 개성의 부대는 아직 집결하지 못했고, 시간을 끌면 끌수록 불리한 것은 조선측이었다.

이에 따라 여러 차례의 작전 변경 끝에 천총 양헌수가 지휘하는 조선군 526명이 염하수로를 향해 1866년 11월 7일 늦은 밤부터 도하를 시도했다. 사기가 떨어진 조선군은 도하 작전 도중 18명이 탈영하는 사고가 벌어지기도 했지만, 나머지 병력은 새벽이 거의 밝아올 무렵 도하에 성공했다.

이들이 향한 곳은 정족산성이었다. 동문과 남문 2개의 통로로만 출입이 가능한 천혜의 요새이며 무엇보다도 문수산성에 비하여 방어에 유리한 곳이기도 하였다. 프랑스군이 자랑하는 장거리 사격의 이점을 어느 정도 경감시킬 수 있는 지형이었기 때문이다.

한편 프랑스군은 곧바로 이러한 조선측의 움직임을 감지하였다. 조선군이 상륙했다는 소식을 천주교 신자들로부터 입수한 로즈 제독은 곧바로 11월 8일 오전 7시를 기해 대응 부대를 구성했다.

프랑스측은 원정군 기함 게리에르의 함장인 올리비에 대령과 해군육전대 지휘관 투아르 중령을 필두로 상륙군 2중대와 3중대에서 각 2개 소대씩 총 4개 소대 150명의 병력을 차출하여 대응하도록 했다.

갑곶에서부터 프랑스군이 진격해 오자 조선군 역시 대응을 준비했다. 프랑스군의 진격로로 예상되는 동문과 남문에는 각각 초관 이렴이 지휘하는 포수 150명과 초관 김기명이 지휘하는 포수 161명이 배치됐다.

정족산성으로 출동시킨 병력의 약 60%가 이곳에 집결한 것이었다. 나머지 경군 및 향군 157명은 초관 이대흥이 인솔하여 성의 서쪽과 북쪽을 방어하도록 했으며, 양헌수 자신은 40명의 포수를 예비대로 삼아 대기하였다.

한편 4시간에 걸친 행군을 통해 프랑스군은 오전 11시 경 정족산성에 도착하였다. 올리비에 대령은 4개 소대의 병력을 3개 조로 나누어 50명씩 1개 조를 구성하도록 하였다. 그리고 2개 조 100명은 투아르 중령이 지휘하여 산성 동문으로, 나머지 1개 조 50명은 자신이 직접 인솔해 남문으로 접근하기 시작했다.

원래대로라면 프랑스군은 강화성에 배치된 4구경 야포 2~4문을 가져왔어야 하지만 여러 가지 문제로 가져오지 못했다. 그리고 이 결정은 조선군에게 굉장히 유리한 결과로 돌아왔다.

프랑스군이 조심스럽게 접근하자 조선군은 일부 척후조를 내보내 프랑스군에 사격을 퍼붓고 사라졌다. 올리비에 대령은 정족산성에 대한 정면 공격을 감행했으나, 문수산성 등에서 프랑스군이 자랑하던 압도적인 화력도 여기서는 큰 역할을 발휘하지 못했다.

여러 가지 이유가 있지만, 가장 중요한 것은 양헌수가 문수산성 전투의 교훈을 적극 활용하였다는 점이다. 문수산성 전투에서 조선군은 기습사격 이후 화기를 장전하다가 프랑스군의 화력에 압도당해 접근을 허용했다.

이에 따라 정족산성에서는 다른 사격 방법이 전개되었다. 올리비에 대령의 보고서에 따르면 조선군은 미리 장전된 총을 쌓아 두고 사격을 퍼부었다고 기록하고 있다. 이러한 방법으로 프랑스군의 화력을 상쇄시킬 수 있었다.

또 다른 이유는 화포의 유무였다. 프랑스군은 역시 조선군의 화포 사격이 있었다고 언급하며 불공평한 싸움이라고 불평했다. 반면 프랑스군은 화포를 가져오지 못해 화력의 이점을 충분히 살리지 못했다.

'조선인들은 다양한 구경의 화포들과 600m까지 조준되는 화승 장포를 사용한 것이 틀림없습니다. 그들의 포격은 사실 최선두에 섰던 우리의 장교들을 우선 조준한 것 같았습니다.'

화승총의 장전 시간을 상쇄하는 화력과 불랑기 등을 동원한 조선군의 집중포화는 150명가량의 프랑스군을 압박하기에 충분했다. 교전 끝에 프랑스군은 장교 5명을 포함하여 출동 병력

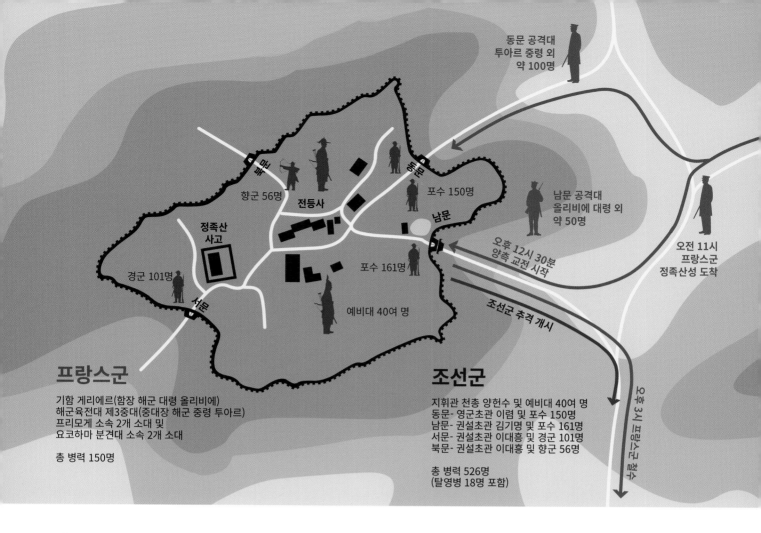

프랑스군

기함 게리에르(함장 해군 대령 올리비에)
해군육전대 제3중대(중대장 해군 중령 투아르)
프리모게 소속 2개 소대 및
요코하마 분견대 소속 2개 소대

총 병력 150명

조선군

지휘관 천총 양헌수 및 예비대 40여 명
동문- 영군초관 이렴 및 포수 150명
남문- 권설초관 김기명 및 포수 161명
서문- 권설초관 이대흥 및 경군 101명
북문- 권설초관 이대흥 및 향군 56명

총 병력 526명
(탈영병 18명 포함)

의 20%인 36명이 부상을 입었다.

특히 강화성 및 문수산성 전투처럼 장교를 선두로 한 돌격을 통해 조선군의 전열을 붕괴시키려는 전술이 먹히지 않았다는 것이 주효했다. 오히려 돌파를 위해 앞장서 지휘하던 장교들의 피해가 많았고, 이는 프랑스군의 전투력을 급감시키는 요인 중 하나가 되었다. 물론 조선측에서는 프랑스군 6명을 사살하고 60명에게 부상을 입혔다고 주장했으나, 이는 정황상 쓰러진 부상자들을 전사자로 오인하여 기록했을 가능성이 크다. 반면 조선군은 1명이 전사하고 4명이 부상을 입는 피해를 입었으나, 추격대를 보내 프랑스군을 쫓을 정도로 전력을 온존하고 있었다.

오후 3시까지 양측 모두 보유한 탄약을 거의 다 소모했다. 프랑스군은 철수를 위해 남겨둔 탄약 3~4상자를 제외하고는 모두 소모했고, 이는 조선군 역시 마찬가지였다. 정족산성의 조선군을 지휘하던 양헌수는 탄약이 고갈되어 가자 불안감을 느꼈으나, 이내 비슷한 상황에 놓였던 프랑스군이 부상병들을 모아 철수하면서 전투가 끝났다. 조선군은 냉병기와 활을 들고서 프

랑스군을 추격했으나 이를 대비해 프랑스군이 척후를 배치하여 별 소득은 보지 못했다. 하지만 정족산성의 패전은 프랑스군에게 큰 충격으로 다가왔다. 프랑스측은 조선군에게 충분히 겁을 줄 수 있었다고 주장했지만 실제로는 매우 급히 철수했다.

이는 프랑스군의 패배와 함께 조선 정부와 통상교섭이 더 이상 이루어질 가망이 없다고 판단했기 때문이었다. 게다가 다가오는 겨울과 함께 보급품 부족 문제도 지적되었다. 당초 프랑스는 장기전을 생각하고 있었다. 당초 겨울을 대비해 화덕을 만들고 방어용 요새를 구축하며 주택을 개조했고, 강화 해협을 틀어막아 조선의 주요 경제를 무너뜨릴 공산도 있었다.

그러나 정족산성에서 교전이 벌어진 이튿날, 프랑스군은 갑곶과 강화성에서 돌연 철수를 시작했다. 노획품과 귀중품을 선박에 싣고 강화성의 부대가 갑곶으로 집결한 뒤 곧바로 철수했다. 이때 파기하기 어려운 무기와 식량 등은 강화성과 갑곶 내에 방기했다. 이렇듯 프랑스군의 철수는 굉장히 급하게 이뤄졌다.

강화도에서 철수하는 프랑스군 함대를 조선군이 순순히 보내줄 리가 없었다. 덕포 일대 해안에서 50여 명의 조선군이 기습 공격을 가하기도 했다. 이렇듯 프랑스의 강화도 점령은 서로에게 큰 상처로 남았다.

조선은 수많은 유물과 군사 장비의 상실로, 프랑스는 대외 위신이 처참하게 깎인 채로 서로가 값비싼 영수증을 받아들여야만 했다.

대원군의 군제 개편

병인양요를 겪으면서 조선은 전체적인 국방 실태에 대한 점검에 나설 수밖에 없었다. 침공 원인에 대해 다각도로 분석하고 4개의 유수부(개성, 강화, 수원, 광주)에 퇴임한 원로 장수들을 독련사로 파견해 군대를 조련하도록 했다. 이는 전반적인 동원 체제에 있어서 조선군이 심각한 문제점을 드러냈기 때문이었다. 평상시의 훈련되지 못한 군대와 이름뿐인 군적으로는 유사시를 대비할 수 없었다. 이에 따라 퇴임했던 장수를 군사적 요충지인 유수부에 파견해 재무장하는 방법이 선택되었다.

여기서 가장 중요한 것은 병종 개편이었다. 전쟁 동안 프랑스군과의 대결에서 주력 상비군 다수를 차지하던 오군영 병력이 큰 위력을 발휘하지 못했다. 삼수병 체제를 유지하던 중앙의 군영들은 근대식 화기로 무장한 프랑스군을 상대하기에 많이 부족했다. 그 대안으로 총기로 무장한 포군제도가 등장하는 일은 당연한 수순이었다.

이에 따라 도성과 지방에는 새로운 병력이 소집되었고, 이들은 모두 포군이었다. 전근대적인 삼수병에서 근대적 군대의 효시인 포군 중심으로 재편된 것이었다.

게다가 이들은 교대로 근무하는 전통적 번상병이 아니라 급료를 받고 근무하는 상비군과 흡사했다. 이들의 장비와 운용 방식은 근대의 광풍에 맞선 마지막 방책에 가까웠다.

이러한 군제 개편의 결과, 1867년부터 1871년 신미양요까지 조선은 병인양요와는 차원이 다른 수의 군대를 소집할 수 있었다. 신미양요 당시 수도와 강화도에 집결한 군대가 2만 명에 이르렀고, 직접 전장에 나간 군대가 8,000 명이라는 점을 감안하면 병인양요 때와 차원이 다른 동원력을 갖춘 셈이기도 했다.

그렇다면 대원군이 갖춘 포군은 도대체 어디서 소집해서 어떤 예산으로 운영된 것일까? 이는 변화된 경제적 구조와 연관이 컸다. 조선이 시장을 개방함에 따라 1830년대부터 옥양목으로 대표되는 서구제 면포들이 조선에 도입되자, 조선산 면포들이 경쟁력을 잃기 시작했다. 이에 따라 조선 각 가정의 전반적인 경제 구조가 파괴되기 시작했다. 조선의 가정들은 면포를 생산해 2필은 국가에 세금으로 납부하고, 나머지는 잉여 생산물로 판매하여 가계 수입으로 삼았다.

그러나 조선산 면포보다 값싸고 품질 좋은 옥양목이 대거 유입되자 가계는 경제적인 위기에 봉착하였다. 이러한 상황에서 안정적인 급여를 받을 수 있는 포군의 모집은 위기를 타개할 수 있는 수단 중 하나였다.

포군들이 경제적 위기로 말미암아 빠르게 충원되었다면, 군비의 증강은 앞서 말한 서양제 면포를 통해 채워졌다. 분명 서양제 면포는 조선의 경제를 교란시키는 요소였다.

국가 경제의 태반을 차지하는 면포 산업이 붕괴한다면 조선의 입장에서는 심각한 타격을 받을 수밖에 없었다. 예를 들어 병조의 경우 군사비의 대부분을 면포로 납부받았고, 비단 중앙뿐만 아니라 지방 역시 면포의 현물 화폐 사용이 중요하다 보니 면포의 유통이 조선 경제의 대다수를 차지한다 해도 과언이 아니었다. 무엇보다 쌀보다 보관도 용이하고, 운송 비용이 저렴하다는 장점도 있었다. 그러나 대원군도 서양제 면포를 쉽사리 막을 수 없었다. 서양 면포의 유입은 의주의 관세청에서 세금을 따로 매길 정도로 늘어났다.

고종 연간 의주의 관세청은 '호조의 바깥 곳간'이라 불릴 정도로 국고에 상당한 부를 안겨주었던 곳이며, 실제로 대부분의 군비는 이곳에서 나오는 자금으로 충당되었다. 관세청의 경상비 보충 자금이 거의 100만 냥에 육박한다는 이야기가 나올 정도였다.

물론 1866년, 대원군은 서양 면포 수입을 공식적으로 금지하도록 했다. 대신 청에서 대량으로 제작한 청전 2,400만 냥을 도입하여 부족한 국내 통화량을 늘리고, 중간 차익을 볼 수 있도록 조치하기도 했다. 하지만 근본적으로 이는 해결책이 되지 못했다. 서양 면포를 청전으로 대체하는 데 실패했을 뿐더러, 무엇보다도 해당 조치가 조선군의 재건과 군비 증강에 악영향을 미치리라는 판단도 잇따랐다.

결국 조선은 청의 광동에서 따온 '광동목'이라는 이름으로 서양제 면포들을 다시 국내로 유통시킬 수밖에 없었다.

이렇듯 조선의 군비 증강과 포군제 확립은 이미 1830년대부터 세계 시장에 발을 들인 이상 조선이 거부할 수 없는 흐름이기도 했다. 아이러니컬하게도 서양 세력의 침략을 저지하기 위한 군대를 양성하는 데 있어 정작 그 군대를 조직할 자금은 서양과의 간접적인 교역에서 나오는 셈이었다.

프랑스군은 왜 정족산성에서 포병을 쓰지 못했을까?

프랑스군은 정족산성 전투 때 4구경 곡사포 등의 포병 화력을 전혀 활용하지 못했다. 이에 대해서는 프랑스군이 조선군을 얕보았기 때문에 공격에 포를 동원하지 않았다는 인식이 강하지만, 실제 로즈 제독이 본국에 보고한 문서에 의하면 다른 이야기가 나온다.

- 우리가 보유하고 있던 4구경 곡사포는 그와 같은 성벽에 대항하기에는 무력했으며, 또 한편 포를 그리로 싣고 갈 가축이 없었습니다. 지난밤에도 우리는 4구경 곡사포를 소에다 실으려 시도해 보았으나, 아주 작고 힘없는 조선의 소들은 이 무게를 견디지 못하고 주저앉았으며 그처럼 먼 거리까지 포를 수송할 용도로는 소용이 없었습니다. -

프랑스군은 정족산성 전투 이전부터 주력인 4구경 곡사포를 활용하고자 하였다. 강화성 점령 당시만 해도 프랑스군은 자신들의 포병 화력을 사용했지만, 이를 운송할 나귀가 없어 문수산성과 정족산성 전투에서는 전혀 투입하지 못하고 있었다.

프랑스군은 보통 곡사포와 포가를 나눠서 나귀가 운송하도록 했는데, 조선에서 징발한 소는 이러한 무게를 전혀 견디지 못했던 것으로 보여진다. 결국 정족산성 전투에서 프랑스군은 조선군을 얕봐서 포병을 두고 온 것이 아니라, 그저 이를 수송할 수단이 없어 활용하지 못했음을 알 수 있다.

양헌수
기보연해순무영 천총, 정족산성 수성장

1816~1888. 11
경기도 지평현 생. 경기도 지평현 졸.

1816년	경기도 지평현(현 양평군) 출생.
1830년	고성 이씨와 혼인.
1848년	무과 급제.
1849년	선전관으로 관직 생활 시작.
1854년	희천군수 부임.
1859년	갑산부사 부임.
1864년	제주목사 부임. 선정을 펼쳐 송덕비가 세워짐.
1866년	동부승지를 거쳐 훈련도감 좌별장 겸 순무영 천총으로 강화도 파견. 정족산성에서 프랑스군을 격퇴하고 한성부 우윤으로 임명됨.
1869년	황해도 병마절도사 부임.
1873년	어영대장 부임.
1874년	좌변포도대장 부임.
1875년	형조판서 역임.
1884년	공조판서 역임.
1887년	독련사에 천거되었으나 고사함.
1888년	73세를 일기로 졸.
1910년	'충장(忠莊)' 시호가 추증됨.

병인양요는 조선이 근대적으로 무장한 외국 군대와 충돌한 최초의 사건이었다. 그다지 큰 규모는 아니었지만, 프랑스군은 강화도에 상륙해 교두보를 구축하여 한양을 위협했다. 강화성과 문수산성에서의 패전으로 조선은 수세에 몰렸으나, 이어 벌어진 정족산성 전투에서 기보연해순무 천총 양헌수가 예하 병력으로 프랑스 정찰대를 격퇴하자 프랑스군은 철수를 결심했다. 양헌수는 서양 군대와의 교전에서 최초로 승리를 거둔 지휘관이다.

양헌수의 가문은 본래 무가였지만, 그는 문관을 지망하여 이항로 문하에서 수학했다. 그러나 집안 사정이 어려워 진로를 무과로 바꾸고 수련하여 33세에 급제하여 관직에 들어선다. 이후 여러 외직을 거치며 경력을 쌓고, 1864년에는 제주목사에 천거되어 부임했다. 그의 재임 당시 태풍으로 도민들이 많은 피해를 입자 적극적으로 구휼하여 송덕비가 세워졌다.

평범한 무관의 커리어를 밟아 오던 그의 인생은 1866년 전기를 맞이한다. 그 해 10월 강화성이 프랑스군에게 함락되자 조정은 강화도 탈환 및 한양 방어를 위해 순무영(巡撫營)을 조직하고 승지로 재직중이던 양헌수를 천총으로 임명해 파견한다. 그러나 프랑스군이 강화해협 양안의 요충지를 차지하여 강화도로 진입하지 못하다가 기습적으로 도하하여 정족산성에서 프랑스 정찰대를 기습해 승리를 거두었다. 접전에도 불구하고 양측의 사상자는 경미했지만, 프랑스군의 전략적 목표 달성을 저지하여 철군 및 양요 종결을 이끌어 낼 수 있었다. '승장'인 양헌수는 이후 수많은 영예를 누렸으며 종2품직인 황해병사를 거쳐 경직으로는 어영대장, 포도대장 등의 무관직은 물론 형조와 공조의 판서도 역임했다. 1882년에는 임오군란도 겪었지만, 병사들 사이에 인망이 높아 화를 면했다. 1887년에 춘천 유수 겸 독련사에 제수되었으나 노령을 이유로 고사하였고, 이듬해 11월 서거했다.

무관으로써는 드물게 양헌수는 <하거집(荷居集)>이라는 문집을 남겼다. 그가 본래 문과를 지망하였고 등과 이후에도 책을 가까이하였기에 가능했을 것이며, 문무반을 넘나드는 직책을 수행한 점 역시 그가 학자의 소양도 있었음을 보여준다. 하거집에는 그의 시, 서, 사 외에도 다양한 관직을 거치며 작성한 공적 서류들도 실려 조선 후기사 연구의 중요한 사료가 되었다.

신미양요

광성보의 혈전

1871

면제배갑을 입은 조선군

신미양요
광성보의 혈전

병인양요 직후 러시아 해군의 소볼호 사건

크나큰 홍역을 치룬 조선은 1868년과 1869년에 각각 이양선과 다시 한 번 마주하게 되었다. 각각 오페르트 도굴 사건과 러시아 해군과의 충돌이었으며, 그중 오페르트 도굴 사건은 모두들 교과서에서 한 번 이상 접해 본 사건일 것이다. 그러나 러시아 해군과 조선군 간의 충돌 사건에 대해서는 잘 알려진 바가 없다. 아마도 굉장히 생소한 사건일 것이며 지상이 아닌 해상에서의 충돌 사건으로, 조선측에서도 간략하게 기록을 남기고 있다.

이 사건은 1866년 병인양요의 소식이 러시아의 동시베리아 총독 M.C. 카르사코프에게 조금 와전되어 전달된 소식으로부터 기인했다. 당시 러시아령 남우수리 변강에서는 프랑스군이 조선의 강화도를 점령하고 있다는 소문이 돌았다.

이에 따라 동시베리아 총독은 육군 소장 A.E. 블랑갈리에게 해당 소식을 전했으며, 1868년 9월 시베리아 소함대에 소속되어 있던 456톤 포함 소볼에게 정탐 임무를 주어 실제 프랑스군이 강화도를 점거하고 있는지에 대한 여부를 조사하고자 하였다.

소볼호는 1869년 4월, 상해에서 천진으로 향하던 중 해당 임무를 전달받아 수행하였고, 조선의 서해안 일대에 있는 도서 지역들을 통과하며 프랑스군의

흔적을 정탐하였으나 별다른 소득을 얻을 수는 없었다.

그러던 도중 4월 14일 강화도 인근에 도착한 러시아 해군은 인근의 조그만 섬에 정박하였는데, 이곳은 조선의 강화도 방어 핵심 지점인 영종도였다. 당시 영종도에 정박한 소볼호의 함장 우소프 대위 이하 장교들은 지역민과 접촉하는 등의 활동을 하였으나, 4월 17일 아침 양측이 해당 지역을 방어하던 영종진의 조선군과 충돌하였다.

당시 조선에서 정탐 임무를 하던 러시아 해군은 상부로부터 현지의 조선인과 충돌을 회피하기 위해 정박하지 말라는 지시를 받았음에도 주민들과 접촉했고, 특히 4월 17일에는 새를 사냥하러 나간 말초프 해군 소위가 다른 수병 1명과 함께 조선군에게 포위를 당하면서 문제가 불거지기 시작했다.

근처에 있었던 영종진에는 첨사 이유증이 지휘하는 약 400명 가량의 조선군이 주둔하고 있었고, 이 중 30~50여 명이 러시아 해군 함선의 정박 및 상륙에 대응하기 위해 인근 성으로부터 나와 이들을 포위하였다.

러시아는 조선군이 먼저 자신들에게 선제 발포를 감행했고, 이들을 구하기 위하여 출동한 소형 선박에도 역시 발포함으로서 이에 대응하여 함포 사격을 실시했다고 했으나, 이는 러시아 측의 일방적인 주장이라서 실제로 그랬는지는 알 수 없다.

미하일 알렉산드로비치 우소프 소볼호 지휘관 미하일 알렉산드로비치 우소프 대위. 1870년까지 소볼을 지휘한 뒤 발트 함대로 전출되었으며, 1886년 준장 진급과 동시에 예비역으로 편입되었다. 1904년 상트페테르부르크에서 사망했다.

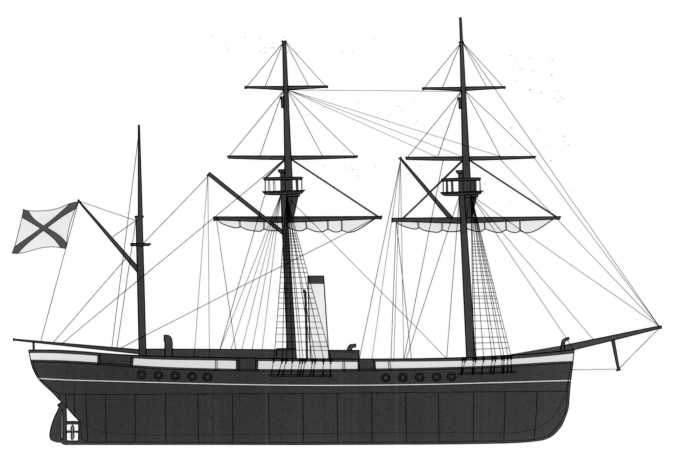

소볼
Соболь

러시아 제국령 핀란드 대공국 포리에서 건조한 마르시급 456톤 포함. 진수 후 1년에 걸친 항해 끝에 18 1866년 시베리아 함대에 합류했다. 392마력의 증기기관을 갖추고 2문의 60파운드 함포와 4문의 4파 운드 부포를 장비하였으며 주로 해역 정찰 임무에 종사하다 1892년 선적에서 제적되었다.

조선측 기록에서도 선제 대응의 내용보다 는, 충돌로 인한 사상자의 숫자를 다뤘기 때문에 확실한 공격 사유는 알 수 없다. 다만 영종도는 강화도 방위의 핵심 지역이며, 1년 전 오페르트 사건 당시 피해를 입은 지역이었기 때문에 선제 공격을 했을 당위성은 충분하다. 다만 이것은 자 국 방어를 위한 권리로부터 기인하는 것이기도 했다.

다시 이야기로 돌아와서, 수십 명의 조선군 에게 포위당한 러시아 해군 소위는 총기를 들이 대며 위협을 가했으나 오히려 개머리판으로 조 선군이 제압하려는 시도를 하면서 산탄총을 발 포하여 한 명에게 부상을 입혔다. 때마침 소볼 에서 날아온 함포 사격으로 조선군이 잠시 주춤 한 사이, 구조 선박이 다가와 말초프 소위와 다 른 수병 1명을 구조하여 급히 돌아갔다. 조선군 은 선박에 총격을 퍼부으며 계속해서 압박을 가 하고 있었다.

이러한 조선군의 공격에 대해서 소볼호의

함장 이하 해군 장교들은 자국에 대한 공격 및 해군기에 대한 모욕으로 받아들여 오후 2시부터 조선군의 요새에 포격을 퍼부었다. 조선군은 소 볼호의 포격에 별다른 대응을 하지 못했는데, 아 직 병인양요의 충격으로 인한 피해를 복구하고 있었던 것이 원인이었다.

결국 일방적인 포격은 약 2시간 가량 이루 어졌으며, 총 65발의 포탄이 사격되었다고 보고 되었다. 고폭탄 10발과 작열탄 15발, 그리고 시 한신관이 장착된 포탄 40발이 소모되었으며, 포 격은 직접 사격이 아닌 산을 넘겨서 간접 사격을 가하는 방식으로 진행됐다.

포격의 효과가 어떠했는지는 당시 러시아 해군도 파악할 수 없었다. 러시아 해군은 조선 측 사상자에 대한 관측이 되지 않아 전과 확인이 불가능했고, 단지 조선군이 지키고 있던 요새의 망루 등 건물이 불에 탔으나 실제 요새의 성벽 이 관통된 흔적은 발견하지 못했다고 기록을 남 겼다. 조선측 기록에 따르면 조선군은 교전으로

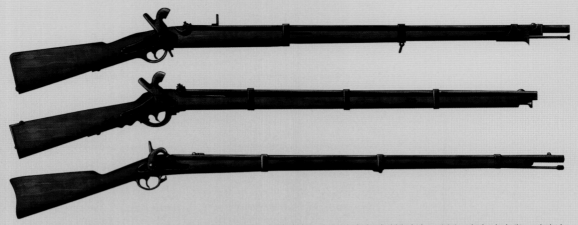

러시아군 총기

베르단 소총이 1870년부터 러시아군에 도입되기 시작했지만, 소볼호 사건 당시에는 전장식 퍼커션 캡 소총이 러시아 주력 소화기였다. 러시아군은 꽤 잡다한 모델을 병용했는데, 숫적 주력은 M1854 및 M1845, 플린트락을 퍼커션으로 개조한 M1828/44와 M1839/44가 차지했다.

인해 2명이 전사하고 6명이 부상을 입는 피해를 입었다고 보고하였다.

2시간에 걸친 일방적인 포격 직후 러시아 해군은 철수했다. 교전 자체는 러시아 해군에게 있어서 별다른 피해를 주지 않았고, 이에 따라 4월 28일 천진으로 복귀한 함장이 상부에 교전 내용 일체를 보고하였다. 하지만 문제는 조선과의 관계 악화를 우려한 동시베리아 총독과 연해주 총독, 그리고 청나라 주재 러시아 공사에 의하여 불거졌다.

러시아는 소볼호 사건을 빌미로 확전한다거나 배상금을 요구하기보다는 오히려 해당 사건을 빠르게 마무리하려는 노력을 기울였다. 육로를 통한 조선-러시아 사이의 무역이 끊길 위험이 컸기 때문이었다.

당시 러시아는 1860년 북경 조약으로 아무르강 북쪽 및 동해연안에 막대한 영토를 얻었으나, 연해주의 인구는 적었던 상황이었다. 러시아는 적극적으로 시베리아 이민을 추진했지만 1863년~1882년 사이에 연해주 남우수리 지방으로 이주한 러시아인의 수는 2,898명에 불과했다.

결국 아무르강 유역에 교통로와 식량기지를 건설하려던 러시아 정부의 계획은 혹독한 기후, 적은 인구, 수송상의 어려움, 방어상 문제 등으로 실패했다. 연해주-아무르 연안의 러시아 지배권 유지를 위해서는 부족한 노동력과 물자, 특히 식량을 빠르게 조달할 수 있는 지역이 필요

했고, 당시 이를 공급하던 곳이 바로 조선의 경흥부였다.

조선의 경흥부로부터 구매할 수 있는 여러 물자들이 소볼호 사건으로 인하여 폐쇄된다면 이는 굉장히 큰 문제가 될 수도 있었다. 원칙적으로는 조선 정부에 의하여 국경에서의 교역이 금지되었으나, 느슨한 국경의 경비와 '강탈과 반환'이라는 새로운 방법으로 양측의 물자 거래가 이루어지고 있었다.

소볼호 사건은 이러한 연해주 러시아인들의 물자 구매처를 막아 버릴 수 있는 중대사이기도 했었다. 게다가 상관인 블랑갈리 소장의 명령을 무시하고 직접 상륙하여 조선군과 교전까지 벌인 것은 명령 체계의 무시로 해석될 수 있었다.

또 극동은 이미 연해주와 아무르 일대에 대한 개척이 한참 진행 중이었고, 러시아의 주요 관심사는 유럽 본토 및 중앙아시아였기 때문에 조선에 실제 투사할 수 있는 전력이 없었던 것도 이유 중 하나였을 것이다.

결국 복합적인 원인은 동시베리아 총독으로 하여금 러시아 외무부에 소볼호 소속 관련자들에 대한 문책을 문의하는 한편, 조선 정부에게 유감을 표하는 문서를 보냄으로서 일단락을 짓는 결과로 이어졌다.

한편 조선 정부는 교전이 벌어진 영종진에 병력을 증파하는 등 긴급히 대응에 나섰다. 영종진을 방어하는 현지 병력 400명과 광주, 수원,

인천에서 증원된 병력들이 해당 지역으로 집결했다. 물론 소볼함이 교전 직후 떠났고, 농사철임을 고려하여 바로 소집을 해제하였으나 한동안 봉수대에서의 비상 경계 체제가 이루어졌을 정도로 날카로운 반응을 보였다.

결론적으로 소볼호 사건은 우발적인 교전으로 볼 수도 있는 사건이지만, 러시아의 극동진출과 조선의 강화도 정비와 맞물려 있는 사건이었다. 특히 극동 개척에 있어서 조선과의 교역은 적지 않은 영향을 주었다는 것을 보아할 때, 러시아가 확전 및 배상금 요구를 하지 않도록 했다는 점에서 시사하는 바가 크다고 볼 수 있을 것이다.

신미양요 직전의 방위 체계 개편

병인양요 직후 조선은 강화도의 방위 체계는 물론 군령기관 및 지방군까지 국방에 대한 모든 체계를 전면적으로 개편하기 시작했다. 서양과의 전쟁에서 최전선이 될 강화도의 방위는 그중에서도 가장 중요한 사안이었다. 이곳의 중요성은 내륙인 한성으로 물자가 들어갈 수 있는 주요 수로였다는 점 하나만으로도 반드시 사수해야할 지역이었다. 이는 곧 강화도가 함락되면 한강 하구를 통해 수도 한성까지 길을 내줄 수도 있었으며, 동시에 수도로의 물자 공급 단절을 의미하였다.

실제 병인양요 당시에도 강화도 인근 해협을 프랑스 함대가 장악하면서 수도 한성으로 물자가 들어가지 못해 상당히 큰 문제가 발생하기도 했다는 점을 감안할 때, 이곳의 방위 체계에 대한 점검은 매우 절실한 현안이었다. 강화도에는 당시 12개 진보, 52개 돈대, 8개 포대가 배치되어 있었고, 이것이 바로 방위 체계의 핵심이었다.

이 요새들의 대부분은 신미양요로부터 약 200여 년 전인 숙종 치세에 축성된 것이었다. 조선왕조실록에는 강화도 이외에도 경기도 광주의 신남성 동쪽 및 서쪽 돈대, 파주의 장산진 돈대, 황해도 연안 나진포구 인근 돈대, 평안도 선천 돈대 4개소, 경기 수원 화성 돈대 등이 건설되었다고 기록되어 있다.

그중에서도 강화도의 돈대 건설은 다른 지역에 비해 그 숫자가 상당하였다. 강화도에는 총 54개의 돈대가 건축되어 있었는데, 동쪽 해안의 염하수로를 따라 18개의 돈대가, 북쪽과 서쪽으로 각각 13개, 강화 남부 해안 일대에 10개가 배치되어 있었다.

1679년 숙종 5년에 48개의 돈대가 강화도에 건설되었다. 약 5개월에 걸친 공사에서 조선 정부는 8,900명의 승병과 어영군 4,262명, 석수 400명, 기타 인력 1,500명을 투입하였으며, 이외에도 쌀과 철물, 석회 등을 다수 소모한 끝에 완공할 수 있었다.

이후 숙종 치세에 3개소를 추가 설치했고 이외에도 경종과 영조, 고종대를 거치며 3개의 돈대가 추가로 건설되면서 강화도에는 총 54개의 돈대가 방어를 위해 존재하고 있었다. 이러한 방어 시설들은 17세기 후반부터 19세기 중반까지 계속해서 보수, 증강되고 있었다. 돈대와 돈대 사이의 빈 공간을 보조하는 포대들 역시 축성되어 10여 개 포대에 70여 문의 화포가 배치되었다.

특히 한강수로 진입로인 강화해협 일대에 집중 배치되었으며, 각 돈대는 장기간에 걸쳐 군수품이 비축되어 유사시를 대비할 수 있는 상태를 갖추고 있었다.

하지만 병인양요 당시 해당 돈대들은 방어 시설로서 큰 역할을 하지 못했다. 프랑스군이 상륙한 갑곶 일대에서조차 상륙 징후를 포착하지 못했다. 그 결과 강화도 방어의 핵심인 강화성까지 프랑스군의 진입을 허용하여 함락당하는 수모를 겪게 되었다.

게다가 강화도 자체 수비 병력의 문제도 있

었다. 54개 돈대 8개 포대를 관리하고 강화도를 방어하기 위해 육군은 진무영이, 수군은 통어영이 각각 관장하도록 규정되어 있었다.

진무영의 지휘관인 진무사는 171명의 장교를 두고 있었다. 또한 각 진을 담당하던 병마첨절제사(정3품)가 130명의 병력을, 병마만호(정4품)가 100~160명의 병력을, 별장들은 80~160명의 병력을 지휘하여 도합 2,000여 명의 육군이 강화도에 주둔하고 있었다.

강화도를 방어하는 수군인 통어영 역시 삼도통어사의 지휘 아래에 3,400명의 병력을 통제했으나 이러한 병력의 수는 장부상으로만 존재했으며 실제로는 4~500명 선으로 배치되어 있었을 뿐이었다.

즉 기존에 배치된 돈대들이 효과적으로 운용되기 어려웠다는 약점을 드러낸 것이었다. 이에 따라 병인양요 직후 조선군은 일대 군제 개편을 거치면서 조금 더 실전에서 유용한 군대로 재편하기 시작했다.

중앙군 역시 일대 개편을 맞이하였다. 이들은 기보도순무영 휘하에 편제되어 병인양요 당시 투입했으나 프랑스군을 상대로 제대로 된 전투에 투입되지 못했다. 전투력의 중심은 지방에서 자원한 포수들이었다. 이들이 전투에 나서지 못한 것은 여전히 중앙군이 기존의 삼수병 체제를 유지하고 있다는 점 때문이었다.

따라서 1867년 금위영과 어영청의 개편을 시작으로 중앙군의 개편이 이루어지기 시작했다. 원래 조선군은 향군(鄕軍)이 지방에서 올라와 번상하도록 하였으나 번상을 드는 것을 정지하였고, 대신 그 비용을 금위영과 어영청에 지급하여 포수 4초를 상비군으로 창설하도록 하였다. 즉 중앙군의 군사적 강화에 따라 향군을 이전처럼 번상하여 유지하는 대신 훈련도감처럼 상비 병력으로 전환하였다.

국왕의 친위대인 용호영도 중앙군 개편과 맞물려 복구되었다. 1867년 금군 및 용호영의 옛 제도를 복구하면서 총 2,000명의 병력이 충원되었고, 이들은 궁궐과 도성 인근을 보호하는 임무를 맡으면서 기존의 오군영이 야전으로 즉시 증원을 나갈 수 있는 기반을 마련하였다. 병인양요 때 중앙군이 모두 통진으로 출전하면서 병력 공백이 생긴 수도의 치안이 불안정해지자 황해도의 지방군이 급히 재배치된 것에 대한 교훈이었다. 즉 용호영을 중심으로 수도 방위의 핵심인 중앙군과 지방군이 상호 연결되어 입체적인 반격 작전이 이루어질 수 있는 핵심인 셈이다.

결과적으로 중앙군의 증강은 많은 진전이 있었다고 볼 수 있었다. 이러한 자신감은 고종 5년인 1868년에 있었던 열병식에서 여실없이 드러났다. 훈련도감 7초 3,500명과 마군 1,500명, 금위영 3초 1,500명 등 총 6,500명의 병력이 참가한 대규모 열병식이었다.

병인양요 초기 순무영에 2,000여 명의 병력밖에 충원할 수 없었던 상황에서 완전히 탈피했음을 상징하는 행사이기도 했다. 국왕이 원한다면 언제든 대규모 병력을 소집하여 싸울 수 있다는 자신감의 근원이기도 했다.

한편 군제 기능에 대한 정비가 단행되었다. 병인양요 직전인 1865년 비대한 기능을 유지하던 비변사를 혁파하고 군사 기능만을 담당하는 정부 부서가 새로 등장했다.

이는 조선의 역대 최고 군령기관이었던 삼군부의 재건이라는 카드를 꺼내든 것이었다. 임진왜란 이후 비변사가 설치되며 실권을 잃고 폐지되었던 삼군부는 병인양요를 거치면서 기존의 비변사가 행사하던 군사권을 모두 회복하며 지금의 합동참모본부와 같은 기능을 하기 시작했다.

1868년에 들어서서 삼군부는 영삼군부사와 판삼군부사, 행지삼군부사, 지삼군부사 등으로 지휘부를 구성하였으며, 대부분의 실무진에는 문관의 겸임 대신 현역 무장들이 임명되었다. 이에 따라 삼군부의 조직과 기능이 강화되었고, 국방부의 역할을 하는 병조로부터 완전히 독립을 하게 되었다. 그 위세는 정부(政府)라 일컫던 의정부와 대등한 위치로까지 격상되어 무부(武府)라 호칭되기도 하였다. 즉 국방 문제 전반을 관장하는 명실상부한 최고 군령기관으로 발전

조선군 지휘 체계의 개편

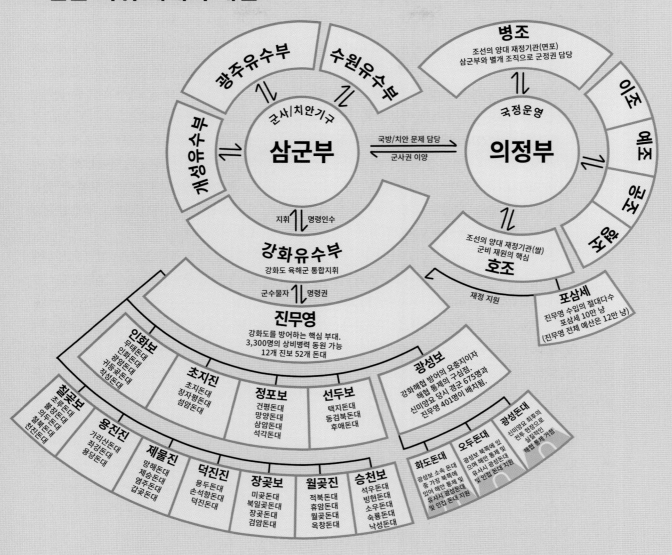

삼군부 — 군사/치안기구

의정부 — 국정운영

국방/치안 문제 담당 ⇌ 군사권 이양

병조
조선의 양대 재정기관(면포)
삼군부와 별개 조직으로 군정권 담당

광주유수부, 수원유수부, 개성유수부

이조, 예조, 병조, 조원

지휘 ⇄ 명령인수

강화유수부
강화도 육해군 통합지휘

호조
조선의 양대 재정기관(쌀)
군비 재원의 핵심

군수물자 ⇄ 명령권

재정 지원

포삼세
진무영 수입의 절대다수
포삼세 10만 냥
(진무영 전체 예산은 12만 냥)

진무영
강화도를 방어하는 핵심 부대.
3,300명의 상비병력 동원 가능
12개 진보 52개 돈대

인화보
무태돈대
인화돈대
광암돈대
귀등곶돈대
작성돈대

철곶보
불은돈대
북일곶돈대
의두돈대
석우돈대
천진돈대

초지진
초지돈대
장자평돈대
섬암돈대

용진진
가리산돈대
좌강돈대
용당돈대

정포보
건평돈대
망양돈대
삼암돈대
석각돈대

제물진
망해돈대
제승돈대
염주돈대
갑곶돈대

선두보
택지돈대
동검북돈대
후애돈대

덕진진
용두돈대
손석항돈대
덕진돈대

장곶보
미곶돈대
북일곶돈대
장곶돈대
검암돈대

월곶진
적북돈대
휴암돈대
월곶돈대
옥창돈대

승천보
석우돈대
빙현돈대
소우돈대
숙룡돈대
낙성돈대

광성보
강화해협 방어의 요충지이자
해협 통제의 구심점.
신미양요 당시 경군 675명과
진무영 401명이 배치됨.

화도돈대
광성보 소속 돈대
중 가장 북쪽에
있어 해안 통제
및 인접 돈대 지원

오두돈대
광성보 북쪽에 있
으며 해안 통제 및
유사시 광성돈대
및 인접 돈대 지원

광성돈대
신미양요 최후의
전투 현장으로
실질적인
해협 통제 거점

돈대별 병력과 화기 배치

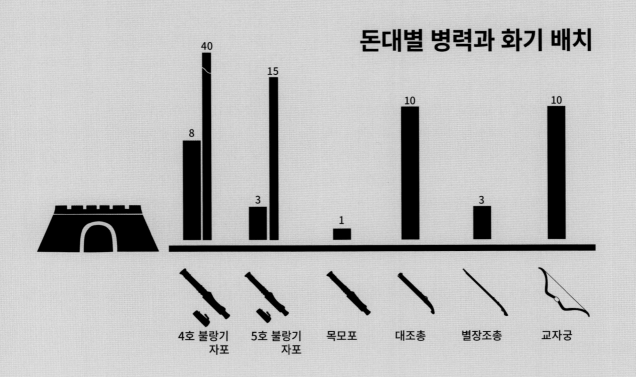

| 8 | 40 | 3 | 15 | 1 | 10 | 3 | 10 |

4호 불랑기 자포　　5호 불랑기 자포　　목모포　　대조총　　별장조총　　교자궁

한 것이다.

삼군부는 군사적 요충지에 대한 군 지휘관 및 수령들에 대한 인사권을 행사할 수 있었다. 이에 따라 강화도 진무영의 권한은 크게 강화될 수 있었다.

1700년에 강화도 방위를 위해 창설된 진무영 역시 삼군부와 마찬가지로 그 권한이 점점 커져 가고 있었다. 진무영의 지휘관인 진무사는 원래 강화도 방어 책임자인 강화유수가 겸직하는 것이 기존의 관례였었다.

하지만 1866년 강화도를 복구하기 위한 영조도감이 설치되면서 새로 임명된 강화유수사를 문관이 아닌 무관으로 배치하였으며, 그 품계도 종전의 종2품에서 정2품으로 격상시켰다. 이는 진무영의 관할 범위를 늘리려는 의도가 들어가 있었다. 기존의 방어 체계는 육군과 수군이 따로 분리되어 강화도를 방어하고자 하였으나, 1860년대의 개편에서는 이러한 분리가 사라졌다.

즉 무관인 진무사가 강화유수를 겸직함과 동시에 경기수영 및 삼도수군통어영 예하에 있던 수군진들을 넘겨받도록 한 것이었다. 실질적인 병력 통제를 하던 진무중군 역시 다른 중앙군영에 비해 더 높은 자격을 요구하였다. 기존 정3품의 직책에서 종2품으로 격상되었으며, 훈련도감을 제외한 중앙군 중군이 아장보다 낮은 병사(兵使) 경력만을 요구한 것에 비해 아장 경력을 요구하였다.

그만큼 권한 역시 파격적이었다. 군사적인 문제에 대해서는 중군이 직접 의정부에 직접 보고를 올릴 수 있었고, 예하 병력의 통제 역시 가능하였다. 강화도의 진무중군이 통제할 수 있는 육군은 4개 부(전, 후, 좌, 우부) 천총 4명(연대장급), 파총 10명(대대장급), 초관 54명(중대장급) 및 병력 3,300명가량이었다. 그리고 이 병력의 대부분은 급료를 받고 항시 대기하는 상비군에 가까웠다.

이외에도 포수 위주로 구성된 진무영 소속 부대가 지속적으로 증강되었으며, 화포 역시 계속해서 신규 제작되어 배치되었다. 군령기관과

강화도의 부대 재편과 맞물려 포군의 증강 역시 괄목할 정도의 성장을 이룩했다.

앞선 병인양요에서 지방군 동원에 제한이 걸렸던 조선 정부는 새로운 상비병력의 중요성을 깨달았다. 또한 이러한 상비병력의 존재는 외세의 침입 뿐만 아니라 왕실을 수호하는 물리적 존재로서도 요긴할 수 있었다.

이에 따라 지방군은 포군이라는 이름으로 속속 창설되었으며, 거의 모든 군대가 화기로 무장하기 시작했다. 서양식 군대에 맞설 수 있는 것은 기존의 삼수병이 아닌 화기로 무장한 군대라는 교훈 덕분이었다.

지방포군의 시작은 1865년 함경도 남병영의 별포위군으로 볼 수 있었으나, 병인양요 이후에도 그다지 큰 증강은 이루어지지 못했다. 이유는 상기한 중앙군 및 진무영의 강화에 모든 국방 현안이 집중되었기 때문이었다.

하지만 이러한 포군의 창설이 폭발적인 관심을 받기 시작한 것은 1868년 충청도 홍주 일대에서 벌어졌던 오페르트 도굴 사건이었다. 대낮에 오페르트의 무장 상선과 선원 100여 명이 덕산 관아의 무기들을 탈취해 남연군묘를 훼손한 사건은 이양선이 원한다면 전국 어디에서나 공격을 퍼부을 수도 있다는 가능성으로 발전했다.

이는 수도권에 집중된 군사력 증강 정책을 지방으로까지 확대하는 방향으로 이어졌다. 충청감사 민치상은 20개 읍에서 1,000명의 포수를 육성하겠다는 계획을 중앙 정부로부터 승인받았고, 신미양요 직전인 1871년 5월까지 총 9,954명이 전국에 배치되었다.

이렇듯 조선의 군대와 방위 체계는 병인양요와 오페르트 사건을 계기로 양질의 팽창과 발전을 이루었다. 그러나 이러한 발전은 기존의 체계를 정비한 것에 불과했고, 여전히 서양 국가들에 비해 몇 세기는 뒤떨어진 화기로 무장한 군대가 주력으로 남아 있었다.

이러한 차이를 극복하기 위하여 다양한 방법이 준비되었으니, 그것이 바로 무기 개발과 외국 기술의 도입 시도들이었다.

조선의 무기 개발과 외국 기술 도입

이 시기 무기 개발사에 있어서 가장 흥미로운 부분이 있다면 바로 퍼거션 캡, 일명 뇌관식 소총 기술의 도입이었다. 이러한 기술의 도입은 전쟁의 영향과 함께 이루어졌다. 프랑스와의 전쟁은 조선의 수뇌부로 하여금 화승총의 생산을 크게 증가시켰다. 기존의 군기제조는 군기시와 각 도의 월과총계(月課銃契)가 담당하였다.

강화도의 경우는 국경의 최전선이라는 인식이 곁들여지면서 심영영조도감이라는 특별부서를 설치하여, 돈대 등 요새는 물론 군대가 사용할 군수품을 정비 및 신규 제작하는 업무를 수행하기도 하였다. 이 과정에서 오랜 시간 동안 제대로 정비받지 못해 녹슬고 망가진 총기들을 폐기하고 신제 조총들을 양산하였다. 이렇게 새로 제작된 무기들은 개편된 중앙군과 신설된 지방 포군에 지급되어가고 있었다.

이러한 와중에 다양한 무기 개발 및 외국 기술들이 국내로 유입되기 시작했다. 퍼거션 캡 소총 기술은 조선군이 기존에 사용하던 화기와는 확연한 차이를 보이는 것이었다. 조선군의 화기는 장약과 탄약이 분리된 형태이며, 심지가 타들어가면서 사격이 이루어지기까지 시간이 걸린다. 재장전 역시 마찬가지였다.

그러나 퍼거션 캡 소총은 더 이상 심지로 격발하는 것이 아닌, 작은 금속제 캡인 퍼거션, 즉 뇌관으로 된 발화 장치로 구성되어 있다. 뇌관을 씌우고 방아쇠를 당기면 공이가 뇌관을 격발, 약실의 장약을 발사시키는 구조였다.

이는 장전 속도에 있어서도 엄청난 이점을 가져왔다. 숙련된 병사들은 화승총과는 비교할 수 없을 정도로 빠른 사격이 가능했다. 무엇보다도 격발 불량률이 눈에 띄게 낮아졌고, 악천후에서도 심지 걱정을 하지 않고 운용할 수 있다는 점 역시 매력적인 부분이었다.

재장전 과정에서 불편했던 화약그릇에 남은 화약을 털어낼 필요가 없어진 것과 화승 끝의 불꽃을 더 이상 관리하지 않아도 된다는 점은 보너스였다. 물론 여전히 전장식이라는 메커니즘은 유지되었지만, 그럼에도 그 장점은 매우 컸다.

하지만 해당 기술이 조선에 들어오기까지는 많은 우여곡절이 있었다. 이 기술을 제공하겠다고 제안한 곳이 바로 일본이라는 점 때문이었다. 당시 퍼거션 캡 기술은 화약목총지법이라 불렸으며 개항 이전부터 일본에서 해당 기술을 제공해 주겠다고 지속적으로 접촉해 오고 있었다. 그러나 조선측에서는 그 대가가 터무니없을 것이라 판단해서 계속해서 거절하던 상태였다.

그러나 전쟁의 경험은 군사 기술의 발전을 갈망하도록 만들었다. 김규락의 운하견문록에 따르면 청국인 진옥장의 역시 일본의 퍼거션 캡 기술을 도입하라고 계속해서 제안했다고 기록

조선군 총기

1870년대 초의 최신 기술은 트랩도어식 소총이었지만, 여전히 주류는 퍼커션 캡 방식에 머물렀다. 병인양요와 소볼호 사건 당시의 프랑스군 및 러시아군도 퍼커션 캡 방식을 사용했다. 조선군은 아직 화승식(위쪽)이 주류였지만, 이 시기에 퍼커션 캡 방식의 화기(아래)를 자체 생산하는 데 성공했다. 그러나 뇌홍의 수급이 여의치 않아 적극적으로 사용하지 못했고, 이후 후미장전식 소총으로 곧바로 넘어갔다.

하고 있다.

그렇다고 일본의 제안을 받아들이기에는 여전히 부담스러웠다. 그러나 대안이 있었으니 바로 왜관에서 조선 정부와 접촉한 일본 상인이었다. 현재 그의 이름은 전해지지 않지만, 그는 당시 일본의 외교 정책으로 인하여 왜관에서의 기득권을 상실한 인물이었으며, 자국에 불만을 크게 품고 있었다.

그리하여 조선측에 퍼커션 캡 소총 기술이 전수되었다. 가장 핵심 기술은 탄환과 화약을 감싼 종이포, 즉 동화모의 확보가 얼마나 되느냐였다. 이에 따라서 퍼커션 캡 소총의 활용도가 갈렸기 때문이었다.

하지만 조선의 기술로는 동화모를 자체 제작할 수가 없었고, 대부분의 물량을 청으로부터 구매하여 비축해야 하는 상황에 직면하게 되었다. 물론 신헌이 조일수호조규가 체결된 1876년 동화모를 별도로 구매해 비축해 두었다고 고종에게 보고했으나, 신미양요 직전까지는 이렇다 할 대량 생산이 이루어지지 못한 것으로 추정된다.

그러나 이전의 조선이 화승총의 성능 개량 측면보다는 물량 확보에 중시했던 시선에서 벗어나, 1868년 퍼커션 캡 소총 기술을 도입하여 모방, 제작한 것은 무기 개발사에 있어 큰 의의

가 있다고 할 수 있다. 퍼커션 캡 소총이 개항 이후 조선군에서 가장 흔하게 볼 수 있었던 화기이기도 했었기 때문이다.

총기 기술의 개발이 이루어지는 동안 해상 전력의 확충 역시 시급한 문제라고 인식하고 있었다. 염창 해전에서 프랑스 해군 소함대에게 패배한 조선 수군을 전반적으로 재건하는 것은 국가적인 사안이기도 하였다. 이에 따라 내탕금을 내어 함대를 재정비하는 사업이 진행되었으며 기존의 전선과 거북선들을 각 수영에서 건조하였다.

전통적인 함선의 건조와 함께 서양식 선박의 건조도 이루어졌다. 1867년 9월 9일, 주교사 당상 이경순의 주도 아래에 6개월에 걸쳐 3척의 신형 함선이 건조되었다. 이 함선들은 해국도지와 제너럴 셔먼호 사건 당시 격침당한 이양선의 잔해 등을 적극 활용한 것이었다.

현재 그 모습은 전해져 내려오지 않으나 서양의 기선을 모방한 것이었다. 각각의 함선은 훈련도감과 금위영, 어영청이 관할하도록 하였으며 함명은 '천(天)', '지(地)', '현(玄)'이었다.

이 선박은 1868년 강화도에서 수조(水操), 즉 훈련에 동원하라는 명령을 끝으로 더 이상 역사 속에는 등장하지 않는다. 신미양요 당시 서양식 선박이 미 아시아 함대를 막아섰다는 기록이

목탄증기갑함

1866년 벌어진 제너럴 셔먼호 사건 이후 흥선대원군은 조선제 증기선의 제작을 시도했다. 주요 기관부는 제너럴 셔먼호에서, 가동 원리는 <해국도지>를 참조하였다. 실물 사진이나 기록은 남지 않았기에 우측의 그림은 조선식 전선을 바탕으로 한 상상도다.

"새로 제조한 전선을 주교사에 소속시켰습니다. 배를 정박하였을 때 수호하는 방도를 착실히 거행하게 하고, 보수하는 절차는 훈련도감, 금위영, 어영청이 군문의 조세를 가져다 쓰게 하며, 배의 이름은 천, 지, 현 세 글자를 가지고 나누어 표하고, 한결같이 차례대로 각각 해당 군영에서 관할하게 하는 것으로 규정을 정하여 시행하는 것이 어떻겠습니까?" 하니, 윤허한다고 전교하였다.

−승정원일기 고종 4년 정묘 9월 25일자 기사

전무한 것으로 보아 최소 1871년 이전에 해당 선박들은 사라졌거나 혹은 임무에서 해제된 것으로 보인다. 아마도 기존 함선에 비하여 강점이 적었거나 혹은 재정상 문제 등으로 더 이상 유지하지 못했을 것이라 추정할 뿐이다. 이러한 서양식 선박의 계보는 개항 이후 전운사와 이운사의 운영에서 그 명맥이 다시 이어진다.

이외에도 방탄복인 면제배갑을 제작하여 강화도 방어군에 공급하고, 청국으로부터 대량의 불랑기포를 수입하여 해국도지의 대포를 모방제작하거나 학의 깃털을 부착하여 적의 포탄을 튕겨내는 학우조비선 등 다양한 물자 구매와

기술 개발 시도가 이어졌다.

그러나 이러한 자체적인 군사 기술의 개발은 여전히 서구의 침략 앞에서는 본격적인 해결책이 되어 줄 수 없었다. 병인양요 이후 새로운 침입에 대한 준비로서 시급하게 진행되었던 측면이 많았고, 학우조비선의 사례처럼 이미 서양과의 기술 격차는 크게 벌어져 있었다. 그럼에도 기존의 통념을 깨고 해외로부터 기술을 도입하고, 2~3년이라는 짧은 시간 동안 각종 신무기 개발에 시도하여 몇몇 성공을 거둔 점은 높이 평가할 수 있을 것이다

미 해군 아시아 함대의 침입과 염하수로 전투

이렇듯 외부로부터의 침입과 이에 맞서기 위한 국방 정책들이 수립될 무렵, 미국의 아시아 함대는 조선 원정을 계획하고 있었다. 미 해군이 직접적으로 조선원정을 계획하게 된 계기는 병인양요 직전 발생한 제너럴 셔먼호의 실종 사건으로 세간에 잘 알려져 있다. 그러나 1871년의 충돌에 있어서 제너럴 셔먼호는 직접적인 도화선이 되지는 않았다.

이미 1867년 USS 와추셋과 1868년 USS 셰넌도어가 제너럴 셔먼호의 실종 및 선원 생존 여부를 확인하기 위해 조선을 2차례 방문했고 그 결과 모든 선원이 실종되었다는 결론을 내렸다. 67년 조사 책임자인 슈펠트 함장도, 68년 조사 책임자로 왔던 페비거 함장도 모두 같은 결론을 내렸고, 이것이 공식적인 제너럴 셔먼호 사건의 종결이기도 했다.

물론 중국 주재 공사 로우는 본국으로 보내는 메모에서 제너럴 셔먼호 사건을 언급하며 '미 합중국 국민과 재산에 대한 살해와 강탈을 저지르고도 이를 정당화하는 변명만 할 뿐이라면, 그 보상을 요구하고 그 요구가 실행되도록 강력제재를 가해야 할 것입니다' 라고 강력하게 발언하기도 하였다.

그럼에도 1871년 미 아시아 함대의 출동에

제너럴 셔먼호 사건은 공식적인 사유로 작용하지는 않았다. 오히려 조-미 간의 교역 관계를 수립하는 것이 이들의 출동에 더욱 큰 영향을 주었다고 할 수 있다.

원정을 계획하며 미 해군은 프랑스와 영국에게 공동 작전을 제안하기도 하였다. 그러나 프랑스는 1866년 병인양요로 조선에 대한 응징은 끝났다고 선언하며 거부했다. 다만 원정 당시 제작된 강화도 일대 해도를 미 해군에게 제공하였다.

영국 역시 러시아와의 마찰 우려 및 유럽 본토에서의 전황이 급박하게 돌아가자 미국의 제안을 거절했다. 이에 조선에서의 작전은 미 해군 아시아 함대만 홀로 수행하게 되었다.

한편 아시아 함대의 상황은 그리 녹록치만은 않았다. 1865년 동인도 및 지나해 함대에서 아시아 함대로 개편될 무렵 가용한 함선은 8척이었으나, 1869년에는 2척에 불과했다. 남북전쟁 이후 미 정부는 군축에 나서고 있었던 것이 직접적인 원인이었다. 이 때문에 8척 중 2척은 본토로 귀환했고, 2척은 판매되었으며 나머지 2척은 방치되어 있었다.

아시아 일대에서는 오로지 USS 모노카시와 USS 애슈엘럿만이 가용할 수 있는 함선이었

미 해군 조선 원정 함대

미국은 조선 원정을 위해 함대 기함 USS 콜로라도(3,425톤 증기 프리깃, 함장 조지 쿠퍼, 우상단)와 USS 알래스카(2,394톤 증기 슬루프, 함장 호머 블레이크, 중앙 상단), USS 베니시아(2,400톤 증기 슬루프, 함장 루이스 킴벌리, 중앙 하단), USS 모노카시(1,370톤 외륜 포함, 함장 에드워드 맥크리, 우하단) 및 USS 팔로스(420톤 증기 견인함 개조 포함, 함장 찰스 락웰, 좌측)로 전단을 구성했다. 원정대 사령관은 아시아 함대 사령관 존 로저스 제독이었으며, 개항 교섭을 위해 주청 미국 공사 프레더릭 로우가 동승했다.

조선 원정 함대의 육상 전력

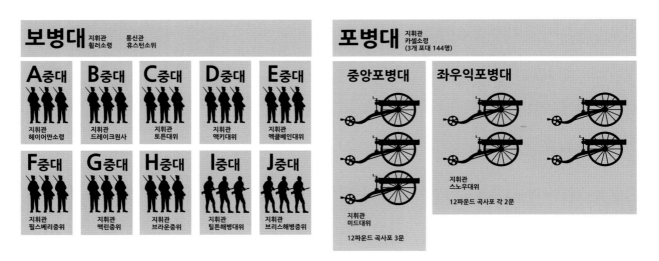

원정군의 육전 병력은 총 651명으로, 수병 542명, 해병대원 109명으로 구성되었다. 이중 7문의 포를 운용하는 병력이 약 144명, 군의관 및 의무병이 15명이었다. 상륙군의 총지휘는 알래스카의 함장 호머 블레이크 중령이 맡았다.

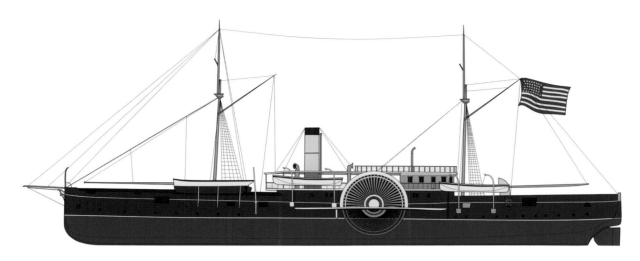

모노카시
USS Monocacy

1864년 건조한 모홍고급 1,370톤 포함. 신미양요 당시 조선을 침공한 5척 중의 하나로, 견인선 USS 팔로스와 함께 첫 교전을 벌였다. 탑재 무장에는 여러 이견이 있으나 진수시에는 모델 미상의 6문을 탑재하였고, 1869년의 기록에는 8인치 4문, 60파운드 2문, 20파운드 2문을 탑재했다는 기록이 있다.

미군이 사용한 개인화기는 레밍턴 롤링블럭 카빈(상단) 및 퍼커션 캡 방식인 스프링필드 M1861, 그리고 권총으로 콜트 M1851을 사용했다. 이들 총기는 사거리는 물론 연사력도 조선군의 총기보다 월등했으며, 백병전 국면에서도 대장 어재연이 총검에 찔려 전사하는 등 조선군에 많은 사상자가 발생했다.

미합중국 해군과 해병대원들. 1871년 조선

| 해군 소령
사일러스 케이시 | 해군 선의
(소령 상당) | 해군 수석 엔지니어
알렉산더 헨데르손 | 해병대 대위
맥레인 틸톤 | 콜로라도호 소속
포술부사관 | 해병대 상병 |

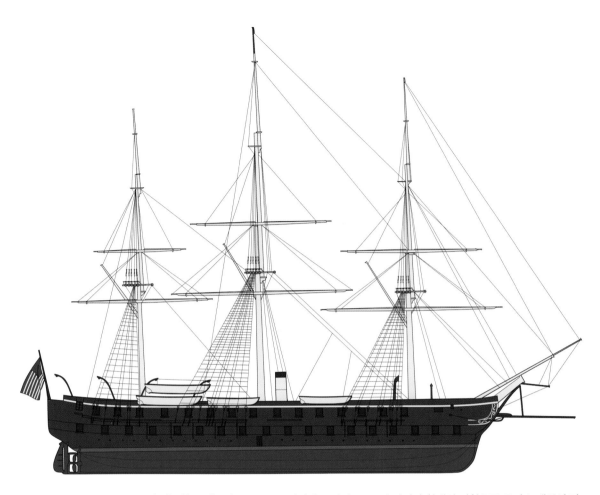

콜로라도
USS Colorado

1856년 진수한 프랭클린급 3,425톤 기범선 프리깃. 1871년 아시아 함대의 기함으로 로저스 제독이 좌승하여 신미양요를 일으켰고, 1876년 퇴역했다. 1871년 당시 100파운드 포 2문, 11인치 포 1문, 9인치 포 42문과 20파운드 곡사포 2문, 12파운드 곡사포 6문을 장비하고 있었다.

다. 하지만 USS 애슈엘럿 역시 정기 수리를 목적으로 작전 참가가 불가능하여 결국 본국으로부터 지원할 함선들을 호출하는 수밖에 없었다.

아시아 함대 사령관 로완 제독은 69년 3월부터 6월에 걸쳐 본토에서 함선들을 인계받았다. USS 콜로라도와 USS 알래스카는 뉴욕에서, USS 베니시아는 포츠머스에서, USS 팔로스는 보스턴에서 출항하여 조선 원정을 위해 나가사키로 집결했다.

상륙을 위한 지상군의 구성은 편제상 1개 연대 규모였으며, 3개 포대 병력 144명과 9개 보병중대 및 해병 1개 중대, 공병 및 의무대 등 651명으로 구성되었다. 하지만 실제 병력 규모는 포병대를 제외하면 보병대대급에 불과했다. 이외에도 상륙지원을 위하여 증기선박과 소해정들을 운용하는 병력 118명이 보조 인력으로 배치되어 있었다.

나가사키에 집결한 미 아시아 함대는 1871

년 5월 16일 조선으로 출항했다. 23일 강화도 인근 입파도에 정박한 뒤 28일까지 현지 정황을 정탐하기 위하여 USS 팔로스와 이를 보조하는 증기 선박들이 기동했다.

기동 목표에는 함대의 주요 정박지로 예정된 작약도에 대한 현지 탐사도 존재했다. 5월 30일이 되자 모든 함대가 다시 기항하여 작약도에 정박했고, 곧 조선 관리들과 접촉하였다.

그들은 31일에 고급 관리들로 구성된 대표단이 방문할 것이라 통보했으며, 이 과정에서 양측의 문화적 차이로 인한 오해가 발생하였다. 미 해군은 강화해협, 즉 염하수로에 대한 탐사를 요구했으나 조선측 대표단은 이에 대해 그 어떤 반응도 하지 않았다.

이러한 조선측의 반응을 미 해군은 무언의 긍정이라 인지했으나, 실제로는 진입 불가를 표명한 것이었다. 즉 미 해군의 염하수로 진입은 불허된 셈이었다. 사실 조선측 선박들도 별다른

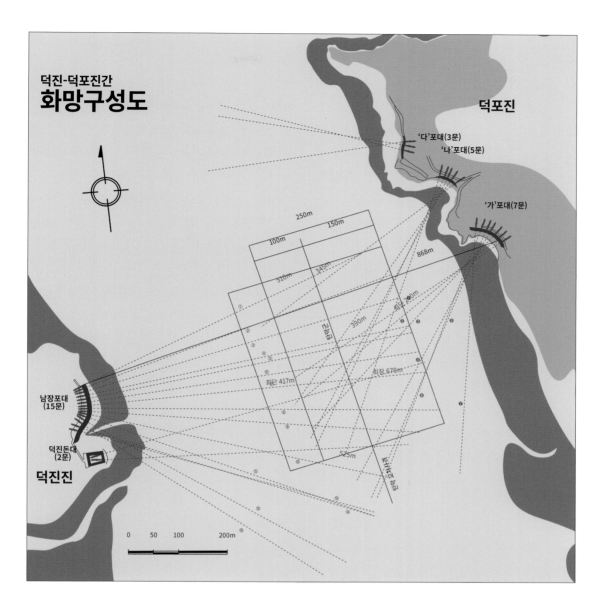

덕진-덕포진간
화망구성도

덕포진

'다'포대(3문)
'나'포대(5문)

'가'포대(7문)

남장포대
(15문)

덕진돈대
(2문)

덕진진

0 50 100 200m

허가 없이 염하수로로 접근하는 것이 불허되어 있었다.

이러한 양측의 문화적 차이로 인한 오해는 다음날인 6월 1일, 첫 무력 충돌로 이어졌다. 당연하게도 허가를 받았다고 생각한 미 아시아 함대는 블레이크 중령 지휘하에 USS 모노카시와 USS 팔로스 2척을 필두로 여러 척의 증기선을 인솔하여 염하수로를 거슬러 올라갔다.

처음에는 돈대를 방어하던 조선군은 별다른 반응을 보이지 않았다. 그러나 광성보 아래의 손돌목으로 접근하자 상황이 급변했다. 비상 상황으로 인식한 요새 내의 조선군이 미 해군에게 각종 구경의 화포를 사격했다.

15분간의 짧은 교전에서 조선군은 1명이 전사했고, 미 해군은 2명의 부상자를 냈다. 염하

수로 일대의 조선군 화망은 매우 치밀하게 구성되어 있었다.

남장포대-손돌목돈대-광성보로 이어지는 해안요새와, 강화도를 마주보는 통진의 덕진진 사이의 거리는 868m에 불과했다. 이는 해협을 사이에 두고 강화도와 내륙 사이의 포대들이 교차사격이 가능했음을 입증하기도 했다.

그러나 대부분의 화포는 고정식이었다. 게다가 대형 화포는 홍이포, 소형 화포는 불랑기가 주력이었기 때문에 빠르게 기동하는 미 함대를 상대로 별다른 명중탄을 내지 못했다. 설사 피격시켰다 하더라도 구형탄 형태의 포탄으로는 함체에 큰 손상을 주지 못했다.

가장 효과를 본 것은 미 해군이 진걸총이라 부르던 조선군의 화기들이었다. 아마도 제자

일(Jezail)과 유사한 천보총으로 추정된다. 이러한 소총 사격은 갑판 위의 승무원들에게 타격을 입힐 수 있었다.

15분 간의 짧은 교전에서 압도당한 것은 조선군의 포대들이었다. USS 모노카시와 USS 팔로스는 각각 20파운드 달그렌포 6문과 32파운드 달그렌포 2문으로 응수했다. 물론 유럽에서는 이미 구식화된 장비였으나, 성곽에 의지하는 조선군에게 유산탄의 위력은 상당한 충격이었다.

조선군의 포격이 잦아들자 미 해군도 서둘러 철수했다. 보유한 탄약이 소진되었고, 무엇보다도 프랑스가 제공한 해도를 따라 탐색을 하던 중, USS 모노카시의 배 밑창이 수중 암초와 충돌하여 손상이 생겼기 때문이었다.

미 해군에게는 시간적 말미가 필요했다. 교전 직후 양측은 서로 장대외교를 펼치며 포격에 대한 사과를 시행하는 것을 두고 갑론을박을 펼쳤다. 미 해군은 10일의 시간을 줄 테니 사과할 것을 요구하였으나 조선은 일언지하에 거절했다.

10일 간 양측은 새로운 전투를 준비했다.

조선은 진무영 지휘관들이 일부 교체되었다. 염하수로에서의 교전 직후 사태의 심각성을 인지한 조선 정부로부터 파견 명령을 받은 어재연 장군이 신임 진무중군으로 내려왔다.

그는 병인양요 당시 광성보를 지휘한 인물이었으며, 회령부사를 역임하며 조선 정부의 군사력 증강 사업에 일조하고 있었다. 그런 그가 지휘하는 병력은 중앙에서 양성한 훈련도감 2초, 어영청 1초, 금위영 1초, 총융청 1초 625명과 불랑기 등 화포 143문, 회령 호포군 300명 등 약 1,000여 명에 달했다.

이외에도 강화도에는 3,000~4,000여 명의 수비 병력이 배치되어 있었고, 미군이 상륙할 것으로 예상되는 초지진과 광성보 일대에 2,000여 명의 병력과 수십 문의 화포들을 각지각소에 분산 배치하여 상륙 거부 전략을 구상하고 있었다.

한편 미 해군 역시 상륙에 유리한 만조를 기다리고 있었다. 서로 장대에 매달아 둔 편지를 교환하며 외교전을 펼치는 것도 6월 10일 이전에 모두 종결되었다. 미 해군은 6월 10일, 초지진에 상륙 병력을 전개시키며 전역을 지상전으로 넓히기 시작했다.

조선의 상륙 거부 작전과 광성보 전투

조선군이 6월 10일까지 병력을 전면 배치하는 동안, 미 해군은 블레이크 중령의 지휘 아래에 상륙 작전을 전개했다. 동원된 함선은 염하수로에서 교전했던 USS 모노카시와 USS 팔로스였다. 염하에서 그나마 자유롭게 활동할 수 있는 함선이었기 때문이었다.

상륙 병력은 보조선박 운용 인력을 포함 총 759명이었으며, 2척의 포함과 4척의 무장 증기선, 22척의 소해정이 작전을 지원했다. 이들은 다음 밀물이 들어오는 시간을 고려하여 약 22~24시간의 지상 작전을 준비하였으며, 그에 맞는 군수품을 소지했다.

목표는 간단했다. 조선군의 요새를 점령한 뒤, 방어 시설 및 화포들을 파괴하는 것이었다. 특히 염하수로에서 미 해군에게 포격을 가했던 요새들에 대한 파괴가 최우선적으로 하달된 명령이기도 했다.

이러한 움직임에 가장 먼저 저지하러 나선 것은 초지진이었다. 이곳은 250여 명의 병력과 함께 병인양요 당시 정족산성에서 승리를 거둔

존 로저스 미 해군 아시아 분함대 사령관 존 로저스 제독. 남북전쟁 참전 후 1869년 해군 소장으로 진급했다. 신미양요에서 전술적 압승을 거두었지만, 외교적 성과를 올리는 데 실패하여 귀국 후 좋은 평을 듣지 못했다. 1882년 워싱턴에서 사망했다. 최종 계급은 소장.

광성돈대

광성보　손돌목돈대

용두돈대

모노카시 좌초
(6월 1일)

미군 포병 제2대(2문)

대모산

덕성리

미군 포병 제1대(5문)
보병 3개 중대

6월 12일
3차 정박
상륙 부대 승선

조선군 돈대와 포격전

김 포

덕포진

강화외성

보병대 진격로

남장포대

덕진진

덕진돈대

6월 11일
2차 정박
부상병 후송

강 화 도

해병대 숙영지

미군 숙영지
(6월 10일)

6월 10일
1차 정박
상륙선 정박

초지진

진남포대

초지돈대

포대대 상륙 루트

포병대 상륙 루트

갯벌

6월 10일 상륙

이렴이 첨사로 임명되어 있었다. 이들은 미 해군의 상륙 부대가 접근하자 곧바로 포격을 가했다.

그러나 막강한 함포 사격에 밀려 성벽 대부분이 파괴되자, 초지진을 방어하던 병력 대부분은 별다른 미련 없이 강화도 내륙으로 철수했다. 오히려 미 해군의 상륙을 방해하는 것은 조선군의 화기보다는 넓게 펼쳐진 갯벌이었다.

초지진에 상륙한 미군은 허리까지 빠지는 깊은 갯벌을 극복하며 간신히 초지진에 닿을 수 있었다. 그나마 보병들의 상황은 나았다. 문제는 상륙 부대를 직접 지원하기 위해 배속된 야포들이었다.

당초 USS 팔로스에서 12파운드 달그렌 경곡사포 등을 가져오기로 했으나 강화도의 예기치 못한 조류에 밀려 좌초되었고, USS 모노카시에 있던 12파운드 곡사포 7문만이 함께 상륙했다. 하지만 중량으로 인하여 야포가 갯벌에 계속 빠졌고, 결국 상륙한 보병 및 해병대가 야포를 해체하여 부품을 뭍으로 끌어올렸다.

상륙에만 4시간을 소요한 미군은 초지진에서 숙영했다. 첫 날부터 미군은 녹록치 않은 상황에 마주했다. USS 팔로스의 이탈과 그로 인한 포병 전력의 부족, 무엇보다도 조선군의 배치가 예상과 다르게 훨씬 많았다는 점이었다.

그리고 철수했던 초지진 첨사 이렴의 병력이 초지진에서 숙영 중인 미군에 야간 기습을 가하기도 하였다. 물론 전진배치된 해병대와 미리 포대를 방열한 포병대의 대처에 바로 격퇴되었으나 상륙 부대의 긴장감은 높아졌다. 강화도 내

의 조선군은 미군의 몇 배였고, 동시에 이들이 언제 어디서 자신들을 포위할지 알 수 없다는 공포감이 도사렸다.

6월 11일 새벽 5시 덕진진으로 미군은 다시 공세를 가했다. 야습의 여파로 상륙 부대는 제대로 된 휴식을 취하지 못하여 피로도가 높았으나 이들을 교체할 병력도, 그럴 함선도 없었다. 예비함 없이 오로지 USS 모노카시만 상륙 부대를 엄호해 주고 있었다. 그럼에도 미군의 전투 의지는 높았다. 남북전쟁을 거치며 쌓인 노하우 덕분이었다.

초지진에서 덕진진까지의 거리는 2km에 불과했으나 진격 시간은 무려 2시간 가까이 소요되었다. 이는 통상적인 미군 보병대 행군 속도의 30%에 불과했으며, 포병대의 기동 지원으로 인하여 늦어졌던 것이었다.

진격로에는 도로가 없거나, 강화도 내부 지도가 없는 미군이 기동로를 파악하지 못한 탓이 컸다. 이 때문에 상륙 부대의 절반은 공병대를 지원하며 기동로를 만들며 나아갔고, 나머지 절반은 야포를 도수로 운반하며 따라갔다.

덕진진에 도착한 미군은 초지진과 같은 방법으로 공격했다. USS 모노카시의 함포 지원과 곡사포 지원 사격이 이루어졌으며, 이후 보병대가 진입했다. 조선군은 이미 철수하였으며, 그 덕분에 15분 만에 미군은 덕진진을 점령할 수 있었다.

함락된 요새는 모두 미군이 파괴했다. 불랑기포 및 화승총들은 파괴하여 갯벌로 던졌고, 대

달그렌 곡사포
Dahlgren 12pdr Boat Howitzer

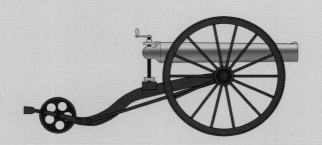

미국-멕시코 전쟁 도중 미군은 소형 선박에서 지상 지원용으로 운용하며 때로는 양륙하여 사용할 곡사포의 필요성을 절감한다. 후에 중장까지 오르는 존 A. 달그렌 대위가 1849년 개발한 달그렌 포는 이 소요를 메워주었다.

12파운드 3종과 24파운드 1종이 개발된 이 포들은 함상에서 고정 포가에 올려 사용하는 한편, 야전용 3륜 주철제 포차에 결합하여 재빨리 육상용으로 전환할 수 있었다.

함상과 해상 겸용으로 운용할 수 있는 이 포는 남북전쟁 동안 대부분의 함선에 장착되었고, 육상용으로 전환할 수 있어 상륙전에도 종종 모습을 비췄다.

형 화포들은 점화구에 못을 박아 쓰지 못하도록 했다. 이는 조선군이 요새를 탈환하여 미군의 후방을 칠 수 없도록 만든 조치였다.

덕진진을 파괴한 미군은 다시 광성보를 향해 진격했다. 그리고 진격 도중 덕성리에서 조선군과 최초의 지상전을 전개하게 되었다. 일반적으로 신미양요를 다룰 때 덕진진을 점령한 미군이 곧바로 광성보로 진격했다고 서술되어 있곤 하다.

하지만 실제로는 중간에 놓인 덕성리에서 교전이 발생했다. 덕성리의 대모산은 최적의 진격로를 보호하는 고지이자 동시에 최고의 포대 위치였기 때문에 반드시 점령해야 하는 지역이었다. 반면 조선군은 광성보로 진격하는 미군을 저지하기 위한 중간 요격지점으로 인식하고 있었다.

덕진진 함락 당시, 상륙한 해병대의 60%는 척후대로 운용되어 산병선을 구축해 덕성리 언덕을 향해 진격했다. 그리고 곧이어 같은 목적으로 접근한 조선군과 마주쳤고, 양측은 곧 격렬한 전투에 휘말렸다.

미 해병대와 조선의 어영군 및 별무사가 처음으로 지상에서 격돌한 것이었다. 이렴의 초지진 방어대가 미군을 기습하기는 했으나 제대로 된 교전은 덕성리에서 벌어진 것이 처음이었다. 이때 조선군의 화력은 미군에 비해 열세였지만, 수적 우세를 바탕으로 미 해병대의 산병선을 압박했다. 능선 가득히 조선군이 관측되었다는 목격도 보고되자, 포병대와 USS 모노카시의 지원이 이어졌다.

작열탄과 유산탄, 그리고 산탄 사격이 조선군 전열을 강타했고, 동시에 해병대의 소총 사격 역시 이어졌다. 조선군은 화승총 사거리 바깥에서 이루어지는 공격에 맥을 추지 못하고 패퇴했다. 이 전투에서 40명이 전사했다.

당시 전투에 참가한 휠러 소령은 포격 지원이 아니었다면 조선군의 수적 우세에 해병대 산병선이 붕괴되어 밀렸을 것이라고까지 증언하였다. 조선군 입장에서는 대규모 병력을 투입했다가 화력에 밀려 큰 피해를 입은 것이다. 이처럼 조선군의 전술은 효과적이긴 했으나, 동시에 근대식 군대의 화력에는 속수무책인 셈이었다.

덕성리마저도 내준 조선군은 손돌목 돈대를 굳게 수비하는 수밖에 없었다. 그러나 이미 미군은 요새가 내려다보이는 지점에 포대를 구축했고, 동시에 해상에서도 USS 모노카시의 화력에 노출되어 있었다.

약 1시간 가량 포격이 이어지는 동안 미군은 여유를 가지며 열사병 환자를 돌보고 전열을 재정비하고 있었다. 없는 길을 개척하는 과정에서 많은 병사들이 체력이 떨어졌고, 6월 초여름의 더위는 미군을 지치게 만들기 충분했다. 게다가 미 해군 수병과 해병대가 착용한 네이비블루 색상의 양모 점퍼와 면 재질의 언더셔츠, 실크 재질의 네커치프, 양모 재질의 바지, 양말, 가죽 작업화는 더위에 취약했다.

이들의 작전 기간은 여름이었기 때문에 하얀색 제복으로 바꿔야만 했으나 수병들의 경우 네이비 블루 색상의 제복을 착용했다. 해군의 양모 재질의 복식은 바닷물에 젖었을 때도 보온성을 유지하는 것이 최대의 장점이었지만 여름에는 그 보온성이 약점으로 작용했다.

조선군 역시 면제배갑을 착용하여 더위에 굉장히 취약했다. 여름에 면제배갑을 입고 훈련하던 병사들이 코피를 쏟으며 실신했다는 기록이 있는 것을 보아 양측의 군대는 복장으로 인한 더위에 크게 시달렸을 것으로 추정되었다. 그러나 조선군에게 이런 사소한 불편함은 염두에 둘 상황이 아니었다. 이미 USS 모노카시에서 사격한 9인치 포탄 약 60발이 날아들었고 성벽 역시 붕괴되었다. 전열이 붕괴될 것을 우려해야만 했다.

한편 휴식 중이던 미군은 덕성리에서 패주한 조선군이 다시 올 것을 염려하여 5문의 곡사포와 3개 중대의 보병을 후방에 남겼다. 외부의 조선군이 광성보를 구원하려는 시도를 차단하기 위해서였다. 이제 광성보를 구성하는 손돌목 돈대는 완전히 고립되어 미군의 공격을 받아낼 수밖에 없었다.

6월 11일 오전 11시, 공격준비사격이 잦아

들자 미군 보병들이 전선으로 다시 이동했다. 이 과정에서 데니스 핸러핸 일병이 화승총 사격에 피격되어 전사했다. 미군이 1차 돌격을 개시하자 조선군은 부서진 성첩에 의지한 채 화승총 사격을 퍼붓는 것으로 응수했다. 그러나 레밍턴 롤링블럭 및 스프링필드 소총의 화력과 재장전 속도는 화승총의 속도를 아득히 뛰어넘었다.

장전할 시간적 여유가 사라진 조선군 병사들은 성벽에서 돌을 던지며 절망적인 반격을 가할 수밖에 없었다. 오후 1시가 되자 이번에는 미군의 일제 돌격이 감행되었다. 미군의 두 번째, 세 번째 전사자가 이 때 발생했다.

성벽을 가장 먼저 넘은 맥키 대위는 조선군의 사격을 받아 사타구니에 부상을 입었고, 곧이어 옆구리에 창을 찔려 중상을 입었다. 그는 전투 이후 후송되었으나 끝내 전사했다. 그 뒤를 따라 성벽을 넘은 수병 세스 앨런도 화승총 사격에 노출되어 전사했다.

이 때를 묘사한 보고서들은 광성보 전투를 매우 격렬하고, 동시에 절망적이었던 육탄전으로 기록했다. 포격과 사격전에서 큰 피해를 입은 조선군은 마지막까지 사력을 다해 저항했으나 무너진 성벽을 넘어오는 미군의 숫자에 밀려 결국 패배했다.

패배를 인정하지 않고 끝까지 싸우던 진무중군 어재연과 그 동생 어재순, 그리고 광성보의 지휘관인 광성별장 박치성과 진무영 천총 김현경 등 많은 지휘관들은 미 해병대와의 백병전 도중 모두 전사했다. 미군은 광성보에서 108명의 조선군 사상자가 요새 내부와 외곽에 남겨져 있었다고 기록했다.

하지만 지휘관이 전사했다고 해서 전투가 완전히 종식된 것은 아니었다. 손돌목 돈대 외곽

미군 전사자 3인 중 유일한 장교 휴 맥키 대위. 콜로라도에서 복무했으며, 수병 부대를 이끌고 광성보 공격 중 백병전에서 전사했다.

에서 방어선을 구축한 조선군을 소탕하는 전투가 개시됐다. 패전한 조선군 일부는 광성포대로, 나머지는 염하 아래의 돈대로 철수하여 저항하고자 했으나 얄궂게도 이곳은 죽음으로 향하는 길이었다.

미군 보병대의 소총 사격과 포병대의 12파운드 경곡사포 화망 사이에 갇힌 조선군은 퇴로를 뚫기 위해 필사적인 저항을 펼쳤다. 미군 보병대에 집중 사격을 가하며 2차례에 걸친 돌격을 통해 포위망 돌파를 시도했으나, 유산탄 및 산탄포탄 사격으로 인해 끝내 전멸했다.

이 전투에서 미군이 기록한 조선군 사상자의 대부분이 발생했을 것이다. 광성보 전투 당시 미군은 총 243명의 조선군 전사자를 기록했으며, 조선측이 광성보에서 수습한 시신은 총 53명이었다. 덕성리 전투에서 발생한 조선군 전사자는 40명이었으며, 이를 제외한 전사자 150명은 마지막으로 포위망을 돌파하다가 전멸한 이들이었을 것이다.

나머지 100명은 돈대 아래로 뛰어내려 자결했으며, 운신하기 어려운 부상병 20명만이 미군의 포로로 잡혔을 뿐이었다. 일부는 탈출에 성공해 오후 3시경 진무사 정기원에게 광성보 함락 및 패전 소식을 전했다. 반면 미군은 3명 전사, 10명 부상이라는 비교적 가벼운 손실만을 기록했을 뿐이었다.

미군은 커다란 승리를 거뒀고 조선군은 끔찍한 패배를 당했다. 지휘관 이하 대부분의 장교와 병사들이 광성보를 지키기 위해 싸우다가 전멸했다. 이제 미국의 의도대로 충격적인 패배를 당한 조선 정부가 회담장에 나오기만을 기다리면 되었다. 그러나 광성보 전투 이후의 상황은 미국측이 원하는 대로 움직여 주지 않았다.

광성보 전투, 그 이후

백기를 들고 미 함대를 방문할 것이란 예견은 보기 좋게 깨졌다. 오히려 조선은 강화도에 병력을 증강하고, 일부 지휘관을 교체했다.

전사한 진무중군 어재연의 후임으로 중군 김선필을 임명하여 항전 의사를 밝혔다. 그는 병인양요 때 순무영 우선봉장을 역임했던 베테랑 지휘

관이었다. 여기에 제너럴 셔먼호 사건 당시 화공 작전을 펼친 경기중군 양주태도 배치되었다. 기회가 된다면 셔먼호처럼 미 해군에 화공을 시도하겠다는 의도였다.

한편 광성보를 점령한 미군은 야간 기습에 대비한 채 11일 밤을 보냈고, 6월 12일 각종 노획품과 포로들을 인솔한 채 모두 함대로 철수하였다. 그리고 강화해협에서 빠져나가 작약도에서 정박하였다. 2주 간 조선측과 서신을 교환하며 압박을 가했으나 조선 정부는 요지부동이었다. 포로 송환 제안 역시 조선 정부에 의하여 거절되었다. 9명의 조선군 포로가 석방되었으나 돌아온 조선측의 반응은 다음과 같았다.

진무사는 이번 패배를 보복하기 위한 병력을 모으느라 바빠 서찰을 전달하지 못한다.

이는 부평부사 이기조가 보낸 서찰이었다. 회담에 나서라는 로우 공사에 대해서, 오히려 식수를 구하는 미군을 조선군이 그냥 두고 있다는 점을 언급하며 협박 아닌 협박을 가하기도 했다. 게다가 1,000여 명도 안 되는 병력을 가지고 내륙으로 진격하기에는 부담이 너무나도 컸다. 프랑스조차도 실패했거니와, 철저한 내선전략으로 다수의 요새와 병력을 배치한 조선군이 소모전을 감행한다면 미군의 물자가 견뎌낼 수 없었다.

무턱대고 조선의 반응만을 기다리기엔 함대 상황이 여의치 않았다. 다시 조선군을 공격해 본때를 보여주기에는 아시아 함대가 당시 보유한 탄약의 절반 이상을 써 버린 상태였다. 상륙을 지원하던 포함 1척을 비롯하여 무장 증기선 6척 중 4척이 크고 작은 손상을 입어 전열을 이탈했으며, 전염병 및 식수 문제도 함대를 괴롭히는 문제였다.

부평부사 이기조가 경고했듯, 언제 식수를 구하는 미군을 표적으로 조선군이 공격할지 알 수 없었다. 결국 미 해군은 광성보에서의 큰 승리에도 불구하고 7월 3일 작약도를 떠나 지푸항

으로 돌아갔다. 이렇게 양측의 작은, 그러나 깊은 상처를 남긴 전쟁은 끝이 났다.

병인양요와 비교할 수 없을 정도의 피해가 조선군에게 남았다. 초지진, 덕진진, 광성보 등 5개 요새가 완전히 파괴되었다. 미군 스스로도 기록에 남겼듯, 미군은 가능한 한 모든 요새들을 파괴하는 데 집중했다.

6월 10일과 11일에 걸쳐 481문의 화포가 노획당했다. 이 중 454문은 불랑기포였으며, 나머지는 홍이포와 같은 화포였다. 미군은 불랑기포를 갯벌에 던져 파기했고, 무거운 대형 화포는 점화구에 못을 박아 사용하지 못하도록 만들었다. 못을 뽑아도 이미 사용이 불가능했기에 사실상 파괴된 것이나 다름없었다.

이외에도 화약과 식량, 의복이 저장된 창고 역시 소각되었다. 셀 수 없이 많은 화승총도 노획되어 파기되었다. 이러한 피해를 복구하기 위해 내수사로 들어오는 철물 중 10년치가 진무영에 배당되었다. 이듬해인 1872년 8월, 중앙 4개 군영은 삼군부의 명령에 따라 1만 근의 화약을 강화도에 공급했다. 조선의 해안 방위 체계, 특히 강화도가 입은 상처는 그만큼 깊었다.

한편 조선 조정은 삼군부의 요청에 따라 주요 해안 일대에 방어선을 확충했다. 나주를 비롯한 서해안 지역 21개 소에 포군 2,000명을 증강시켰다. 강화도에는 중앙군인 호위군관 50명이 고정 배치되도록 조치했으며, 참전한 장병들에 대한 시상도 이루어졌다.

두 차례의 양요는 모두 전략적 목표를 달성하지 못한 프랑스와 미국의 패배라고 볼 수 있었다. 하지만 그 과정에서 입은 피해는 작지 않았지만, 대내외적으로 이들을 격퇴했다는 자신감은 쇄국 정책이라는 외교 노선의 고수, 그리고 척화비 건립으로 이어졌다.

이로서 조선의 문을 열기 위한 프랑스와 미국의 시도는 끈질긴, 한편으로는 처절한 항전을 바탕으로 뿌리칠 수 있었다. 하지만 아직 조선을 호시탐탐 노리는 국가들은 존재했고, 이들은 예상치 못한 곳에서 등장했다.

어재연
진무영 중군

1816~1888. 11
경기도 지평현 생. 경기도 지평현 졸.

1823	경기도 이천에서 출생.
1841	정시 무과 급제.
1843	훈련원 초관 제수.
1845	훈련원 주부, 훈련원 판관.
1846	훈련원 첨정, 형조 정랑.
1847	광양현감.
1850	통정대부, 평안도 중군.
1851	충청도 제천에 2년 6개월 유배.
1853	선전관 복직.
1854	겸사복장.
1856	풍천도호부사.
1859	내금위장.
1862	대구진영장.
1864	장단도호부사.
1866	공충도 병마절도사 겸 광성보 수성장.
1871	금위영 중군, 진무영 중군. 광성보 전투에서 전사. 사후 조정에서 병조판서로 추증하고 '충장(忠莊)' 시호를 내림.

신미양요는 여러모로 조선 정부와 군대에게 크나큰 충격을 주었던 전쟁이었다. 병인양요 이후 나름대로의 개편을 이룬 조선이었음에도 불구하고 삽시간에 주요 방어선이 붕괴되는 과정이 특히 그러하였다. 가장 일선에서 그들을 막아서야 했던 어재연은 압도적인 전력 차에도 불구하고 다른 장병들과 함께 최후까지 광성보 일대를 사수하다가 전사했다.

어재연은 1823년 경기도 이천에서 출생하여 1841년 무과 급제 이후 무인의 길을 걸어왔다. 젊은 시절부터 힘이 세고 체격이 장대해 장사라는 소리를 들었던 그는 이시애의 반란을 진압했던 어세공의 12대손이었으며 정석적인 무관의 커리어를 밟아갔다. 그러나 1847년 광양현감 재직 시절 조운선 침몰에 대한 책임을 지고 1851년 충청도 제천으로 2년 반 동안 유배를 갔으나, 1853년 다시 복귀하였다. 이후 대구영장과 회령부사로 재직하면서 비적을 제압하고, 사재를 털어 백성들을 진휼하는 등 목민관으로서 이름을 알렸다.

병인양요 발발 당시 어재연은 공충도(충청도) 병마절도사로 재직하였으며, 동시에 광성보 수성장으로서 강화도 방어 임무에 투입되었다. 이러한 경력으로 인해 1871년 신미양요 발생 당시 어재연은 중무진군으로 임명되었다. 미 함대가 상륙 부대를 투입해 강화도를 공격하여 초지진과 덕진진이 붕괴되자 광성보는 삽시간에 격렬한 전장이 되었으며, 광성보까지 무너진다면 강화유수부로 가는 길이 열리기에 불리한 전장이었음에도 어재연을 포함한 대부분의 부대가 광성보에서 결사 항전을 벌였다.

그러나 처절한 저항에도 불구하고 전력 열세를 극복하지 못한 채 광성보는 함락당했으며, 이 과정에서 백병전 도중 미 해군 수병의 총검에 찔려 어재연도 장렬하게 전사하였다. 그의 동생인 어재순 역시 어재연의 뒤를 따랐다.

어재연은 사후 충장 시호와 함께 병조판서 겸 지삼군부사로 추증되었으며, 양헌수 장군과 함께 외세의 침략에 맞섰던 무관으로서 추앙받았다. 지난 2000년 5월 27일, 신미양요 당시 전사한 이들을 기념하는 광성제를 통해 어재연 장군의 후손들과 역시 광성보 전투에서 전사한 맥키 중위의 후손들이 만나 129년 전의 일을 기념함으로서 1871년에서의 작은 전쟁에 벌어진, 하지만 치러야만 했던 전사자들에 대한 넋을 기렸다.

⓪③ 운요호 사건

무너진 방위 체계

1875

영종도 포대의 병사와 지휘관

운요호 사건
무너진 방위 체계

조선의 전후 복구와 대원군 축출

두 차례의 양요는 지방의 재무장으로 이어졌다. 1874년까지 조선은 지방에 3만 명의 포군을 상비 병력으로 보유했고 해안 일대 뿐만 아니라 평안도와 함경도를 비롯한 육상 국경 역시 전력을 확충하기 시작했다. 사실상 전국 군현 전체에 포군이 증설된 셈이다.

이에 따라 포군의 증강은 1871년부터 폭발적으로 늘어났다. 1867년부터 1871년 3월까지 56개소 3,000여 명의 포군이 새로 배치되었으나 전쟁 위기가 고조된 1871년 4월을 기점으로 1874년까지 251개소 지역에 무려 18,000명에 달하는 병력이 배치되었다.

국경 포대 역시 증강되었다. 전국적으로 247개소에 포대가 설치되었는데, 이는 해안포대와 육상포대 전반을 합친 숫자였다. 눈여겨볼 곳은 삼남 지방의 포대 증설이었다. 1871년에만 경상도에서는 50개의 포대가, 충청도와 전라도가 각각 44개소, 23개소의 포대를 늘렸다. 국경인 함경도와 평안도에도 포대를 각각 19개소, 15개소씩 늘렸고, 이곳에 대규모 병력을 배치했다.

사실상 전국 대부분의 군현에 포군과 포대가 증설되었다고 볼 수 있는 수치였다. 각 군현은 최소 20명에서 200명 이상의 병력을 보유했으며 이들은 지방 치안부터 국방까지 담당하는 상비군 조직이었다. 신설된 포군은 기존의 별-열-초 체제에서 중앙군이 사용하는 부-사-초 체제로 편제를 개편하며 군의 지휘체계를 일원화했다.

한편 조선은 해상뿐만 아니라 육상에서도 새로운 도전에 직면했다. 상대는 바로 비적들이었다. 이들 때문에 조선의 북부 지역은 크고 작은 교전과 마찰로부터 스스로를 보호해야 했다. 특히 폐사군(廢四郡)이 있었던 강계 지역은 조선과 청의 공권력이 부재한 틈을 타서 1830년대부터 점차 비적 무리가 흘러들어와 본거지로 사용하고 있었다. 이러한 비적들은 국경의 근심이 되었는데, 날이 갈수록 행동이 대담해지고 있었다.

1872년 의주부에서는 청의 상선을 비적들이 공격하는 과정에서 조선군과의 교전도 벌어졌다. 상선은 조선측 영내로 피신했으나 이전과 달리 비적들이 선박을 대동하고 국경을 넘어 조선 영내인 인산진까지 넘어와 공격하기 시작했다. 의주부를 방어하던 군대가 급히 출동하여 양측 사이에 교전이 벌어졌다. 인산진으로 들어온 선박은 모두 격침되었고, 10여 명을 제외한 비적들은 전투 끝에 조선군에 의하여 섬멸당했다. 전투 이후 노획한 장비들은 의주부로 가져가 사용하였지만, 사상자에 대한 전교가 있는 것으로 보아 조선군이 입었던 피해 역시 만만찮았던 것으로 보여진다.

이외에도 1873년 의주 북성리 포구에서는 황당선과 신도에 주둔한 포군이 교전을 벌이기도 했다. 침입에 대한 반격 작전이 국경에서 자주 전개되었으며, 이는 강화도 등 이양선이 등장한 해안뿐만 아니라 육상 방어 역시 이전과 같지 않았다는 것을 이야기하는 내용들이다.

한편 신미양요를 경험한 이후 조선군 해안 포대들에 대한 전면적인 구조적 결함도 지적되

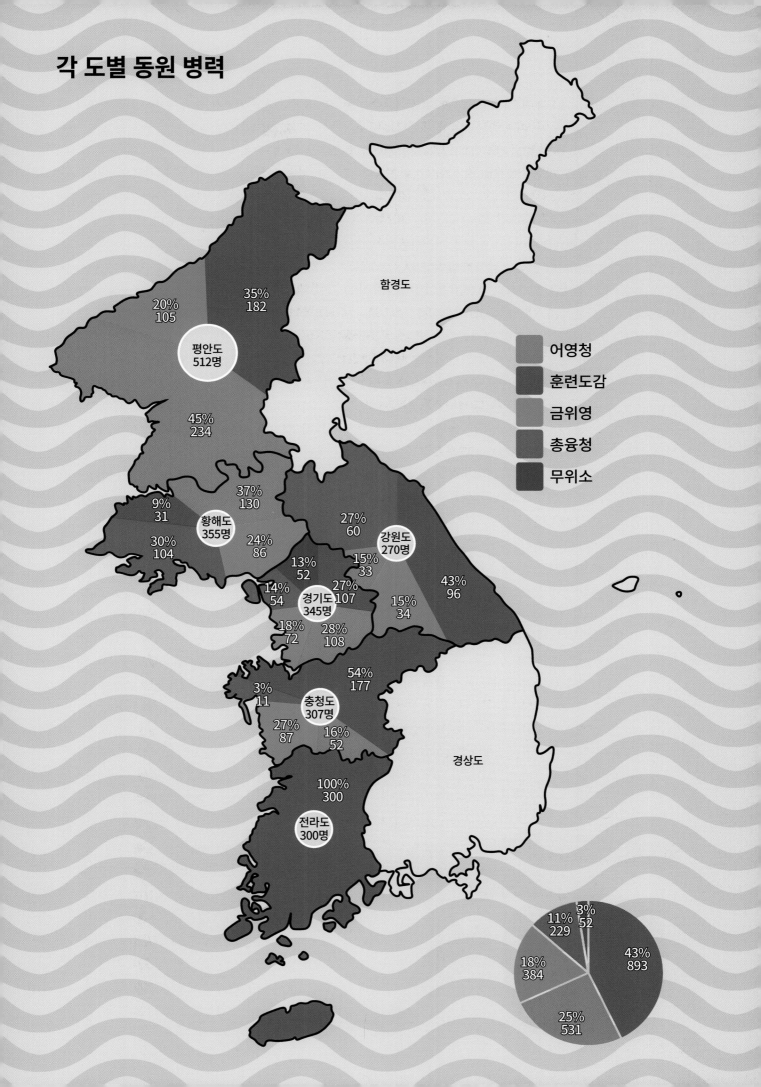

각 도별 동원 병력

함경도

평안도
512명

20%
105

35%
182

45%
234

어영청
훈련도감
금위영
총융청
무위소

황해도
355명

9%
31

37%
130

30%
104

24%
86

강원도
270명

27%
60

13%
52

15%
33

경기도
345명

14%
54

27%
107

43%
96

15%
34

18%
72

28%
108

충청도
307명

3%
11

54%
177

27%
87

16%
52

전라도
300명

100%
300

경상도

11%
229

3%
52

18%
384

43%
893

25%
531

었다. 대부분의 조선군 해안포대들은 높은 언덕 등 고지대에 구축되었는데, 이는 육상에서 포대를 방어하기에는 유용하나 실제 교전에서 강화해협을 지나는 적선을 격침시키기는 어려운 구조였다.

조선군의 대형 화포들은 전장식이었다. 즉 포구에 직접 화약과 포환을 장전하는 방식이었다. 이러한 방식은 해안을 내려다보던 포대들에서 심각한 문제들을 일으켰다. 포탄이 흘러내리는 등의 사고가 벌어졌기 때문이다.

후장식이었던 불랑기들이 많은 수량을 차지한 것도 이러한 이유가 있었다고 볼 수 있다. 이러한 문제의 원인은 숙종 때 석축으로 건설한 주요 해안요새들에서 공통적으로 나타났다. 토성보다 벽돌을 구워 쌓은 석축성이 물력을 크게 절약하는데 일조했기 때문이었다. 그러나 실제 해안포대로 역할하기에는 결점이 있었는데, 고사각을 맞추기 어렵고 고정식으로 사용해야한다는 점이 있었다.

방어력 역시 기존의 토성보다도 떨어진다는 지적이 있었다. 이는 영조실록에서도 실제 지적했던 내용이었다. 이러한 결점을 보완하기 위한 신규 포대 건설도 이때 이루어졌다. 신헌이 제안한 포대는 저지대에 건설하여 적선을 향해 직사포격을 가할 수 있는 구조였다. 물론 이러한 지형의 경우 적의 상륙 역시 용이한 지역이었기

때문에 상륙저지선 역시 구축하도록 하였다. 또한 포격을 잘 견딜 수 있는 토성을 쌓고, 그 앞에 호를 파 물을 채워 해자와 같은 구조로 운용했다. 더불어 말뚝을 박아 적의 상륙을 방해하였으며, 화포는 토성과 모래둑에 배치해 적에게 포격하고 이동할 수 있는 구조였다.

광성진, 덕진진, 초지진과 맞은편의 덕포진은 수도 한성으로 가는 입구였으며, 이 지역에서 적을 막지 못하면 더 이상 방어할 지점이 없다고 지적했다. 그러나 기존의 해안포대들은 위에서 나열한 문제로 인해 효율이 떨어졌다.

이에 따라 해안 아래 쪽에 포대를 신규 건설했으며, 강화도 주요 진 전부가 해당되었다. 신헌이 구상한 포대는 용진진 31혈, 광성보 53혈, 덕진진 30혈, 초지진 4혈, 덕진진 74혈 등 총 192혈로 사실상 교전이 벌어졌던 전 지역을 강화하는 것이었다. 다만 여전히 화포 생산은 지지부진했고, 1874년 기준으로 192문의 필요량 중 50여 문만 배치되어 있었다. 부족분은 불랑기포로 메꿨다는 것을 보면 여전히 화포의 생산량은 부족했던 것으로 보여진다.

한편 새로운 장비들도 속속 주요 방어진에 배치되기 시작했다. 대원군이 양요를 겪은 이후 척화비만을 세운 것은 아니었다. 국경을 실질적으로 지키기 위한 재래식 장비의 생산과 정비를 진행하면서도 새로운 장비들의 개발에도 몰두

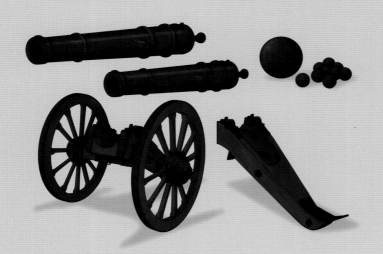

동치십삼년명포(운현궁 중/소포)

1980년 김포 덕포진에서 소포와 함께 발굴한 조선의 청동제 전장식 화포. 포신에 同治十三年五月日 雲峴宮別鑄(동치십삼년오월일 운현궁별주)라는 명문이 새겨져 있어 1874년에 운현궁, 즉 대원군의 주도로 만들어졌음을 알 수 있다. 중포의 무게는 492근(약 316Kg), 화약은 1근 9냥(약 1003g)을 사용했다.

동치십삼년포, 이른바 운현궁포가 기존의 조선 화포와 비교할 때 가지는 차별점은 세 가지가 있다. 기존의 수레식 포가와는 달리 차륜식 포가를 채택하여 고각 조절이 쉽고 기동성을 향상시켰다. 또한 포이(砲耳)를 마련하여 각도 조절의 용이성 향상은 물론 포격시의 반동을 보다 안정적으로 포가에 전달할 수 있었다. 그리고 포구부터 포미까지 포신의 폭이 거의 일정했던 조선의 옛 포와는 달리 포미 부분을 두껍게 만들어 포의 무게를 크게 늘리지 않고도 파열의 위험을 덜었다.

하고 있었다.

청으로부터 불랑기포를 수입하기도 했고, 훈련도감 등 여러 군영에 분산 배치했던 무기 기술자들을 운현궁 인근의 금위영에 집중시켜 그 사무를 삼군부로 이관하는 등 행정적 조치도 이어졌다.

신미양요 직후 조선은 청으로부터 양무 서적들을 입수했다. 그중 연포도설 등을 통하여 서양식 화포 제조에 많은 도움을 받았을 것으로 추정된다. 이 때 영향을 받아 등장한 것이 운현궁 중포와 소포였다. 이 화포들은 기존 조선군이 사용하던 체계와는 다른 형태였다. 17~18세기 서양에서 사용하던 포신의 형태와 유사했으며 차륜식 포가(砲架)가 장착되어 있었다.

다른 기술적인 부분에서의 혁신도 중요했지만, 가장 중요한 것은 차륜식 포가의 등장이었다. 기존 조선군의 화포들에도 포가가 없지는 않았다. 동차에 놓여진 화포들이 있기는 했으나 기본적으로 야전까지의 수송은 소가 끄는 수레에 화포들을 싣고 전선까지 이동하는 것이었다. 즉 별도의 수송 수단이 필요했다는 것이었다. 게다가 사격 이후의 이동 역시 불편했다. 화포 사격 이후 적의 위치에 따라 사격 각도나 방향을 바꾸기 위해서는 설치된 포가를 다시 옮겨야 했다. 이렇기 때문에 주로 조선군의 대형 화포는 공성 및 수성전에 활용되었고, 야전은 비교적 가벼운 불랑기나 이동이 용이한 포가에 장착된 화차를 중심으로 전열을 갖췄다.

그러나 이 운현궁 중포와 소포는 그러한 면에서 혁신을 보였다. 별도의 수송 수단 없이 직접 말들이 끌 수 있도록 하였다. 게다가 이 포가에는 화포의 발사각을 조정할 수 있는 조정기도 설치되어 있었다.

1874년, 삼군부가 새로 만든 중포와 소포를 영종도와 인천, 통진에 배치하겠다는 것을 시작으로 주요 요충지에 신형 화포들이 배치되었다. 덕진진에서도 운현궁 중포와 소포 6문이 발굴되었다는 사실을 볼 때, 수도 인근 방어를 위한 시설에 우선 배치된 것을 알 수 있다. 다만 생산량이 그렇게 많았던 것 같지는 않다. 1900년

무기 재고표에 기록된 운현궁 중포와 소포의 수량은 각각 74문, 89문이었다. 이는 같은 시기 불랑기포의 재고가 1,108문이란 것을 감안할 때 제작 과정이나 비용 문제로 많은 물량을 제작하지는 못한 것으로 추정된다.

이러한 노력에도 불구하고 강화도 일대에 남겨진 전쟁의 상흔을 걷어내기에는 역부족이었다. 병인양요 당시 강화성이 점령당하면서 비축되었던 1만 정의 화승총을 비롯하여 다수의 화포가 파괴되었고, 화약고 3개소 역시 프랑스군이 파괴하였다.

신미양요의 피해는 더욱 심각했다. 48시간 동안 조선군은 5개의 요새를 빼앗겼고 수많은 사상자를 냈다. 게다가 재래식 장비의 손실은 너무나도 뼈아픈 타격이었다. 이 때 화포 481문과 화승총 6,000여 정을 상실했으며 기타 요새 시설 역시 모두 파괴되었다.

이를 복구하기 위하여 조선 정부는 막대한 자금과 물자를 들였으나 단시간 내로 복구되기는 요원했다. 1874년 신헌의 장계를 보면 150여 문의 화포가 있어야 강화도의 포대들을 무장할 수 있으나 현재 50문밖에 없다는 내용만 보아도 복구에 난항을 겪은 것이 분명하다.

한편 군사비용 역시 천정부지로 쏟아져 들어갔다. 군비 증강에는 결국 자금이 필수적으로 들어가야 했고, 이에 따른 부담은 적지 않았다. 병인양요 편에서 소개한 포삼세만으로는 증강된 군비를 지탱하긴 어려웠다. 진무영만 하더라도 한 해에 10만 냥 이상의 군비를 소요했으며, 전국의 포군 3만 역시 총기와 탄약 예산으로만 45만 냥 이상을 소모했다.

이들에게 지급할 급여 역시 만만찮은 예산을 차지했다. 이에 따라 삼도포량미세를 신설하고, 양민에게만 과세되었던 군포가 호포로 개칭되면서 양반층에게도 부과되었다.

1866년에도 시도되었으나 1871년 신미양요를 겪은 직후부터 실제 세금이 양반 계층으로부터 징수되었다. 이외에도 한성의 칠대문을 통과하는 각종 물자에 대한 통행세도 부과하는 등 자금 확보에 박차를 가했다.

그럼에도 호조 전체 예산에 육박하는 군비에 대한 갈증을 해소하기에는 여전히 역부족이었다. 이러한 와중에 조선의 국정은 일대 파란을 맞이하였으니 그것이 바로 대원군의 실각이었다. 대원군에 의해 주도되었던 정국은 1872년에 들어서면서부터 변화되기 시작했다.

성인이 된 고종이 직접 정치를 주관하고자 하였고, 대원군에 불만을 가진 이들이 이에 호응하였다. 이미 재정과 군대, 의정부까지 장악한 대원군에 대한 불만만이 아니었다. 경복궁 중건 및 군비 증강을 위한 재원 확충 과정에서 팽배한 불만은 양반층만이 아니라 사회 각계각층에서 불거졌다.

결국 1873년 11월 대원군이 축출되고 고종이 친정을 선포하면서 조선군도 다시 한 번 개편을 맞이하였다.

무위소의 설치와 군비의 축소

고종 친정 시기의 가장 큰 변화는 중앙군의 변혁이었다. 기존 5군영 체제에 비해 무위소를 중심으로 한 국왕의 친위군이 강화되기 시작했다. 설립 초반에는 각 군영에서 차출한 병력들로 숙위군을 만들어 궁궐 외곽을 수비하도록 하였다.

그러나 점차 규모가 커진 숙위군은 무위소라는 이름으로 개칭되었으며 초기 500명으로 구상하던 병력은 1874년에 들어서서 용호영을 합쳐 2,000여 명으로 늘어났다.

이에 따른 재정적 투자도 무위소에 집중되었다. 다른 군영들의 몇 배에 달하는 재정이 투입되었으며, 74년에는 진무영 1년 예산과 맞먹는 10만 냥의 자금이 무위소에 들어갔다. 훈련도감이 35,000냥, 금위영이 5,000냥에 불과한 것을 감안할 때 엄청난 관심과 지원을 받았음을 알 수 있다.

이러한 지원 아래에서 무위소의 권한은 점점 더 커져만 갔다. 무위소의 장이 중앙 군영의 제조들을 겸함과 동시에 병조 직할 부대였던 용호영과 한성 외곽 방어 책임을 지던 총융청까지 관할하게 하는 등 친위군을 넘어서서 조선의 군사 업무 전반에 관여할 수 있는 제도적 장치를 마련한 것이었다.

이에 반비례하여 대원군 집권기 군사력의 핵심이었던 삼군부와 강화도의 진무영은 점점 그 세가 약해졌다. 진무영의 경우 진무사를 무관으로 임명하던 규례를 폐지하고 대원군 이전 체제로 환원되었다. 육군과 수군을 모두 지휘하던 진무영에게서 교삼도통어사 자리를 떼어 수군통수권을 박탈했고, 4만 냥에 달하던 예산 역시 무위소로 이관하게 함으로서 재정적인 지원도 줄이기 시작했다.

삼군부 역시 조선의 합동참모본부 기능을 상실하고 상부의 결정 사항에 대한 하달과 지방 병영에서 올라오는 내용을 보고하는 임무에만 집중시켰다. 사실상의 군령권을 모두 빼앗은 것이었다. 이러한 예산과 권한은 모두 친위군인 무위소의 아래로 들어가게 된 셈이었다. 그러나 이러한 체제를 오래 지속할 수는 없었고, 군비는 다시 줄어들었다. 그 이유는 세금 정책 때문이었다.

1873년 각 문에서 세금을 지나치게 많이 거둬 민폐를 끼치고 있다는 이유로 도성문세가 폐지되고, 이에 대한 책임을 물어 4군영의 대장들이 모두 처벌되었다. 문세를 폐지하면서 각 군영의 재정적 손실을 대비하여 훈련도감과 어영청, 금위영에 각각 3,000냥을, 총융청에는 1,000냥을 지급할 것을 명령했지만 이전까지 거둬들였던 세금은 국가에서 보조해 주기로 한 금액보다 많았다.

진무영의 연강수세 역시 폐지되었다. 조강과 갑곶을 통과하는 상선에 대한 세입은 주로 진무영이 포군 유지비로 사용하고 있었으나 위에서 언급한 문세와 함께 각 군영에게 그렇게까지 큰 타격을 주는 문제는 아니었다.

조선의 군비 감축에 지대한 영향을 끼친 것은 청전을 폐지한 것이었다. 당백전 유통이 중지된 이후 청전은 국가 예산의 2/3를 차지하고 있었다. 물론 폐해도 많았지만, 국가 화폐유통량의 다수를 차지하는 청전을 폐지하면서 이렇다 할 대책은 따로 없었다.

조선의 국고는 급격히 축소되었고, 이 과정에서 군비 역시 다시 줄어들기 시작했다. 1875년 말에 들어서면 1년 동안 무려 3년 치 세입을 모두 소모했음에도 모자란 상황에 직면했으며, 재정적인 상황은 악화일로를 걸었다. 정부의 재정 손실을 보충할 만한 대체제도 확보하지 못하였고, 이로 인한 혼란은 가중되었다.

물론 이러한 고종의 친정 체제 당시 단행된 것들이 단점만 있던 것은 아니었다. 특히 무위소의 설치가 그러했다. 군대의 일원화 지휘 모델이라는 점에서는 진보된 시도이기도 했다. 특히 대원군 계열이 많았던 조선의 군부 인사들을 억제하기 위해서라도 고종의 입장에서는 자신의 친위군을 강화할 필요성도 있었다.

즉 영조 사후 즉위한 정조의 모습이 고종에게도 그대로 투영되었다. 바로 선대왕의 측근 세력이 왕권에 의지하여 비대해지면 이것이 후대왕의 왕권을 제약해 버리는 문제를 야기한다는 점이 바로 그것이었다.

그러다 보니 국왕도 불안할 수밖에 없었고, 대원군이 양성한 군대를 신뢰하기에도 무리가 있었다. 정조가 홍국영에게 숙위소를 설치하고 따로 호위하라 했을 정도였던 것을 감안하면 그 불안감에 못지 않았을 것이 분명했다. 고종도 정조의 사례를 모델로 삼았고, 그 결과 무위소라는 새로운 부대가 탄생했다.

자신이 장악한 새로운 군대를 중심으로 친위 세력을 배치하며 동시에 중앙 오군영을 제압하려는 목적도 있었을 것이다. 무엇보다도 경군의 다수가 국왕의 군대라기보다는 여전히 지난 오군영처럼 어느 한 세력의 군대에 가까운 모습을 보이던 것도 문제였다.

그렇다면 방법은 하나뿐이었다. 정조처럼 여러 군영을 두는 것이 아니라, 하나의 군영으로 통합해서 국왕이 통제할 수 있는 구조를 만드는 것이었다. 정말 단순해 보이는 이유였지만 이를 통해 어느 정도 군대에 대한 통제권을 행사하는 데 성공할 수 있었다.

그러나 이에 대한 부작용으로 삼군부와 진무영의 약화는 필연적으로 받아들일 숙제였고, 더 큰 문제가 개항의 문 앞에서 기다리고 있었다.

운요호 사건과 강화도 조약

운요호 사건 이전, 메이지 정부 초기 일본 정부는 정한론에 휩싸여 있었다. 신정부 수립 이후의 일본은 조선과의 외교 관계를 재정립하는 과정을 거쳐야 했고, 이 과정에서 서계 거부 사건이 터졌다.

조선과의 외교는 예전까지는 대마도를 중간에 두고 이루어졌는데, 문제는 전통적으로 교린 문서로 사용되던 서계를 통한 외교 관계 구축이 아닌, 새로운 형태의 외교 문서와 문서 내의 용어 사용은 조선측의 격렬한 거부 반응을 일으키기 충분했다.

조선은 세계의 새로운 형식을 이유로 메이지 신정부와의 새로운 외교 관계 구축을 거부했고, 이러한 과정에서 허락 없이 일본인들이 왜관을 벗어나는, 일명 '왜관난출' 사건이 1872년에 벌어지자 대원군을 비롯한

운요호 지휘관 이노우에 요시카 소좌. 일본군 초기 해군 지휘관 대다수의 출신지였던 사쓰마 번 출신으로 운요호 사건 이후 일본이 처음 건조한 군함인 세이키의 함장으로 영전했다. 훗날 해군 대장까지 올라 자작에 서임되고, 1929년 도쿄에서 사망했다.

이노우에 요시카

조선 정부의 대일 감정은 부정적으로 흘러들어
갔다.

이러한 양국의 대립에 신정부 수뇌부는 물
론 민간에서도 정한은 시급히 처리되어야 하는
문제로 떠올랐다. 1873년 중엽부터 본격적으로
정한론은 외교 정책 중 하나로 정식 논의되기 시
작했다.

그러나 73년 9월 이와쿠라 사절단이 귀국
한 뒤, 정한론에 반대했고, 이것이 받아들여지면
서 일본 내부에서는 이에 대한 반감으로 사가의
난, 신풍련의 난 등 사족들의 반란이 일어나기도
했다.

한편 1874년 대만 원정이 어느정도 성과를
거두자 일본 정계는 다시 한 번 정한론의 실행
시기가 왔음을 인식하고 준비했다. 운요호 사건
은 그렇게 일어났다.

포함 운요는 슬루프함으로 영국에서 건조
된 증기 추진형 범선이었다. 원래는 조슈번이 구
매한 2척의 함선 중 1척이었고, 이후 일본 해군
에 편입되어 '운요' 라는 함명을 받았다. 해당 함

선은 암스트롱 64파운드 함포 1문과 40파운드
함포 1문 및 승무원 60명으로, 병인양요 당시 투
입된 포함 타르디프나 브레통과 유사한 체급이
었다고 볼 수 있다.

사실 9월 운요호 사건 이전에 부산 일대
에서 이들이 무력 시위를 실시한 적이 있었다.
1875년 5월 25일 이노우에 소좌가 지휘하는 포
함 운요와 제2정묘가 부산 왜관 항구에 입항하
여 마찰을 빚었다.

그러나 별다른 무력을 동원하지 않고 당시
에 동해안을 따라 함경도 해안까지 갔다가 철수
했지만, 이번에는 분명한 의도를 가지고 접근했
다. 바로 강화도 방면으로 진입하여 전투를 유도
하는 것이었다.

식수가 모자라 이를 보충한다는 명목으로
나가사키에서 출항한 지 7일이 지난 1875년 9
월 19일, 운요호는 월미도 연안에 닻을 내린 뒤
측량 및 조선측 관리를 면회하기 위해 해병 4명,
수병 10명 및 함장 이노우에를 비롯해 21명이
단정을 타고 강화도로 접근했다.

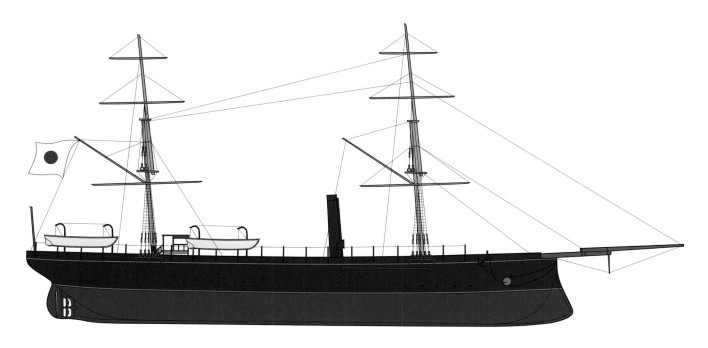

운요
雲揚

조슈 번이 영국에서 구입한 249톤급 포함. 1868년 건조되어 1870년 조슈 번에 인도된 뒤, 1871년 일본 해군으로 선적을 옮겼다. 수천 톤급이던 병인양요와 신미양요의 주역 함선들 및 러시아 해군의 소볼호와도 체급이 크게 차이나는 배였지만, 방위 체계가 붕괴된 조선은 운요호에 대응할 수 없었다. 운요는 1876년 야마구치 현 하기 시에서 일어난 반란을 진압하러 출동했다 난파하여 폐선되었다.

이들을 맞이한 것은 초지진의 조선군이었다. 조선군은 불법으로 영해를 침입한 이들에게 경고의 의미로 사격을 가했다. 전쟁의 경험이 있었던 이들에게 사전 통보 없는 불법적인 침입은 곧 도발이었으며, 군사적인 대응으로 넘어갈 수밖에 없었다.

이노우에가 탄 단정에서도 소총 사격을 가하며 약 20여 분간 교전이 이루어졌고, 이후 잠시 소강 상태에 진입했다. 그러나 이노우에 함장은 다음 날 새벽 4시 승무원을 모두 기상시켰고 오전 10시에 초지진 일대에 포격을 가했다.

초지진에서도 대응 사격을 가했으나 40파운드, 64파운드 암스트롱 함포의 파괴력에 당해낼 수 없었다. 결국 조선군이 철수했지만, 초지진이 파괴되는 등의 피해는 피할 수 없었다. 그러나 일본 해군은 상륙을 시도하지 않았는데, 전날 정찰 결과를 기반으로 한 결정이었다. 소규모의 병력으로 잘못 상륙했다가 수적으로 우세한 조선군에게 압도될 수 있는 위험이 있었기 때문이었다.

이에 다른 공격 대상을 찾았으니 그곳이 바로 영종도였다. 영종도는 강화도의 여느 방어 시설과는 달리 방어 수준이 낮았다. 물론 2차례 양

요와 러시아 포함 소볼과의 교전 경험을 바탕으로 대비 자체는 되어 있었다. 당시 조선 정부는 새로 주조한 운현궁 중포와 소포 11문을 배치했으나 방어하는 병력의 질은 강화도보다 훨씬 낮았다.

영종첨사 이민덕이 지휘하는 400여 명의 병력이 지키고 있었으나 삽시간에 함포 사격에 휘말려 전열이 붕괴되었고, 이어 상륙한 일본 해병 및 수병 22명의 소총 사격에 수비병력들은 와해되어 성 외곽으로 패주했다.

전투 자체는 굉장히 짧았지만 사상자는 적지 않았다. 조선군은 35명이 전사, 16명이 포로로 잡혔으며 운현궁 중포 및 소포 11문, 불랑기 14문 등 화포와 소총과 도검류, 심지어 갑주까지 노획당했다.

반면 일본군은 2명이 부상을 입었고, 이중 1명이 상태가 악화되어 치료 중 사망하는 피해만 입었다. 이러한 교전 결과가 조선 정부에 보고되자 방어에 실패하여 도주한 첨사 이민덕을 체포하는 한편, 해안 방어에 만전을 기하도록 조치했다. 이후 인천을 방어영으로 승격하며 취약한 영종진을 배속시킴으로서 조금이나마 방위력을 강화하려는 노력을 기울이고 있었다.

스나이더-엔필드
Snider-Enfield

패턴 1861 엔필드 머스케툰
Pattern 1861 Enfield Musketoon

당시의 일본군은 보신 전쟁 이전 막부군이 해외에서 수입한 총기는 물론, 유신파 번들이 자체적으로 수입한 총기 등 다양한 화기를 섞어 사용했다. 그중 가장 많은 수량을 자랑한 화기는 '스나이도루'라 불린 스나이더-엔필드(상)와 스나이더의 원본인 엔필드(하: 패턴 1861 엔필드 머스케툰) 소총이었다.

교전 이후 일본은 1875년 11월, 사절단을 파견하여 운요호 사건을 빌미로 불평등 조약을 이끌어 낼 준비를 하고 있었다. 구로다 기요타카가 특명 전권대신으로 임명되었고, 이노우에 가오루가 부사로서 조선과의 외교 회담을 수행하게 되었다.

이러한 과정에서 일본은 조선을 무력으로 개항시키기 위해 만반의 준비를 마쳤다. 1875년 12월에 있었던 청의 북양대신 이홍장과 특명전권공사 모리 아리노리 사이의 회담을 통하여 청이 조선에 군사적 개입을 하지 않겠다는 의사를 확인했다.

그러나 조선이 호락호락하게 일본과의 외교 관계 구축을 받아들일지는 미지수였다. 이미 병인양요와 신미양요 등에서 조선은 처절하게 저항했음을 일본도 알고 있었다. 만약 무력을 동원한 침공이 이어진다면 조선이 프랑스와 미국과 싸웠던 것처럼, 일본의 무리한 요구에도 같은 행동을 할 것이라 판단하여 동원 가능한 함대 전력을 다수 투입했다.

가장 많은 전력을 동원한 것은 해군이었다. 1869년 막부 해군의 잔존 세력을 제거하기 위해 동원한 하코다테 해전 당시 신정부가 동원한 함선은 도합 6척이었다. 그러나 강화도 조약을 위해 일본 정부가 동원한 함선은 총 8척으로, 7년 만에 최대 규모의 함대가 동원된 셈이었다.

그럼에도 조선측이 무력으로 대응해 오는 상황에 대비하여 시모노세키에는 야마가타 육군 대장이 지휘하는 일본 육군 1만 명이 집결했다. 유사시 조선에 동원하겠다는 압박의 상징이었지만 실제로 투입할 수 있었을 지는 미지수였다. 따라서 조선측에 직접적으로 압력을 가하게 된 것은 8척의 함대와 800여 명의 함대 병력이었다.

한편 조선 역시 역대 최대 규모의 병력을 동원했다. 신미양요 이후 가장 많은 병력을 동원했으며, 전국에 계엄을 선포하고 경상도와 함경도를 제외한 6개 도에서 병력을 한성에 소집했다. 금위영에서 차출된 350명의 별무사를 비롯한 중앙군은 한성으로 이어지는 항구 등에 배치되었다.

병력 소집에서 제외된 경상도는 부산에 등장한 일본 해군 함대에 대응하기 위해 동래 일대에 병력을 집중시킬 필요가 있어 소집에 응하지 못했고, 함경도는 수도와 거리가 멀어 제때 병력을 보낼 수 없었다.

그럼에도 약 2,000여 명의 병력이 계엄이 발효된 기간 동안 6개 도에서 동원되었으며, 한성의 5군영과 무위소가 이들을 배속하여 유사시 투입할 준비를 하고 있었다. 이렇듯 양측의 군사력 집중은 만약 상대가 선을 넘게 되면 사용하겠다는 의중이 다분한 행동이었다.

이러한 위기 속에서 전권대신 구로다를 태운 일본 함대는 부산에 출현해 한성으로 직접 가

구로다 기요타카
黒田清隆

1840년 사쓰마에서 태어난 구로다 기요타카는 1863년 사쓰에이 전쟁에 참전한 바 있으며, 보신전쟁, 동북전쟁, 세이난전쟁 등에 참전한 베테랑 군인이었다. 그러나 정한론에 있어서는 사이고 다카모리 등과는 거리가 멀었으며, 사쓰마 출신임에도 이에 반대하였다. 이후 1875년, 운요호 사건을 계기로 강화도에 전권대신으로 파견되었으며, 조선측 전권대신 신헌과 강화도 조약을 체결하였다. 우리에게 있어서 구로다 기요타카라는 인물이 가장 잘 알려진 사건이기도 하다.

그러나 말년의 행보는 좋지 못했다. 그가 추진했던 홋카이도 개척은 막대한 적자를 내었으며, 이로 인하여 비리 의혹을 받게 되었다. 이후 일본의 제2대 총리가 되었으나 역시 불평등 조약 개정에 실패했고, 사적으로도 술을 과도하게 마시면서 난동을 부리는 사건이 있어 최악의 평판을 받았다. 이후 근신하다 1900년 도쿄에서 뇌출혈로 사망하였다.

겠다는 통보를 보냈다. 경상좌수사와 동래부사가 보고를 한성에 보내기도 전에 4척의 함선이 부산에서 사라졌다. 이에 따라 당연히 강화도 일대의 경계 태세는 높아졌다.

실제로 부산을 떠난 일본 함대는 며칠 동안 강화도 부근에서 정박하고 기다릴 뿐, 깊숙한 지역까지는 접근해 오지는 않았다. 그 이유는 신헌이 신축하거나 보수한 강화도의 방어 시설이 예상보다 치밀했기 때문이었다. 이에 부산에 남겨둔 함선 2척을 추가로 불러올리는 한편, 본국으로부터 2,000명의 병력을 추가 요청하는 등 부산을 떨었다.

조선 정부의 입장은 유사시를 대비해 군대는 모으지만, 가능하다면 국경에서의 무력 도발을 최대한 자제시키되, 일본측이 선을 넘는다면 언제든지 교전하는 것이었다. 조선은 이미 일본의 함대가 조선으로 진입한 이후부터 이 사태를 국경에서 발생한 큰 위협으로 인식하고 있었다.

이에 따라 일본측의 위협적인 또는 도발적인 언사나 행동에 대해서는 분명히 선을 그었다. 마침 동래부사가 올린 장계가 고종에게 보고되었고, 비슷한 시기 부산에서 출발한 증원 함선들이 강화도 인근에 머물던 구로다의 함대에 증원되자 한성과 강화도 일대에 집중된 육군과 수군의 방어는 더욱 공고해졌다.

해가 바뀐 1876년 1월 4일이 되자 기함 역할을 맡은 포함 모슌마루가 강화도 가까이 접근했다. 조선측은 즉각 반응했다. 강화 유수 조병식은 수군에게 출동을 명령했고, 이에 판관 박제근과 군관 고영주가 전선(戰船)을 지휘하여 양측 함대가 대치했다.

조선 수군 지휘관인 박제근과 고영주가 모슌마루에 올라 일본 해군에 즉각 퇴거를 명령하자 이들은 순순히 따랐다. 다만 조선이 협상을 위해 대신을 파견하지 않으면 함대로 한성을 직접 공격할 것이라는 경고도 남기며 현장을 이탈했다.

한편 사절단을 맞이하기 위해 조선이 선택한 카드는 신헌이었다. 특명전권대신 신헌은 한성에서부터 2,000여 명의 병력을 인솔하여 강화도로 내려왔다. 조선은 해당 사건에 대해서 준전시상황으로 인지하고 있었고, 그에 따라 정통 무관이었던 신헌이 직접 전권대신으로 나온 것이었다.

신헌을 전권대신으로 임명하여 파견한 데에는 조선 정부의 의중이 매우 잘 드러났다. 그가 협상 책임자로 나온 것은 조선이 당시의 상황을 준전시 사태로 인식했다는 의미였다. 그가 띤 임무는 적을 설득해서 무력 도발을 억제하는 국경의 책임자에 더 가까웠다, 라고 보는 편이 가까울 것이다.

그럼에도 일본은 자국군의 상륙 등 무력 시위를 예고하며 협박을 감행했으며, 1876년 2월 10일 조선측과의 상의 없이 사절단과 400명의 해병대원을 상륙시켜 강화성으로 진입했다. 연무당에서 이루어진 양측의 첫 회담은 구로다와 신헌의 갑론을박으로 시작했다. 일본측은 서계 접수를 거부한 문제와 조선측의 운요함 포격에 대한 사과를 요구했다.

그러나 일본의 진짜 목적은 근대식 수호조규, 즉 불평등 조약을 조선과 체결하는 것이었다. 청의 이홍장 역시 일본과의 화의를 권고했으며 청의 사신단 역시 불간섭 의사를 확실히 했다. 그렇기에 일본은 4,000여 명의 병력을 상륙시킬 수도 있다는 협박을 가하며 조선을 압박해왔다. 그러자 신헌 역시 대규모 병력을 동원해 대응할 수 있다는 경고를 하기도 했지만 상황은 전반적으로 조선에게 불리했다. 조정 내부에서는 조약을 체결하자는 쪽으로 의견이 모아지고 있었다.

이러한 상황이 이어지자 조선 내부에서는 주전론이 들끓었다. 조선 정부는 전쟁을 대비해 포군들을 소집하고 있었다. 거기에 무관들과 유학자들은 강경론을 펼치며 일본에 대한 전쟁을 불사하겠다는 의지를 밝혔다.

특히 강화도에 배치된 군대가 그런 경향이 심했다. 그렇기 때문에 신헌은 일본 사절단을 상대하는 것뿐만 아니라, 불만으로 가득한 군대를 무마하는 데에도 많은 신경을 써야 했다. 물론 협정이 체결되고 일본군이 연무당에서 개틀링

기관총 사격 시험과 제식 훈련 등을 시연하자 조선군의 반응은 달라졌다. 조약 체결에 대한 조정의 판단이 옳았고, 이는 곧 강화도 조약에 타당성이 있다는 의견으로 이어졌다.

물론 근대 통상 조약에 대한 이해도가 없던 조선이었던지라 상당히 큰 피해를 입을 수밖에 없었다. 전통적인 외교 전략에 의거한 조선의 대일 정책은 이후 양국간의 외교 분쟁으로 불거진 사태들을 만들게 되었다.

특히 무관세 협정과 관세 자주권에 대한 문제가 제일 심각한 사안이었고, 이는 1880년대를 넘어 1890년대까지도 조일 양국이 마찰을 빚는 원인이 되었다.

다시 돌아와서, 조약 체결 이후 일본측 전권대신인 구로다는 조선측에 몇 가지 선물을 넘겨 주었다. 연무당에서 처음 모습을 보여주었던 M1874 개틀링 1문과 탄약 2,000발, 리볼버 권총, 스펜서 소총 등이 그 주인공이었다.

이 장비들은 조선이 처음으로 맞이한 신무기였으며 특히 개틀링, 조선측에서는 회선포라고 불렀던 이 화기에 대해 국왕과 무관들의 관심이 집중되었다. 그리고 이에 자극받은 조선은 2주 뒤 곧바로 일본에 수신사를 보냈으니 이것이 조선의 근대식 군대가 태동하는 첫걸음이었던 셈이다.

두 차례의 양요로 상비군의 근간이 형성되었고, 근대식 군대라는 알껍데기를 운요호 사건과 강화도 조약이 깨뜨렸다. 세계의 바다에 첫걸음을 내디딘 조선에게는 스스로를 지킬 새로운 군대가 필요했다.

신헌
판중추부사, 접견대관.

1811. 윤3. 25~1884. 12. 10.
충북 진천 출생. 충북 진천 졸.

1811	충북 진천에서 출생
1827	음서로 별군직 복무 시작
1828	정시 무과 급제
1835	중화부사
1843	전라우도수사
1848	전라도병마사, 도총부 부총관
1849.1	금위대장
1849.8	전라도 녹도 유배
1857	해배
1861	삼도수군통제사
1864	병조판서, 한성판윤
1866	좌참찬, 총융사. 훈련대장
1871	사직하고 과천으로 낙향
1874	진무사 겸 삼도수군통제사
1875	어영대장
1876	판중추부사. 일본과 교섭. 강화도 조약 체결
1882	전권대관으로 미국과 교섭.조미수호통상조약 체결
1884	충북 진천에서 졸.
1910	장숙(莊肅) 시호를 추증.

조선이 근대적 세계 질서에 최초로 편입되는 사건인 강화도 조약(조일수호조규)의 조선측 책임자였던 신헌은 무관으로 출사했지만 다양한 문관직도 수행하고, 무엇보다 개국 무렵 여러 대외 조약에서 조선을 대표하는 외교관으로 활약한 특이한 이력의 소유자이다.

1811년 충북 진천에서 태어난 신헌은 대대로 무관직을 이어 온 가문에서 태어났다. 17세에 효명세자의 발탁으로 국왕의 최측근 호위병인 별군직에 제수되었으며, 효명세자의 친위세력이던 박규수 등과 교류하였다. 효명세자가 급서하자 관직에서 거리를 두었으나 헌종이 즉위한 뒤 동부승지 등의 문관직은 물론 수군절도사와 도총부 부총관 등 핵심 요직을 맡으며 박규수 등과 합을 맞춰 시무개혁파의 중심이 되었고, 헌종 15년(1849)년에는 금위대장까지 올랐다. 그러나 철종 즉위 후 전라도 녹도에 유배되었다가 8년 뒤에야 해배되었다.

1864년 철종이 승하하고 고종이 즉위하자 신헌은 박규수와 함께 대원군을 지지하였으며, 이즈음 신관호(申觀浩)에서 신헌으로 개명하였다. 그러나 시무개혁파와 대원군의 정치적 지향이 엇나가기 시작하자 1871년 사직하고 과천에 은거하였다가 대원군이 실각한 1874년 초에 강화도 진무사로 복직하였고, 그해 말에 삼도수군통제사가 되었다.

1876년 일본이 운요호 사건의 처리를 위해 교섭을 청하자 조정은 신헌을 대표로 파견했다. 신헌은 조정의 의도대로 자신이 전권을 가진 외교 협상의 담당자가 아니라 국경 경비 책임자임을 내세우며 일본의 무력 도발 시도를 제지했으며, 불리한 상황하에서도 최선을 다했다. 조약 체결 후에는 당시의 기록을 심행일기(沈行日記)로 남겼다. 이후 1882년 중국의 중재로 미국과 조약을 체결할 때에도 71세의 노구임에도 불구하고 조선측 대표로 나섰다. 이 임무를 마지막으로 완전히 은퇴한 신헌은 갑신정변이 일어난 해인 1884년 진천에서 별세하였다.

신헌은 추사에게 가르침을 받았으며, 다산과는 직접적인 사제관계는 없지만, 그의 문하생들을 통해 사숙하였다. 군사 관계 저서인 민보집설(民堡輯說)과 융서촬요(戎書撮要)를 비롯해 금석학 저서인 금석원류휘집(金石源流彙集), 농서인 농축회통(農蓄會通) 등 다양한 저서를 저술하는 등, 학문적 소양도 뛰어난 사람이었다.

魚在淵

개항과 군계 개편

신식 군대의 건설과 무기 도입

1876~1881

군기를 받쳐 든 신건친군영 병사들

개항과 군제 개편
신식 군대의 건설과 해외 무기 도입

무위소의 개편과 근대 조선군의 시작

전 대미문의 사건, 즉 개항을 맞이한 조선은 일본으로부터 큰 인상을 받았다. 조선 정부는 해외 정부의 다양한 부분, 그중에서도 군대에 대해 깊은 관심을 품고 나름대로 조선군을 서구적으로 개편하고자 노력했다.

그러나 실질적으로 조선의 근대식 군대는 일본군 교관이자 공병 소위 호리모토가 양성한 별기군 혹은 교련병대를 그 근원으로 설정하곤 한다. 그렇다면 1876년 강화도 조약 이후 1881년 별기군 창설까지 5~6년에 달하는 시간 동안 조선군은 어떠했는가에 대해선 많이 알려진 바가 없다. 그렇다면 이 시기의 조선군은 어떠한 과정을 거치고 있었을까.

개항 이후의 조선군도 서구식 군제에 대해서 눈을 뜨고 있었다. 특히 양요를 거치면서 받은 충격은 매우 강렬했고, 특히나 서구식 화력과 함대의 강력함은 그동안의 해안포대로 버텨내기 어렵다는 것을 반증하기도 하였다.

따라서 이 시기는 자주적인 군제 개편 시도기로 볼 수 있다. 우수한 군사력을 갖춰 스스로를 지킬 수 있는 군대의 구성은 곧 적극적인 군비 확장으로 다시 넘어갈 수 있는 징검다리였다.

일본과 강화도 조약을 맺은 지 얼마 지나지 않아 사절단을 파견한 것도 그러한 이유 중 하나였다. 일본에게 넘겨받은 개틀링 기관총과 스펜서 소총, 리볼버 권총 등의 신식 병기와 그들이 이끌고 온 함대의 성능과 위력은 상당했다.

특히 개틀링 기관총에 대한 관심이 지대했다. 따로 신헌과 독대하며 고종이 개틀링에 대한 질문을 했을 정도였다. 이렇듯 근대화, 특히 군

사적인 분야에 대한 열망은 점점 강화되고 있었고 자연스럽게 1876년 4월부터 2달 간 김기수를 중심으로 1차 수신사가 파견되었다. 이들이 바로 조사시찰단이었다.

이들은 경제, 정치, 문화, 사회뿐만 아니라 무기 제작과 군제에 대한 일체를 시찰하였으며, 귀국한 이후 군대를 서서히 재편하기 시작했다. 이러한 군의 개편 일환 중 하나가 무위소의 증편이었다. 이는 조선군의 특징을 깨뜨리는 동시에, 전문적인 상비 병력으로의 전환을 의미하는 사건이기도 했다.

국왕 호위 및 수도의 방어 시스템은 군영절목에 따라 각 부대별 구역이 나뉘어져 있었다. 이는 조선 중앙군에 대한 군사 반란을 억제하기 위한 것으로, 특정 군영을 장악한 세력 혹은 인물에 의한 군사 반란 등 정변의 위협을 억제하는 데 큰 효과를 보였으나, 실질적으로 해당 구간이 돌파당하거나 혹은 구원을 받아야 하는 상황에 직면했을 때에는 즉각적인 증원을 어렵게 만들기에 적의 침입에 제대로 작동할 수 있는지는 의문이 많은 체계였다.

유기적인 지휘가 이루어지려면 국왕 및 병조판서 등 군령권을 지닌 사람들이 통제하거나 혹은 군영끼리 교신을 통해 상호 지원을 하는 방식이 있었으나, 이것이 불가능하다면 각개격파를 당할 위험이 존재했다. 실제로 1894년 경복궁 쿠데타가 그러했다.

따라서 무위소의 설치와 증강은 이러한 부분에서 큰 변화를 불러왔다. 군영절목을 통한 국왕 호위 및 수도 방어를 넘어 단일 군영에 의한

통제를 시도하고자 한 사례로 볼 수 있었다.

물론 여러 대신들의 반발과 함께 부작용의 여파도 있었다. 무위소의 병력이 초기 5개 군영 소속 4개 초 400명의 병력을 차출받으려던 최초의 계획과는 달리 실제로는 8개 초 800여 명의 병력으로 증가했다. 이후 1879년 총융청에 소속된 북한산성의 경리청에서도 병력을 차출해 오는 등 전력이 무위소로 집중되었기 때문이었다.

이러한 조치는 기존 군영은 물론 지방군의 약화를 야기함과 동시에 축출된 흥선대원군 세력이 포진했던 무관 세력들을 국왕의 친위세력으로 교체하는 것과도 연관이 있었다. 이를 통해 국왕이 군대를 실질적으로 장악할 수 있었으며, 명실상부한 군 통수권을 온전히 확보하려는 시도로 볼 수 있었다.

이미 1877년에는 5군영의 체계를 개편해 사실상 무위소에 이들의 상급부대 지위까지 부여된 상황이었다. 뿐만 아니라 각종 군사적 업무는 물론 한성의 성곽 보수 및 경비까지 이들의 손을 거치지 않는 경우가 없을 정도였다. 사실상 대원군 시기 삼군부가 관할하던 모든 군무가 넘어온 셈이었다.

이러한 부작용에도 불구하고 무위소의 증강은 많은 시사점을 남겼다. 이는 곧 단일화된

무위소의 초기 인적 구성

어 영 청 196명(18.0%)
금 위 영 198명(18.3%)
훈련도감 690명(63.7%)

왕실근위대의 등장이었고, 동시에 이들의 상비군화를 통한 전력 강화를 통해 기존의 군영절목에 따른 것들을 혁파하여 군비를 정비하려는 의의가 있었다.

분명 이는 조선군에게 있어서 혁신이나 다름이 없는 사건이었다. 기존까지의 군영별 지역 방어에서 벗어나 단일화된 수도 방어 및 왕실 근위의 개념이 생긴 것이었다. 즉, 군사적인 측면에서 일원화된 부대의 수도 경비 및 왕실 근위 임무는 분명 효율적인 것이었다.

그리하여 무위영으로 확대되기 전인 1880년 기준으로 무위소는 장관 32명, 장교 356명,

콜트 M1874 개틀링 기관총
Colt M1874 Gatling gun .45-70

1876년에 강화도 조약 체결 후, 일본은 조선에 수천 점의 총기를 양도했다. 그중 개틀링(회선포) 한 문과 탄약 2,000발이 포함되어 있었다. 콜트 M1874로 추정되는 이 개틀링은 탄약 문제 등으로 실질적 활용은 어려웠지만 신헌을 비롯한 조선 수뇌부에게 좋은 평가를 받았고, 훗날 M1883 모델을 도입한다.

M1874는 몸체의 상당수를 청동으로 제조하였으며 외부가 육각형으로 가공된 10개의 총열을 가지고 있다. 40발 들이 수직 탄창과 400발들이 드럼 탄창을 사용할 수 있으며 탄종은 .45-70이다. 40파운드 삼각대에 얹어 사용하는 18인치 총열의 '카멜' 버전과 2륜 포가에 얹어 사용하는 32인치 총열 버전 두 가지 모델이 있다. 32인치 버전은 전차(前車)를 함께 제공하였으며, 전차에는 2,000발의 탄약을 실을 수 있다.

병사 3,499명이라는 규모로 성장하였다. 조선 후기 최대 군영이자 왕실 직할 부대였던 훈련도감에 버금가는 규모였던 셈이었다.

아이러니컬하게도 이렇게 거대해진 무위소의 운영비는 강화도 조약의 특혜를 받았다고 볼 수 있었다. 1876년 강화도 조약이 체결되면서 기존 왜관 관련 관례가 폐지되었다. 그 과정에서 동래부가 부담하던 왜관 운영비는 한동안 무위소 운영 자금으로 충당되었다. 동래부 전체 재정 지출의 90%인 38,500석의 세액이 무위소의 자금으로 지급되었던 것이다. 이는 경상좌수영, 경상좌병영, 부산진, 경상감영 등 경상도 주요 군영에 1,500석만 지급된다는 것과 비교했을 때 무려 25배에 달하는 차이를 보일 정도로 우대받았다.

이러한 조치를 통해 일련의 군제 개편을 실시했고, 이는 교련병대 창설 이전까지 나름대로 신식 군제로의 발전을 꾀한 일례라고 볼 수 있는 것이었다. 무위소의 강화와 함께 새로운 군대, 즉 교련병대의 창설 준비도 이루어졌다. 1876년부터 1881년까지 5년의 시간은 신식 군대의 탄생을 위한 밑그림을 그렸다고 볼 수 있었다. 이미 인적 자원은 준비가 되어 있었다.

1876년부터 조선은 해외로 사절단을 파견하며 적지 않은 장교들을 동행시켰는데, 그 과정에서 많은 것들을 배워 왔다. 그중 하나는 전열 보병 전술이었고, 당시 사절단에 속해 있던 장교들은 이후 교련병대, 일명 별기군의 주요 간부로 활동하게 되었다.

홍영식의 경우 일본육군조전이나 일본육군총제를 저술해 고종에게 제출했으며, 이는 일종의 교범처럼 쓰였을 가능성이 컸다. 신식 군대 전술과 교리에 익숙한 인적 자원을 준비시키고, 이들을 중심으로 군대를 개편할 수 있는 준비가 갖춰진 셈이었다.

본격적인 개편 논의는 1879년부터 이루어졌다. 강화도 조약 이후 청의 북양대신 이홍장은 비밀 서한을 조선에 보냈다. 일본을 견제하고 러시아의 남진을 대비하기 위해 서구열강과의 조약을 맺으라는 내용이었다.

그러나 일본의 침략 야욕은 당대까지는 크게 인식되지 못했고, 러시아의 남진 역시 우려되는 상황이 아니었으므로 조약은 고려되지 않았다. 그러나 청의 지원을 받은 군제 개편은 추진되었다. 조선은 1879년 8월, 부사과 이용숙을 청에 파견하여 무기 제조 및 군사훈련에 대한 협조를 구했다.

1880년 천진기기국과 제조국, 군기소 등을 시찰한 후 청과 교섭을 통하여 조선측 인원들의 무기 제조 및 군사교육을 지원받기로 하였고 1881년 9월 26일 영선사가 출발하였으니, 영선사로 파견되었다 돌아온 이들은 후에 조선군에 큰 영향을 끼치게 되었다.

하지만 무기 제조와는 달리, 군사교육에 대해서는 청의 협조를 포기하고 일본과의 협력으로 나아가게 되었다. 이러한 노선의 변경에는 여러가지 이유가 있었지만, 가장 큰 이유로 지목되는 것은 일본이 지속적으로 조선에 제안을 던졌기 때문이었다.

일본은 1876년 강화도 조약부터 1881년 별기군 창설까지 자국의 군사력을 조선에 과시하는 한편, 기회가 있을 때마다 조선의 신식 군대 양성에 도움을 주겠다는 제안을 하고 있었다. 여기에 원한다면 필요로 하는 신식 무기의 공급과 교육 인원을 제공하겠다는 등 부단한 권유가 조선의 협력을 이끌어 냈을 것이다.

이외에도 조선 현지에 파견되어 있는 호리모토 소위를 바로 활용하게 된다면 시간과 자금을 절약할 수 있으며 번거로운 교관 초빙 등의 행정 절차를 거치지 않고도 바로 군사훈련에 임할 수 있다는 것이 큰 이점으로 작용하게 되었다.

일본과 협력하기로 방침이 굳어지자, 1881년 4월 11일 조선은 중앙의 5영에서 뽑은 지원자 중 신체 건강한 80여 명의 병력을 선발했고, 12일부터 제2차 수신사의 일원으로 일본군의 훈련 등을 시찰하고 돌아온 윤웅렬과 김노완의 통솔하에 모화관에서 훈련에 임했다. 이렇게 교련병대의 싹이 움텄으며, 이들은 근대 조선군의 알파이자 오메가였다.

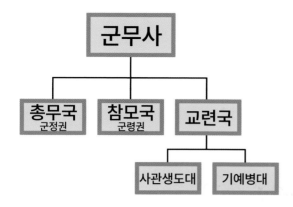

군무사 직제

통리기무아문은 1881년 12개 사를 통폐합해 7개 사로 재정비했다. 군무사는 통폐합 과정에서도 조직을 유지하며 이때 예하에 세 개 국을 두었다.

총무국과 참모국은 각각 군정권과 군령권을 담당했다. 병조의 업무를 이어받은 군무사를 국방부에 대입하자면 총무국은 각군 본부, 참모국은 합동참모본부에 해당한다. 교련국은 교육사령부에 해당하는데, 현대 한국군은 각군별로 교육사령부를 두었지만, 당시 조선 수군이 유명무실했던 점도 있어 군무사 직속으로 운영되었다.

교련병대의 설치와 신식 군사제도의 도입

지난 5년 동안 무위소의 증편과 조선-일본, 조선-청 사이의 교섭을 통하여 신식 군대의 창설이 이루어졌다. 이러한 교련병대 운영을 설명하기에 앞서, 조선의 행정기구에 변화가 있었음을 짚고 넘어가야 할 것이다. 1880년 12월에 설치된 통리기무아문은 조선의 군사 조직은 물론 행정조직의 변화를 가져왔다. 예하에 소속된 12개 사(司)가 기존 육조의 업무를 대신했으며 교련병대의 운용은 군무사에서 담당했다.

군무사는 국방 업무 일체를 담당하는 부서였으나, 이러한 체제가 매우 복잡하기 때문에 예하에 총무국, 교련국, 참모국 3개로 부서를 나누어 업무를 분담하도록 하였다. 간단히 말하자면 총무국은 군내 인사 및 경리 사무를, 참모국은 작전 계획 일체를, 교련국은 생도 및 병사들의 교육을 담당하도록 하였다. 교련병대는 당초 무위소 소속이었으나 이후 군무사가 이들을 관할하도록 하였다.

공식적으로 이들은 군무사 교련국 소속이었으며, 교련병대는 각각 사관생도대와 기예병대로 나뉘어졌다. 이들의 지휘관은 양요를 경험한 지휘관과 신식 군사 교육을 경험했던 이들이었으며, 정령관 한성근, 좌부령관 윤웅렬, 우부령관 김노완 등이 바로 이에 해당되었다.

이들의 군사훈련은 제식훈련과 총기 사용법 등이었다. 기존과는 다른 제식과 새로운 총기 활용이 이루어졌으며, 이들은 화승총부터 퍼거션 캡 소총, 신형 후장식 소총까지 매우 다양한 화기들을 활용하였다.

근대적인 사관생도의 양성 역시 이때 최초로 이루어졌다. 교관 호리모토 소위는 군대의 중추는 장교, 즉 사관에 있으며 보병, 포병, 기병, 공병 등 병과별로 정예한 병사를 양성하기 위해서는 사관 교육이 우선되어야 하며, 그 규모 역시 확장해야 한다고 역설했다. 이에 따라 초기 80명으로 시작한 교련병대는 1881년 9월 20명의 사관생도를 모집하여 교육하게 되었으니, 이들이 사관생도대였다.

사관생도들은 속성반과 정규반으로 나뉘어져 있었으며, 이들은 주로 양반 출신들로 이루어졌다. 속성반은 약 6개월 간의 교육을 거쳤으며 실제로 1881년 9월에 입학한 생도들이 1882년 3월에 장교로 임용되는 등의 성과를 거두기도 하였다. 이들은 종6품에 해당하는 직책을 부여받았고, 점점 숫자가 늘어나 140명까지

조선 최초의 신식군을 흔히 '별기군'이라 칭하지만, 별기군은 원래 훈국(訓局), 즉 훈련도감 소속 정예부대를 가리킨다. 이 신식군의 정식 명칭은 군무사 교련국 소속 교련병대로, 일본 장교에게 교육받았기에 세간에서 '왜별기'라 부른 데에서 별기군이라는 통칭이 유래했다. 임오군란 이후 교련병대는 해산했지만, 병사와 장교는 고스란히 친군영으로 이어졌다.

교련병대 병사

확장되었다.

병사 역시 300명까지 충원되면서 1년이 채 지나지 않아 500여 명에 가까운 병력으로 불어나 있었다. 사관생도 140명과 병사 300여 명으로 구성된 이들은 조선의 근대식 군대의 근간이 될 예정이었으며 다른 부대보다도 특별한 대우를 받고 있었다.

국왕의 관심도 이들에게 집중되었다. 고종은 교련병대의 훈련을 참관한 뒤 무예청 등 각 부대들도 이들처럼 신식 훈련을 받을 수 있도록 지시하였으며, 국왕의 능행을 호위하게 하는 등 왕실의 지원과 관심이 교련병대에 쏟아졌다. 또한 교련병대의 교관 호리모토 소위는 외교 관례를 무시하고 직접 조선군 지휘부와 따로 소통하고 있었고, 국왕 역시 이들의 요구를 가능한 선에서 들어 주고 있었다. 게다가 이들은 당시 가장 많은 급여를 받던 별기군과 동등한 대우를 받았으며, 신식 화기와 제복을 지급받았다. 이러한 특별 대우는 많은 반대를 불러일으키기 충분했다. 특히 다른 군영의 장병들은 확연히 차이나는 급료로 인한 불만이 가득해졌으며, 전통적인 군제에서 벗어난 훈련과 복식은 유생 등 일반 민중들의 반발을 사기에 충분했다. 양반으로 구성된 사관생도들이 교관들의 명령을 잘 따르지 않는 폐단도 있었다.

그럼에도 교련병대의 등장은 조선군에 많은 영향을 끼쳤다. 최초의 근대식 군대이자 다양한 화기를 다룰 수 있는 부대였으며 윤웅렬이 함경도에 부임했을 때 별기군이라는 조직을 신설하여 신식 훈련을 시킨 사례 등을 볼 때 1880년대를 관통하여 중앙군과 지방군의 모델로서 각광을 받았다고 볼 수 있다.

교련병대는 임오군란으로 인하여 해체되기까지 약 14개월에 불과한 짧은 기간 동안만 존속했다. 그럼에도 불구하고 국왕의 비호만이 아니라 임오군란 와중에 잠시 집권한 대원군도 교련병대를 보호하며 훈련도감에 숨겼을 정도로 군사적인 분야에서 큰 의미를 가진 조직이었다.

이후 교련병대는 총융청-친군후영-통위영-신설대로 계보가 이어졌으니, 근대식 군대에 대한 열망과 그 준비가 얼마나 큰 밑바탕이 되었는지 알 수 있는 사례이기도 할 것이다.

군무사가 교련병대를 한참 훈련시키며 근대식 군대의 기간요원들을 양성할 즈음, 조선의 정규부대였던 오군영도 재편을 맞이하였다. 1881년 11월 24일, 통리기무아문 군무사 당상과 총리대신은 군제 개혁에 대한 심도 있는 의논을 거쳐 개편에 나섰다. 전통적인 중앙군을 조금 더 근대화된 형태로 전환하려는 시도였다.

기존 조선군은 중앙군을 오군영이라 하여 5개의 군영으로 나누어 통솔하였으나, 이를 2개

1. 화약 카트리지를 찢어
   장약을 넣는다.

2. 탄알을 넣는다.

3. 꼬질대로 탄을
   밀어넣는다

의 군영으로 통폐합한 것이었다. 무위소와 훈련도감, 금위영, 어영청, 총융청, 용호영, 호위청 등 각종 부대들이 2개의 부대로 통합되었다.

여기서 무위소와 훈련도감, 용호영, 호위청은 대장 이경하가 지휘하는 무위영으로, 금위영과 어영청, 총융청은 대장 신정희가 통솔하는 장어영으로 통합되었다. 전반적인 지휘권은 전통적인 군제와 큰 차이가 없었다. 군영의 최고 지휘관인 대장을 비롯해 중군-별군-초관으로 이어지는 지휘 편제는 그대로 유지하였기 때문이었다. 이러한 개편에는 특별한 계기나 개편의 명분은 필요없었다. 다만 지난 5년여간 일본과 청국에 사절단을 파견하여 군사적 지식을 쌓았고, 근대적 군제를 만들기 위한 일련의 노력들이 양영제 개편이라는 시도를 가져왔을 수도 있을 것이다.

당연히 5개 군영을 2개로 통합하는 데 따른 이점을 예상한 흐름이었다. 국왕을 중심으로 하여 지휘권 통제가 더욱 효율적으로 이루어질 수 있었으며, 장비 및 군수물자 관리 부분에서도 전근대적인 비효율을 타개할 수 있다는 판단을 내렸기 때문이었다.

즉 개항 이후 통리기무아문의 설치로 기존의 행정 체계를 개편함과 동시에 오군영의 양영 개편은 군 통수권의 통일성과 국방 업무의 효율을 증대시키려는 근대적 군대 창설의 목표와도

일맥상통했다.

결론을 내려 보자. 양영제 개편과 교련병대의 창설은 궁극적으로 조선군의 체질을 완전히 개선하는 데 그 목적이 있었다. 개편안은 한성을 방어하는 군대를 3만으로 두고, 이 중 보병 24,000명과 기병과 포병을 각각 3,000명으로 구성하고자 하였다.

기병대의 무장은 마우저와 엔필드 카빈으로, 보병은 3천 정의 후장식 소총과 23,000정의 전장식 퍼거션 캡 소총을 사용하는 것으로 규정하였다. 포병은 크루프 2파운드, 4파운드 야포를 각각 18문씩 도입하여 무장할 것을 구상했다. 이러한 무기 도입 비용으로만 221,000냥을 사용하고자 하였으니, 조선군을 완전히 바꾸고자 하는 자체적인 시도였던 셈이었다.

그러나 실제로 이는 이루어지지 못했고, 또 양영제의 개편에 효율이 있었는지는 불분명하였다. 양영제를 선포한 지 1년이 채 지나지 않아 임오군란으로 양영제가 폐지되고, 다시 오군영 체제로 되돌아왔기 때문이었다. 이후 단일화된 군 통수권을 구축하려는 시도는 계속되었으나, 임오군란과 갑신정변의 여파로 군대에 대한 국가의 통제력이 1880년대에 약화되면서 실패하였다.

조선이 자체적인 군제 개편과 군비 증강에 다시 나서려면 앞으로 7~8년이라는 시간이 더

4. 용두를 젖힌 뒤 동화모를 끼운다.

5. 겨냥한 뒤 사격한다.

**퍼커션 캡 소총의
사격 순서**

걸리게 될 것이었다. 그리고 그 시간은 자국의 군대가 외세에 의하여 통제되는 매우 고통스럽고 동시에 미약한 군대로 전락할 수밖에 없는 흐름이기도 하였다.

동아시아 국제 무기 시장의 형성과 청, 일본의 내전

19세기는 벨 에포크 시대였고, 동시에 총기의 개발은 그 어느 순간보다도 폭발적으로 이루어졌다. 그동안 수 세기 동안 전장에 등장했던 수석식 총기들은 이 시기에 들어서서 뇌관식 소총으로, 활강식에서 라이플로, 전장식에서 후장식으로 재빠르게 넘어가기 시작했다.

각종 전쟁으로 인한 무기 개발의 촉진, 그리고 산업혁명의 역량은 전장의 규모를 확대시켰다. 곧 막대한 물량을 소비하는 전쟁, 즉 근대적인 전쟁 양상으로 나아갔다. 이러한 과정에서 대량으로 생산된 총기, 기술 혁신은 무기의 교체를 매우 빠르게 유도하였다.

이러한 과정에서 교체된 총기들 역시 새로운 시장이 필요했다. 열강의 군대에서 도태된 장비들은 여전히 재래식 장비를 활용하던 국가들에게는 아직 쓸모가 많은 장비였고, 그 중 한 지역이 바로 아시아와 아프리카 등지였다.

한 예로 프랑스의 나폴레옹 3세가 국민군을 해체한 이후 이들이 사용하던 머스킷 60만 정이 상인들에게 불하되어 아프리카로 유입되었고, 영국군에서 도태된 31만 여 정의 구식 총기 역시 남아프리카 일대에 유입된 것은 우연이 아니었다.

동아시아의 국제 병기 시장 역시 전쟁으로 인한 수요로 인해 활성화되었다. 동아시아 국가 중 가장 거대했던 청은 아편전쟁과 태평천국과의 내전을 기점으로 서구로부터 군수물자들을 도입하기 시작했다.

일련의 전쟁 중 특히 가장 충격을 준 태평천국 운동의 경우 청군과 태평천국군 양측 모두 재래식 병기와 신식 병기를 총동원하여 전쟁을 치뤘다. 전쟁 초기에는 기존에 보유한 화승총과 구식 화포, 그리고 냉병기를 주로 활용했으나 시간이 지나면서 서양으로부터 막대한 물자를 도입하기 시작했다.

1854~1856년 사이 증국번의 군대가 구매한 신식 총기와 대포는 1,800여 문에 달했으며, 상군의 함대는 200여 문의 함포로 무장하고 있다는 1857년의 기록이 존재한다.

태평천국군 역시 서구식 장비들을 도입하는 데 혈안이 되어 있었다. 강소성과 복건성의 태평천국군은 3만 정의 서양식 총기를 보유했다는 것을 볼 때, 전쟁 말기로 갈수록 양측 모두 서양으로부터 다수의 군수물자를 도입했다고 볼 수 있다.

물론 이들이 도입한 병기들은 서양에서 도태되거나 일선에서 밀려난 것들이 대부분이었지만, 그럼에도 불구하고 재래식 병기를 밀어내기에는 충분한 성능이었다.

그렇다면 과연 청은 어떠한 방법으로 무기 거래를 시도했을까? 주로 이러한 무기 도입 계약은 상해와 홍콩 등 개항지의 양행을 통해 이루어졌고, 싱가포르에서 병기가 집하되어 중국 남부 항구 일대로 배송되었다. 그리고 상인들은 청군과 태평천국군을 가리지 않고 무기 거래를 시도했다.

심지어 태평천국의 수도였던 남경 교외에 직접 유럽 상인들이 들어가 판매하기도 했으며, 1862년 한 해에만 3,000여 문의 각종 화포가 싱가포르를 통해 상해로 유입되어 청군과 태평천국군 양측에서 사용되고 또 소모되어 갔다.

태평천국과의 전쟁에서 청은 단순히 무기 구매만 진행한 것은 아니었다. 이미 1864년 이홍장의 회군은 15,000정에 달하는 신식 총기를 받아들였고, 이는 자체적인 탄약 조달 필요성을 만들었다.

이미 1863년 강소성과 절강성의 주요 도시들을 청군이 수복하고 있었으며 회군 역시 5만

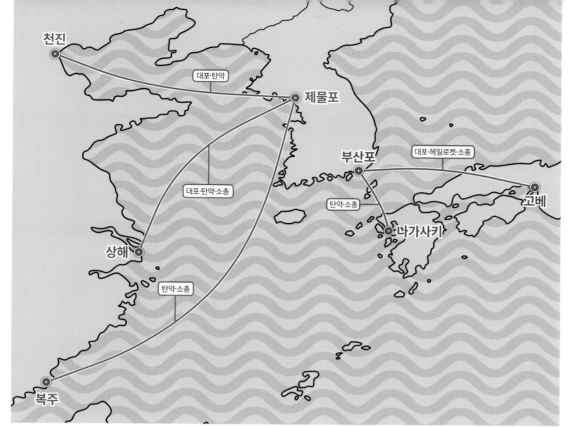

동아시아의 군수품 시장은 주로 청과 일본의 항구들을 중심으로 형성되었다. 1850년대 태평천국운동으로 서양제 무기 구매시장이 항구에서 조성된 청나라와 각 번을 중심으로 군수품을 구매하던 일본의 항구들에서는 상당량의 무기들이 거래되었다. 이러한 시장의 형성은 후발주자인 조선이 1870년대부터 서양제 중고무기를 구매하는 거래처가 되었다. 대포는 주로 천진과 상해 등지에서, 소총은 나가사키와 고베 등지에서 구매하였다.

에 달하는 병력으로 성장해 있었다. 청은 이들에게 병기를 지급하고 군수물자를 원활히 공급해야 했다.

따라서 1863년부터 상해와 소주에 무기 제조창이 건설되었고, 태평천국을 제압한 직후에는 남경에도 추가되었다. 이러한 무기 제조창은 근대적 군수물자를 생산했으며, 군사적 근대화에 직결된다는 것이 드러났다.

일본 역시 전쟁을 통해 국제 병기 시장에 편입되었다. 18세기 후반부터 러시아가 남하하고 흑선들이 등장하자 외세에 의한 위협으로 인식되었고, 그 대응 방안이 계속해서 논의되고 있었다. 1830년대부터 서양식 총기를 수입한 일본의 각 번들은 자체적인 총기 제작소를 설치하는 등 자체적인 노력을 기울였으나, 이들 역시 내전이라는 소용돌이에 휘말리자 해외로부터의 무기 도입은 선택이 아닌 필수가 되었다.

1868년 막부와 신정부 사이에 벌어진 보신전쟁은 일본의 각 항구에 막대한 규모의 군수품이 들어오게 만드는 결정적인 원인이 되었다. 막부와 신정부 양측 모두 자체적인 총기 제작소와 탄약공장이 있었으나 내전을 치를 만큼 충분하지 못했다.

그 결과 나가사키, 요코하마, 오사카 등지에서 무려 15만 정의 총기를 도입하게 되었으며, 오사카의 경우 전체 수입 금액의 20%가 무기와 군수품으로 채워졌다는 것은 해외 상인들에게 있어 매우 고무적인 일이었다.

일본의 주요 수입처는 주로 중국을 거쳐 오는 것으로, 홍콩과 상해 그리고 닝보 등 청의 개항지를 거쳐 수입되는 중고 무기와 탄약을 받아들이는 것이 일반적이었다. 직접 서양으로부터 최신 화기들을 들여오는 방법도 있었으나, 이는 시간이 너무 오래 걸린다는 문제가 있었다. 1866년에 주문한 막부의 최신 화기들이 1868년 5월에서야 도착하였는데 이미 보신전쟁이 한참 치열하게 전개되고 있던 시점이었다. 시시각각 전황이 바뀌는 상황에서 이러한 배송 지연은 매우 심각한 위협이었고, 막부와 신정부 모두 당장 활용할 수 있는 중고 무기들이 더 필요할 수밖에 없었다.

이처럼 청과 일본의 내전에 따른 국제 무기 시장은 일종의 네트워크를 형성하고 있었다. 청의 개항 이후 상해나 홍콩 등에 진출한 서양 상

패턴 1853 엔필드 / 총검
Pattern 1853 Enfield / Yatagan style bayonet

P1853 엔필드 머스킷은 영국의 엔필드 조병창에서 생산되었으며, 미니에 탄환을 쓰는 대표적인 소총 중 하나이다. 1853년 영국군이 제식으로 채용한 뒤 크림전쟁부터 남북전쟁, 무진전쟁에 이르기까지 각국에서 널리 사용된 소총이며, 격발 방식은 퍼거션 캡을 채용하였으며, 이후 트랩도어 방식인 스나이더 엔필드로 개조되었다. 조선은 이 소총을 중곡과 일본을 통해 공여 내지 구매하였다. 특히 내전이 끝난 일본에서는 24달러에 달했던 엔필드 소총 가격이 6달러까지 떨어지면서 구매가 간편한 편이기도 하였다.

하단의 검은 2008~2009년 연간 동대문운동장 발굴조사 중 발굴된 야타간식 검의 재현도이다. 동대문운동장은 구하도감(下都監)터로, 교련병대 주둔지로 사용되었다. 2021년 6월 23일 문화재청은 이 검이 19세기에 서양에서 제작된 총검이라고 발표했다. 통상 총검은 총기와 함께 도입되는 경우가 많았고, 마침 야타간 총검은 이 당시 마티니 헨리와 피바디 마티니 소총에서도 사용하던 종류였다. 이러한 총검이 정확히 언제, 얼마나 많이 들어왔는지는 불분명하지만, 근대식 화기의 도입이 조선에서 어떻게 이루어졌는지를 추정할 수 있는 중요한 유물이다.

인들은 일본의 개항 이후 나가사키와 요코하마 등을 앞 다투어 개척하기 시작했다. 동아시아 국제 무기 시장 역시 이러한 과정에서 자연스럽게 형성되었다고 보는 것이 옳을 것이다.

이러한 무기 시장이 형성되는 데 가장 큰 영향을 준 사건은 미국의 남북전쟁이었다. 1861년~1864년의 전쟁에서 초기 북군과 남군을 합쳐 60만 정의 소총을 보유했다고 알려졌으나, 전쟁 말기에 다다르자 엄청난 양의 총기를 수입 및 생산해 보유했다.

유럽 열강의 재고 총기 처리가 여기서 이루어졌고, 특히 북군에 비해 산업 역량이 모자랐던 남군의 총기 수입량은 폭발적이었다. 남군의 경우 상당히 심각한 무기 부족 문제가 벌어지고 있었다.

남북전쟁이 후기로 접어들던 1863년 8월 18일을 기준으로, 남군의 주요 병기창은 텍사스에 4곳이 존재했으며 이곳에서는 1달 평균 800정의 소총을 생산할 수 있었으나, 이는 전선 전체게 지급할 물량으로는 턱없이 부족했다.

그나마 1861년 버지니아 주의 미 연방군 하퍼스 페리 조병창을 장악하면서 다수의 화기와 소총 제작 기계를 확보하였으나 그럼에도 물자가 모자랐다. 토마스 잭슨 장군이 로버트 리 장군에게 보병용 장창을 지급하는 것을 허용해

달라고 한 에피소드 역시 소총의 부족 문제에서 기인한 것이었다.

따라서 남군은 멕시코를 통해 최신 엔필드 소총인 P1853을 비롯하여 각종 신형/구형 화기를 영국으로부터 약 107만 정 가까이 구매했고, 프랑스 역시 크림전쟁 이후 과잉 생산된 총기들을 남군에 팔았다.

북군 역시 총기 수입을 시작했으나 공업 지대가 몰려 있던 덕분에 자체적으로 생산한 소총들로 무장할 수 있었다. 북군의 주요 병기창은 스프링필드 공장이었는데, 이곳은 1861년 하루 500정의 소총을 생산하였으나 1862년, 1863년 2년 동안은 하루 1,000정의 소총을 생산했다. 북군은 전쟁의 막바지인 1864년에는 매일 2,000정의 소총을 생산하면서 총 400만정에 달하는 소총을 자체 조달하는 데 성공했다. 이중 100만 정이 스프링필드 소총들이었다.

전쟁이 끝나자 남북전쟁 때 쓰였던 각종 화기들은 더 이상 활용 가치가 없었다. 이에 따라 1865년부터 미 정부는 250만 정의 소총을 중고로 매각했으며, 이외에도 피복 및 군수품을 경매로 판매했다.

남북전쟁의 여파는 비단 미국의 통합만이 아니라, 국제적으로 미국발 중고 무기 시장을 활성시키는데 이바지했다. 세계 총기 시장의 중

심지가 유럽에서 미국으로 이동하는 순간이기도 하였다.

미국은 해외에서 수입했던 영국제, 프랑스제 병기는 물론 자국에서 생산한 물자도 판매되었다. 이러한 무기의 수입을 가장 많이 받아들인 나라는 바로 일본이었다. 일선에서 밀려난 중고 화기들이지만 군비 증강을 위해 혈안이 되어 있던 일본 등 아시아 국가들에게 있어서는 귀중한 장비들이었다.

그리고 조선 역시 청과 일본이 포함된 국제 무기 시장에 서서히 편입되기 시작했으니, 이것이 바로 근대식 병기와의 첫 만남이었던 셈이다.

조선의 개항과 국제 무기 시장으로의 편입

조선의 개항은 필연적으로 국제 무기 시장의 편입으로 이어졌다. 이때부터는 정말 다수의 총기들이 시장에 범람하기 시작했고, 개항 이후 전반적으로 군을 개편할 필요성을 느끼기 시작하면서 수요와 공급이 충족되었다. 특히 이웃국가인 청과 일본이라는 시장의 역할은 굉장히 컸다.

흔히 말하는 구한말 군사사에 대한 레퍼토리 중 하나인, '잡다한 총기를 많이 사서 군수일원화가 이루어지지 못했다'는 담론이 바로 이런 점에서 기원했을 것이다. 그러나 생각보다 재밌는 점은 조선 정부는 이미 1880년부터 제식 화기 선정에 대한 고민을 하고 있었으며, 이를 테스트하고 충족시키기 위해 여러 가지 병기의 도입을 진행했다는 점이다.

이렇듯 서구의 상인들에게 있어 아시아는 큰 무기 시장이었다. 청과 일본은 물론 조선도 뇌관식 격발장치를 활용한 소총이 많은 장점을 가진 것을 인식하고 있었다. 하지만 뇌홍의 강력한 폭발력을 억제하는 기술의 개발은 더뎠고, 이러한 문제를 해결하려면 서양제 중고 무기에 의존할 수밖에 없었다.

일본은 1863~1869년까지 5개 무역항에서 56만 정의 화기가 도입되었을 정도로 많은 물량이 들어와 있었고, 청 역시 상해의 무기 시장 및 자체적인 군수공장을 운영하는 등 이웃 국가들의 국제 무기 시장 편입은 것은 조선 역시 이들을 통해 나름의 혜택을 볼 수 있었다는 의미이기도 했다.

게다가 전란이 끝난 청과 일본의 무기 수요가 줄어들면서 가격 하락도 이루어진 것은 더욱 매력적인 요소였다. 새로운 군대와 신식 무기 도입에 대한 열망이 강했던 조선에게 있어, 가까운 시장에서 싸고 많은 물량을 공급받을 수 있음을 의미했기 때문이었다.

이에 따라 일본과의 무기 거래가 활발해지기 시작했다. 1878년 5월 요코하마 마이니치 신문에 따르면, 고베에 체류하는 조선인들이 일본 상인들로부터 17,000정의 소총을 구매해 왔으며 조선 관리들도 총기 구매차 체류 중이라고 언급하고 있었다. 조선의 개항지인 제물포에서도 상당히 많은 무기 거래가 이루어졌다. 1884년 기준으로 전체 물자 수입량 중 3번째로 많이 들어온 것이 소총과 뇌관, 탄약류였다는 사실은 조선 내 개항지를 중심으로 한 거래량이 많았다는 것을 의미한다.

일본 내의 소총 가격은 굉장히 떨어져 있었다. 1정당 24달러 가량을 호가하던 엔필드 소총은 내전 직후 6달러 정도에 거래되고 있었고, 퍼거션 캡 소총은 아예 박스 단위로 불하되어 외국인들에게 판매되고 있었다.

대포 역시 나가사키를 통해 공급되었다. 일본 상인들은 내전 이후 불하받은 야포들을 부산의 왜관을 통해 판매하고자 하였다. 전장식 암스트롱 야포 혹은 일본제 4근 야포 및 산포들이 주요 상품이었다.

이를 판매하기 위해 왜관에서는 조선측 통역관을 대동하여 4근 야포와 산포 6문의 시험 사격을 한 적이 있었고, 약 100여 명의 조선인들이 참관하였다는 기록이 남아 있다.

가격은 산포 1문당 70엔, 탄약은 1발당 75 전을 받고 조선측에 판매되었으며 탄약의 대부분은 유산탄이었다. 소총이 고베를 통해 판매되었다면, 일본제 대포들은 나가사키를 거쳐 왜관을 통해 판매된 셈이었다.

이렇듯 개인화기뿐만 아니라 대포와 같은 일부 중화기들도 상인들의 손을 거쳐 판매되는 것을 우려한 일본 정부는 도쿄와 오사카 등지에 포고령을 내려 '미니에 총 및 병기류의 외국인 매도를 개항장에서 엄중 관리' 하도록 경고할 지경이었다.

그럼에도 불구하고, 일본의 무기 상인들은 고베와 나가사키 등지에서 조선 정부가 요구하는 군수물자를 공급했다. 대부분은 중고 무기였으나 나름 새로운 무기들, 특히 후장식 소총이 조선에 유입되기 시작했다. 그리고 이러한 무기들의 대부분은 중앙군뿐만 아니라 지방군을 재무장하는 데도 많은 도움을 주었다.

1873년에도 조선인들이 총기를 구매하기 위해 일본 육군성에 회신을 보내는 일이 있었을 뿐더러, 초량 왜관에 조선인들이 주문한 칠런단총, 즉 스펜서 소총과 탄약이 들어왔다는 문서도 남아 있다. 이렇듯 무기 공급은 단순히 국가 대 국가만이 아니라 지방 정부와 개인 상인 혹은 상회 사이에서도 이루어졌다.

무기 거래를 하는 보따리상들이 내륙까지 들어가 조선의 지방 관리들과 거래했고, 주로 이러한 거래는 어음과 현물로 대금을 지불했다. 이는 1870년대를 거쳐 1890년대까지 이어지는 방법이었으며 실제 1896년에는 이러한 기록이 존재했다.

–현재 대구에서도 경계를 매우 엄하게 하여 남자의 야간통행을 금하고 감영 소속의 병사는 매일 조련을 한다. 4, 5년 전 이 항구에 있는 일본 상인의 손을 거쳐 東京大倉組에서 구입한 600정의 소총으로 30間 정도의 거리에 사방 1間 정도의 표적을 세우고, 첫날에 여기에 명중시킨 병사 1명을 즉시 등용하여 先達 벼슬을 주어 다른 병사를 크게 고무시켰다고 한다. 이 소총 중에 점화구가 녹슬어 발화되지 않는 것은 화승총으로 개조한 것도 적지 않다고 한다.–

대구 감영의 지방군이 을미의병과 싸우기 위해 일본 상인으로부터 전장식 소총을 구매하여 무장했다는 내용이다. 즉 조선이라는 무기 시장은 중앙과 지방 모두가 신식 무기로 무장하기를 갈망하는 곳이었으며, 적지 않은 이득을 볼 수 있는 지역이기도 하였다.

한편 일본 정부는 국가 대 국가로서 조선에 대한 무기 시장 확대를 위해 많은 공을 들여왔다. 조선이 새로 창설할 군대가 일본제 무기

구포
Mortar

1879년 조선이 일본 상인을 통해 구입한 구포는 Coehorn M.1841 박격포로 추정된다. 코온 박격포는 19세기 중반 미국에서 제작한 활강식 청동제 박격포로, 4명이 운반하여 방열하도록 만들었지만, 최소 두 명으로도 운용할 수 있었다. 12파운드와 24파운드 두 가지 모델이 있었다.

이 박격포는 남북전쟁 동안 북군에서 운용하였으며, 이후 일본에 건너가 보신 전쟁 당시 사용된 바 있다. 일본군은 이 포를 육군 진대마다 4문씩 배치했으나 얼마 안가 대부분의 장비가 퇴역했다. 조선에 중고로 판매된 구포도 이때 퇴역하여 민간 업자에게 넘겨진 물품으로 추정된다.

와 군수지원을 받게 된다면 큰 이득은 물론 영향력을 행사할 수 있을 것이라는 계산에 따른 것이었다.

그러한 노력 중 하나가 구포와 로켓 등 중화기를 조선군이 구매해 올 때였다. 1879년 조선군은 일본측 상회를 통하여 2문의 구포, 즉 박격포를 구매했으나 이를 사용하는 방법을 알지 못해 일본 해군의 도움을 받은 바가 있었다. 일본 해군은 부산에 정박하던 제2정묘함을 통해 조선군에게 구포 사용법을 전수하는 한편, 방문한 조선측 관리들에게 헤일 로켓을 선보이는 일이 있었다.

콩그리브 로켓을 개량한 24파운드 헤일 로켓은 남북전쟁 당시 북군, 특히 해군에서 사용했었던 장비였고 내전 종결 직후 일본에 판매된 무기 중 하나이기도 하였다. 일본 해군의 시연 사격에 매료된 조선측 관리들은 해당 로켓에 대한 구매 의사를 밝혔다. 이에 일본 해군은 2발의 로켓을 무료로 제공했고, 이것은 그대로 수도 한성으로 들어가 선을 보이기도 하였다.

실제로 일본이 제공한 개틀링과 더불어 1879년과 1880년 헤일 로켓의 사격 시험을 선보였던 기록이 남은 것으로 보아 일본 해군으로부터 제공받은 2발 이외에도 수 발을 추가로 구매했었던 것으로 추정된다. 조선군은 헤일 로켓을 함께 구매했던 구포와 더불어 무위소에서 관리

하도록 했고, 鐵火箭肆筒으로 명명하였다.

이외에도 일본은 개항기 조선의 무기 시장을 열기 위해서 수많은 시도를 하고 있었다. 1880년 7월 21일자 요미우리신문에서는 다음과 같이 이야기하였다.

－이번에 조선 정부에서 육군포병공창(陸軍砲兵工廠)에 후장총(後裝銃) 1만 정(挺)을 주문하여 그 공장에서는 이달 중 완성하여 인도하려고 관계자들이 한층 열심히 일하고 있다 한다.－

그러나 실제 조선 정부는 일본으로부터 후장식 소총 1만 정, 즉 무라타 13년식을 주문한 바가 없었다. 즉 일본 정부는 언론을 통하여 조선이 자국 병기를 대량으로 구매할 것처럼 여론을 조성하고자 한 셈이었다. 게다가 조선은 무라타 13년식보다는 좀 더 나은 체계의 화기를 구매하고자 구상하고 있었다.

자국산 병기를 판매하고 싶은 일본의 의중과는 달리 조선은 중고 화기들에 대한 구매를 요청했다. 임오군란 직전까지 조선이 가장 기대한 화기는 일본에서 중고로 판매한 레밍턴 롤링블럭 소총 978정이었다. 원래는 1883년에 구매한 것으로 알려졌으나 실제로는 2년 앞선 1881년에 일본을 통해 조선군이 지급받을 수 있었다.

레밍턴 롤링블럭 소총들의 도입 역시 꽤나

헤일 로켓
Hale Rocket

콩그리브 로켓은 탄도 안정화 및 발사대 거치를 위해 기다란 막대기를 달았다. 그럼에도 불구하고 콩그리브의 명중률은 매우 나빴고, 막대기의 존재 자체가 다루기 거추장스러웠다. 영국 발명가 윌리엄 헤일은 가이드 스틱 없이도 안정적으로 날아가는 로켓을 만들기 위해 노즐을 개량했고, 연소 가스가 나선형 노즐을 타고 배출되어 비행중인 탄을 회전시켰고, 덕분에 비행 안정성을 얻을 수 있었다.

24파운드 헤일 로켓 역시 남북전쟁 이후 일본 해군에 잉여 장비로 판매되었으며, 조선에 다시 중고로 판매되었다. 이 로켓은 무위소에서 철화전사통(鐵火箭肆筒)으로 표기하여 관리한 바 있다.

긴 이야기를 가지고 있었다. 원래 스페인은 43구경 버전의 레밍턴 소총들을 주문해 1869년부터 1873년에 걸쳐 총 9만 정을 공급받기로 했다.

그러나 계약한 물량이 필요한 소총 숫자보다 많아 5,500정이 주인을 잃었다. 이러한 주인 잃은 소총 중 2,400정을 일본이 구매했으며 이외에도 스웨덴이 주문한 12.11mm 버전도 역시 도입하였다.

일본은 스페인 버전 43구경 레밍턴 소총들을 스웨덴 버전의 12.11mm로 개량해 달라 요청했다. 이에 잉여 무기 처리를 위해 스페인이 이를 들어 주면서 2,400정의 레밍턴 소총이 일본에 공급된 것이었다. 그리고 이 중 978정이 조선으로 다시 유입되었고, 차후 교련병대를 중심으로 확장될 중앙군에게 지급할 물자로서 비축했을 것이다. 그리고 이 소총은 불과 4~5년 뒤 조선군의 제식 화기로 사용되었으니, 1881년의 도입 이야기는 매우 흥미로운 부분이기도 하다.

결국 1876년 개항 이후, 중앙이든 지방이든 어느 순간부터 조선의 병영과 무기고에는 총

기와 탄약이 가득 실린 나무 상자들이 들어차기 시작했다. 이 모든 것은 상인들의 활동, 특히 일본 상인들의 활약이 컸다고 볼 수 있다.

한편 소총과 달리 대포들의 경우 청의 상해와 홍콩을 통해 거래되었다. 태평천국과 염군의 난이 제압된 직후 잉여 생산된 대포들이 조선으로 유입되었고, 심지어 영국제 대포들도 중고 거래로 들여올 수 있었다.

흥미롭게도 조선에서는 이러한 서양식 중고 화포들을 통틀어 모두 홍이포라고 불렀다. 그 덕분에 현재 남아 있는 유물 중에는 홍이포의 이름을 달고 있는 영국제 화포도 있고 기원을 알 수 없는 화포들도 상당량 존재하고 있다.

이렇듯 조선이라는 시장은 청과 일본에게 있어 자신들이 구매한 중고 무기를 다시 판매할 수 있는 중요한 시장이었다. 조선은 새로운 무기를 구매하기보다는 중고 무기에 더 많은 관심을 보였고, 청과 일본이라는 거대한 무기 시장이자 생산국이 바로 옆에 존재했기에 이들의 영향을 크게 받을 수밖에 없었다.

줄루 전쟁과 마티니-헨리의 도입

일본제 중고 무기들이 개항지를 통해 유입될 즈음, 청은 조선에 새로운 서양식 소총을 선보였으니, 그것은 바로 마티니 헨리 소총이었다. 이것이 조선에 들어오게 된 이유는 상당히 흥미로운데, 단순히 신식 소총이라는 정보 하나로만 들어온 게 아니었으며, 오히려 꽤 유명세를 타고 들어왔다. 바로 줄루 전쟁의 여파였다.

1879년에 터진 줄루 전쟁의 소식은 청에도 들어왔고, 새롭게 군대를 개편할 필요성을 느낀 사천성 관료들이 다시 기기국을 열어 저 소총들을 생산해 내기 시작했다. 그 과정에서 조선에도 일부 물량이 도입되어 이후 보부상들에게 지급되었지만, 당시에는 교련병대에 지급하기 위해 1,000여 정을 구매한 것으로 추정된다. 그러나 정작 교련병대에게 해당 소총은 지급되지 못했고, 이후 보부상들이 이를 지급받아 사용한 기록

이 남아 있다.

그렇다면 하필 사천성에서 마티니 헨리를 구매한 이유가 무엇이냐는 궁금증이 있을 수도 있다. 이를 알아 보기 위해선 당시 청에 늘어나고 있던 무기 제조 시설들에 대한 이야기를 꺼내야 할 것이다.

당시 사천성에서 군대를 양성하던 지역 관리들에게는 큰 고민거리가 한 가지 있었다. 바로 병력의 숫자는 늘어나지만 지급할 화기가 부족했던 것이었다. 당시 동아시아 대형 항구 중 하나였던 상해를 통해 무기들을 구매해야 했는데, 유지보수가 어려워 총기가 고장나면 수리할 부품이나 기술자가 없어 그대로 폐품으로 전락한다는 고충을 겪고 있었다.

고칠 수 있더라도 상해의 기술자나 외국인들의 도움을 받아야만 했고, 이러한 상황을 타

마티니-헨리 소총
Martini-Henry

조선이 사용한 마티니 헨리 소총에 대한 첫 기록은 임오군란 직후에 나타난다. 퍼시벌 로웰이 저술한 "A Korean Coup d'Etat The Atlantic Monthly"에서 나오며, 민영익이 동원한 보부상의 무장으로 기록되어 있다. 이 총이 어떻게 조선에 들어왔는지는 불분명하다. 다만 1878년 세워진 사천기기국이 생산한 것이 마티니 헨리 소총이었다. 또한 조선에 제공된 엔필드 소총 역시 같은 공장에서 제작된 것을 감안할 때, 아마도 사천기기국에서 공급된 것으로 추정된다. 이후 이 마티니 헨리 소총들은 등장하지 않았다가, 1893년 봄, 강화도의 전등사에 방문한 영국 공사 John Wyers에 의하여 사용가능한 상태로 보관되어 있다는 기록이 재등장한다.

개하기 위해 현지에 기기국을 세울 준비를 하던 중이었다. 1878년에 세워진 사천기기국은 1년 만인 1879년에 문을 닫았지만, 바로 1년 뒤인 1880년 5월에 다시 총기를 생산하기 시작했으니, 그것이 바로 마티니 헨리 소총들이었다.

사천성에서의 무기 생산은 조선에게는 희소식이었다. 마티니 헨리만이 아니라 교련병대에 지급된 영국산 엔필드 소총도 사천기기국에서 생산했기 때문이었다. 당시 조선의 군비 증강에 대해서 조-청간의 교류도 상당히 이루어졌고, 청의 지원을 받아 군대를 무장시킬 무기들도 알아보고 있었다. 가능하다면 비교적 가까운 청국을 통해 무기와 탄약, 부품 등을 구매할 수 있다는 강점에 주목한 것이었다.

한편 이제 갓 개항의 바다에 첫 발을 내딘 조선이 어떻게 이역만리에서 벌어진 줄루 전쟁 소식을 접했는가에 대해서는 의문이 있을 수 있다. 매우 의외지만 조선은 개항 이후 해외 사정에 대해서 어느 정도는 알고 있었다. 이는 중국이나 일본을 통해서 접하는 정보도 많았거니와, 개항지를 통한 정탐도 이루어지고 있어서 위정자들에게 대외 첩보가 상당수 들어오고 있었다.

즉 단순히 무기에 불과한 마티니 헨리 소총이 조선에 들어올 수 있었던 것은 결국 개항의 영향이 얼마나 큰 역할을 했는지 증명하는 것이기도 했다. 이는 청국의 영향도 있지만 국제적인 영향도 매우 컸다. 아프리카에서 호전적인 줄루족을 영국군이 이 소총으로 격파했다는 소문은 홍콩과 상해를 거쳐 아시아에까지 돌았고, 조선 역시 이 연쇄작용에서 벗어나기 어려웠을 것이다.

이렇게 도입된 마티니 헨리 소총들은 잠시 동안 사용되었다가 80년대 초반 이후로는 서서히 자취를 감추었다. 그 이유는 청국에서 제조한 총기의 질이 너무 뒤떨어졌기 때문이었다. 실제로 1888년 사천 총독이 사천기기국에서 생산한 무기를 더 이상 구매하지 않고 상해의 국제 무기 시장에서 도입한 해외 무기들을 선택한 이유도 다른 것이 아니었다.

청의 뒤떨어진 기술 숙련도로 인하여 후장식 소총의 오발 사고가 잦았고, 내부 부품 제조 능력이 부족해 상해에서 또다시 선반기기나 소총 공작 기계를 들여왔으나 정작 정밀 기계들을 분실하는 등 운용과 관리에 문제를 보였기 때문이었다.

군수물자의 보급이 용이할 때에는 충분히 활용할 가치가 있었지만, 사천성 총독조차도 사천기기국의 생산품을 사용하지 않는다는 것은 조선에게도 이를 쉽게 포기할 이유를 만들어 주었다. 자연스럽게 부품 및 유지보수가 어려워지기 시작했고, 더 진보된 소총들 혹은 유지보수가 쉬운 소총들이 공급되면서 서서히 무기고 한편으로 사라지는 운명을 맞이한 것이다.

이후 이 소총들은 1894년 경복궁 쿠데타 당시 일본군의 조선측 무기 노획 기록에 잠시 등장한 것을 끝으로 조선에서 더 이상 모습을 보이지 못했다. 마티니 헨리의 도입과 퇴역은 당시 조선의 무기 도입사가 세계사와 어떠한 방식으로든 연결되었음을 반증하는 것이기도 했다.

이러한 마티니 헨리 소총과는 달리 스나이더 엔필드는 꽤 오랜 기간 동안 살아남았다. 교련병대의 제식 화기였던 스나이더 엔필드 소총은 무려 1894년 동학농민운동 당시 일부 조선군의 제식 화기로 쓸 정도로 오래 사용되었다. 스나이더 엔필드의 탄약과 부품은 청과 일본으로부터 상당량을 공급받을 수 있었기 때문이었다.

조선의 자체적인 무기 생산 시도

청과 일본으로부터 다양한, 그리고 많은 무기들을 구매하면서 조선은 서서히 제식 무기에 대한 고민을 정리하고 스스로 무기를 제작해야 한다는 구상에 이르렀다. 조선이 낙점한 제식 무기는 일본으로부터 구매했던 978정의 레밍턴 롤링블럭이었다.

마티니 헨리 소총도 나쁜 선택지는 아니었으나, 조선의 관심은 레밍턴에 집중되었다. 한성순보에서도 미국제 레밍턴 소총 및 탄약들이 청에서 실려오는 것을 따로 보도할 정도로 관심이 많았고, 일본에서 구매해 온 중고 레밍턴들도 꽤 평가가 좋았다는 것이 그 이유였다.

마침 청에서도 레밍턴을 생산하기 시작했고, 이러한 준비에 발맞춰 천진의 기기창으로 조선인 유학생 38명이 파견되었다. 김윤식이 담당한 이들은 다양한 인원으로 구성되었으나, 대체적으로 무기 장인 출신이 절반, 어린 서생이 절반이었다고 보고되었다.

가장 기대한 것은 서북에서 선발한 10여 명의 기술자들이었다. 김윤식이 육로로 천진을 향해 가던 중 철산과 의주 등지에서 뽑은 이들이었다. 대원군 시기 주요 요충지로 분류된 서북 지역에는 유능한 무기 장인들이 존재했고, 이들을 특채했던 것이었다.

그러나 50여 일 간의 육로여행 끝에 천진에 도착한 유학생들은 난관을 맞이했으니, 그것은 다름 아닌 신식 기술과 지식에 대한 이해도 부족이었다. 이는 특히 학생들에게 심각한 문제로 다가왔다.

당시 천진기기국에서 생산하던 레밍턴 롤링블럭 소총만 하더라도 조선에서 생산하던 전장식 소총과는 차원이 다른 공정을 가지고 있었다. 무엇보다도 수작업에 의존하던 조선과는 달리 청의 기기국은 다수의 증기기관과 선반기계를 활용해 무기를 제작하던 점이 충격으로 다가왔던 것이었다.

이러한 점 때문에 학생들은 전혀 이해를 못하겠다며 귀국을 요청할 정도로 문제가 심각했다. 반면 오히려 수작업으로 무기를 제조해 본 경험이 있었던 무기 장인들은 나름대로 적응하면서 청국 기술자들로부터 기술을 빠르게 습득하던 편이었다.

실제 총기를 제작해 본 장인들이 교육을 받다 보니 청국 기술자들과도 이야기가 통하던 점도 있었고, 생각보다 열정적으로 공부했다고 전해진다. 그 결과 파견한 무기 기술자 중 60%가 교육을 이수하고 돌아올 수가 있었는데, 청에서도 이들을 보고 '능히 조선에서도 장인으로서 업무를 볼 수 있을 것' 이라 평가하였다.

중인층에서 똑똑하다고 데려온 학생들은 40%만이 교육을 이수한 것에 비하면 꽤 차이가 있는 수치임을 알 수 있다. 오히려 엘리트 평가를 받았던 학생들이 새로운 지식과 개념에 대한 충격을 극복하기 어려웠던 것이다.

사실 개인적인 능력을 차치하고서라도, 이들에게 전반적인 서양 과학에 대한 이해를 요구하는 것은 매우 무리였을 것이다. 중국인 기술자들조차도 서양인 기술자들에게 배우면서 개념이 어렵다고 하소연할 지경인데 조선인 유학생들은 더욱 어려움을 느낄 수밖에 없었다.

결국 38명의 유학생 중 20명이 조기 귀국하게 되었다. 교육 이수가 완료된 1명을 제외한 19명은 현지 적응 실패로 인한 질환 및 학업에 어려움을 느껴 조선으로 귀국했고, 나머지 19명

그러나 청의 의중과는 달리 조선은 자체적인 무기 생산 설비를 갖추고자 계획하고 있었다. 이를 위해 조선은 영선사에 청의 기기국에 유학할 사람들을 딸려 보냈다.

은 이수에 성공했다.

그러나 청의 태도가 바뀌며 기기창의 건설이 늦어졌다. 원래 계획대로라면 이들은 1883년과 1884년 사이에 군수물자를 제조할 수 있는 정밀기계 등 설비를 한성으로 들여와야 했으나, 임오군란 직후 일련의 정치적 혼란과 청의 인색한 태도가 이를 늦추었다.

3만의 조선군을 무장시킬 수 있는 기기창이 조선에 세워져야 했으나 사실상 무산되었고, 갑신정변 과정에서 다시 한 번 혼란상을 거친 끝에 1887년에 가서야 설비가 도입되어 기기창이 세워질 수 있었다.

그래도 1887년에 기기창이 세워지고, 전보국 등 전문 기술직들이 필요한 자리가 생기면서 천진기기국에서 교육받은 인원 대부분이 고용된 것을 보면 이들의 존재가 아예 무의미한 것은 아니었다.

하지만 조선이 들인 노력에 비하여 그 결과는 초라할 수밖에 없었다. 그럼에도 1887년 이후 기기창은 조선군의 군수지원에 큰 영향을 끼쳤으며, 한성에 세워진 것 이외에도 3곳이 추가로 생겼다는 것을 볼 때 자체적인 무기 제조에 큰 영향을 끼쳤다고 볼 수 있을 것이다.

4근 산포
四斤山砲

▶포신 중량 100kg
▶전체 중량 218kg
▶포신 길이 80.5cm
▶구경 86.5mm
▶청동제 우선 6조 강선
▶탄 중량 4kg
▶최대사거리 2,600m
▶부르주 포병창, 세키구치 제조소, 집성관, 오사카 포병공창 등 제조
▶주요 운용국: 프랑스, 일본, 조선

4근 산포는 챕터 1에서 병인양요 당시 프랑스군이 운용한 야포의 산포 파생형 '페틸랑'(Canon de montagne de 4 rayé modèle 1859, Le Pétulant)으로, 막부 말기 일본에서 수입하여 막부 육군은 물론 각 번의 군대에서도 폭넓게 운용했다. 페틸랑은 본 모델인 modèle 1858에서 비해 포신의 길이를 줄이고 무게를 1/3수준으로 줄여 사거리와 지속 사격 능력이 낮아진 대신 군마 두 마리면 운반하여 험지에서도 운용할 수 있었다.

에도 막부는 1867년경 이 포를 복제하여 자국 내에서 생산하는 데 성공했으며, 사쓰마 번에서는 장포신 개량형을 만들어내 무진전쟁 기간에는 막부군과 정부군 양쪽에서 많은 수를 운용했다. 메이지 유신 이후로도 오사카 포병창에서 생산을 지속했지만, 조선에 수출할 무렵에는 암스트롱포와 크루프포에 밀려 구식화되고 있었다.

신미양요를 거치며 포병 전력의 확충 필요성을 느낀 조선은 1873년 3월 일본 상인들에게 대포 수입 의사를 밝혔다. 이는 곧 일본 정부에 전달되었고, 일본 정부는 수출 품목으로 일본산 4근 산포를 지목했다. 이때 들여오던 4근 산포 6문은 조선으로 가던 중 수송선이 난파하는 바람에 탄약 상당수를 망실했지만 총포류는 초량 왜관에 비치할 수 있었다.

이 4근 산포는 조선이 1874년에 개발한 운현궁 중/소포와의 유사점이 많다. 이 부분이 가장 극명하게 드러나는 부분은 대포 및 포가의 형태이다. 공교롭게도 양국의 대포는 그러한 면에서 공통 조상을 갖고 있었다고 볼 수 있다. 바로 프랑스식 대포 형태와 포가를 추종했다는 가설로 연결된다.

일본은 4근 산포의 원본인 페틸랑 등 프랑스제 대포를 수입했고, 자체적으로 복제도 해 보았기에 프랑스식 야포의 영향을 깊게 받았을 것이다. 그렇다면 서양과의 교류가 미비했던 조선은 어떻게 프랑스식 대포의 형태와 포가 모양을 본뜰 수 있었을까.

이에 대해서는 여러 가지 추론이 가능하다. 해국도지에 등장한 서양식 대포의 형태를 본떴거나, 개항 이전 난파한 이양선, 특히 1847년에 난파한 프랑스 해군의 라 글루아la Gloire함에서 건져낸 대포나 제너럴셔먼호 사건에서 노획한 대포 등이 후보로 꼽힐 것이다. 하지만 4근 산포가 가장 큰 영향을 주었을 가능성이 있다. 조선에서 1873년 이 포를 도입하기 이전부터 일본은 왜관에서 조선 상인이나 관리를 대상으로 4근 산포를 여러 번 시연하였기에 서구식 대포를 가까이서 접할 수 있는 기회였으며, 이는 1874년에 자체 제작한 운현궁 포에 큰 영향을 주었을 것이다.

아직까지는 추론의 영역이지만, 조선이 제작하여 배치한 운현궁 중/소포와 일본 막부 말기부터 신정부 초기 주력 대포로 사용하던 4근 산포 간 유사점이 있다는 것은 매우 흥미로운 부분이다.

김윤식
순천부사, 영선사 정사

1835. 10. 3~1922. 1. 21.
경기 광주 출생. 경기 경성부 졸.

1835	경기 광주에서 출생
1865	진사시 급제. 음서로 건침랑(종9품 참봉직) 제수
1874	병과 급제. 홍문관 수찬 제수
1876	황해도 암행어사
1878	홍문관 부응교, 승지
1880	순천부사
1881	영선사 정사
1882	이조참판, 강화유수
1883	기기국 총판
1884	교섭통상아문 독판
1886	광주유수, 충남 면천 유배
1894	해배. 강화 유수. 교섭통상사무, 외무아문대신
1897	제주 유배
1901	전남 지도 이배
1907	해배. 제도국 총재
1908	대한제국 중추원 의장
1910	조선귀족 자작 수작
1919	작위 박탈
1922	경성부 봉익동에서 졸

김윤식을 충신으로 봐야 하는지 매국노로 봐야 하는지는 언제나 논쟁거리다. 급진개화파로 친청을 거쳐 친일 내각에 입각하여 외교를 담당하였으며 경술국치 후에는 조선귀족 자작위를 받았다. 그러나 3.1운동이 일어나자 조선 독립 탄원서를 제출하여 작위를 박탈당한 복잡한 이력을 지녔다.

1835년 태어난 김윤식은 개화파 박규수 문하에 들어가 수학하였으나 대과에는 낙방하다 40세인 1874년에야 대과에 급제하여 황해도 암행어사, 순천부사 등을 거친 뒤 1881년 청국에 파견하는 유학생을 인솔하며 서양과 외교 교섭을 진행하는 임무를 맡아 영선사로 파견되었다. 김윤식은 청나라에 머무는 동안 이홍장과 여러 번 회견하였고, 임오군란이 일어나자 청국에 지원을 요청하기도 했다.

입오군란이 진압된 뒤 청군과 함께 귀국한 그는 서양식 무기를 생산하는 기기국의 담당자인 총판에 임명되었고, 해외 국가들과의 외교 업무를 담당하는 교섭통상아문 독판 등 여러 요직을 맡았으며 원세개의 도움으로 강화부에 진무영을 설치해 신식 병사를 육성했다. 1884년 갑신정변 때는 개화파 내각에 입각하였으나 청과 연통하여 급진개화파를 진압하였다. 그러나 청나라의 영향력에서 벗어나고자 한 고종의 의향으로 실각해 1886년부터 94년까지 충남에 유배되었다.

1894년 갑오개혁 후 유배에서 풀려난 김윤식은 다시 외교 업무에 종사했다. 복귀 당시 조선의 정세에는 이제 청나라 대신 일본이 큰 영향을 미치고 있었기에 내각은 일본의 눈치를 살펴야 했고, 아관파천으로 김홍집 내각이 붕괴하자 다시 실각하여 제주에 유배되어 10년 뒤에야 풀려날 수 있었다. 이후에는 명예직에 가까운 중추원 의장을 맡으며 정계와 거리를 두었다. 경술국치 이후에는 조선귀족 자작이 되었으나, 1919년 독립 만세 운동이 일어나자 총독에게 독립 청원서를 보내 작위를 박탈당한 뒤, 조용히 지내다 1921년 별세했다.

젊은 시절 박규슈에게 개화 사상을 배웠으며 군사 육성에 의한 자강론을 펼쳤고, 이홍장 및 원세개 등과 교류하며 친청파로 활동했으며, 말년에는 소극적 친일로 행동하다 삶의 마지막에 와서는 조선의 독립을 탄원했다. 이런 복잡한 그의 행보가 어찌 보면 한일병탄 당시 하였다는 '불가불가(不可不可)'라는 알쏭달쏭한 말에 녹아 있는지도 모른다.

임오군란과
신건친군영의 등장

1882

구식 군인과 신식 군인

임오군란과
신건친군영의 등장

1882년의 재정위기와 수도 한성의 쌀 공급 실패

임오군란에 대해서 많은 이들이 조선의 재정난으로 인한 급료 미지급, 그리고 일본식으로 교련한 신식 군대인 '별기군'과 구식 군대 간의 차별대우에 있었음을 꼽는다.

하지만 여기서 주목해야 할 것은 단순히 차별대우와 급료 미지급 문제에만 반란의 이유가 있었던 것이 아니었다는 점이다. 그렇다면 임오군란 직전 조선은 어떤 상황에 처해 있었을까.

당시 수도 한성을 가장 불안하게 만든 것은 다름 아닌 물가의 급격한 상승이었다. 이는 재정난에서 기인한 문제로, 통리기무아문을 제외한 중앙 정부 부처들이 이 문제로 인해 사실상 운영되지 못하고 있었다.

대원군이 집권하던 당시 비축한 재정은 순식간에 고갈된 상태였다. 이에는 2가지 요인이 있었는데, 하나는 개항과 근대화를 위한 초기 자금에 조선 정부의 재정이 대거 소모되었다는 점이었다. 가장 작게는 성냥에서부터 크게는 대포와 총기류까지 해외에서 구매할 자본이 필요했다.

그 과정에서 조선 정부의 재정이 고갈되었다. 다른 이유는 화폐 정책의 문제였다. 대원군은 화폐 주조량을 늘려 인플레이션을 통한 재정건전화를 꾀했고, 그 결과 정부 재정은 윤택해졌다. 그러나 대원군 축출 이후 고종 친정이 시작되면서 인플레이션 정책을 폐기하고 화폐 주조를 끊으면서 오히려 자금 상태가 더욱 악화되었던 것이었다.

이러한 문제는 임오군란 당시 군인들의 월급 문제와도 연관이 있었다. 대원군 집권기 조선 중앙군의 급료는 현금으로 지불했었고, 지방 포군들에도 현금 지불을 확대하고 있었다. 하지만 고종 친정 이후에는 급료 지급을 현물 화폐, 즉 쌀로 지급하도록 했는데, 이것이 패착이었다.

이 당시 한성의 인구는 자료마다 편차를 보이나 30~40만 명을 호가하고 있었다. 한성 안과 한성에서 10리까지 포괄하는 공간인 한성부가 관할하는 인구 비중은 조선 전기만 하더라도 90% 이상이 도성 내에 거주했으나, 17세기 중엽 이후 경강 지역이 상업 중심지로 개발되면서 도성 밖 거주 인구가 40%까지 늘어났다.

인구가 늘어났다는 것은 그만큼 수도에 들어오는 물자 역시 비례하여 공급되어야 함을 의미했다. 특히 한성부 내에서는 경작이 금지된지라 외부의 쌀 공급에 크게 의존해야 했는데, 흉년 혹은 기타 요인으로 공급이 끊기면 돈이 있어도 쌀을 구할 수 없는 상황에 직면할 수밖에 없었다.

따라서 수도 한성의 쌀 공급은 조선 왕조에게 있어서 최대 관심사 중 하나였고, 때문에 상평창에는 항상 쌀을 비축하여 녹봉을 지급받은 관리들과 급료를 지불받는 군인들에게 지급하도록 되어 있었다. 그러나 더 이상 기존의 유통 및 공급 시스템으로는 폭증하는 한성부 인구 및 경강 근교 인구를 지탱하기 어려워졌다.

1880년대 중반이라면 조선 정부가 관영 기선들을 대거 구입해 인구압을 감당할 수 있었으나, 1882년에는 그것이 불가능한 상황이었다. 자금이 없는 상황에서는 서양의 기선을 구매하기가 어려웠고, 결국 기존의 범선이나 풍등선으

1880년대 한성부의 인적 구성

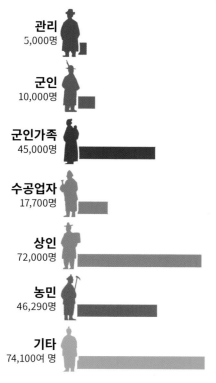

관리
5,000명

군인
10,000명

군인가족
45,000명

수공업자
17,700명

상인
72,000명

농민
46,290명

기타
74,100여 명

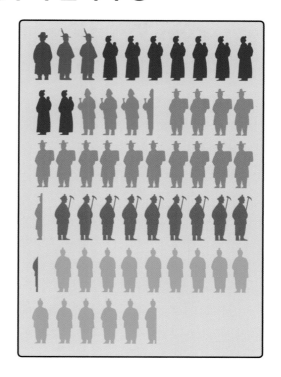

한성부는 1만 명의 군인과 45,000명에 달하는 군인 가족이 전체 인구의 20% 가량을 차지할 정도였다. 즉 이들은 군인들의 급여에 많이 의존할 뿐만 아니라, 상업 종사자가 많다는 특성상 물류 문제에 굉장히 민감한 집단이기도 하였다. 특히 한성부는 다른 도시에 비하여 비농업 종사자가 84%에 육박하였기에 식량 공급 및 물류 문제가 발생한다면 가장 큰 피해를 입기 쉬운 지역이기도 하였다.

로 수도로 들어오는 물류를 소화해야 했다.

그러나 선박 역시 턱없이 모자랐다. 심각한 목재 부족은 수군은 고사하고 점점 늘어나는 민간 선박 수요도 감당하기 버거워졌다. 이미 1860년대 말부터 주요 선박 건조지인 삼도의 고성, 거제, 남해의 소나무가 고갈되었다는 보고가 올라오고 있었다. 여기에 경강 상인들이 물류를 통제하여 이문을 보기 위해 일부러 수도로 들어가는 운송을 방해했고, 심지어 배를 침몰시켜 물가를 크게 폭등시키기 시작했다.

선박 부족과 경강 상인들의 농간의 여파는 상당했다. 전라도에서 생산된 80만 석의 쌀 중 한성에 공급된 것은 2%인 16,000석에 불과했다. 전라도 법성창의 경우 2년 간 납부하지 못한 세곡이 1만 석에 달했고, 다른 지역도 유사한 상황에 직면했다.

이렇게 되자 군인들의 불만도 폭주했다. 16세기~17세기까지만 하더라도 군인 계층이었던 병사들은 18세기에 들어서면서 점차 하류층으로 밀려나기 시작했다. 사실상 세습제로 중앙에서 군역을 물려받던 이들은 상인과 군인이라는 직업을 병행하며 가계를 꾸려 나가야 했고, 세도정치 기간 동안 군축이 단행되면서 이들의 추락은 가속화되었다. 각 군영이 보유했던 광산이나 상업적 기반은 이미 무위소에 빼앗긴 지 오래였다. 그나마 대원군 집권 당시에는 급료를 제대로 지불받을 수 있었으며 한성으로 들어오는 물자 공급도 나름 원활하여 큰 문제없이 생계를 유지할 수 있었으나 1882년 초여름은 그렇지 못했다.

-이어 생각건대, 각사에서 모든 공납을 담당하는 아전과 노비들이 분주한 명에 지쳐 모두 도망치고자 하여 부모, 형제, 처자식이 뿔뿔이 흩어지는 데 이르고, 또 훈련도감을 혁파한 이후로 5천 명의 군사가 심한 추위와 굶주림에 고통을 당하고 있으니, 그들이 흩어져 도둑이 되는 것은 자명한 이치입니다. 이는 모두 재정의

고갈로 인해 발생한 일입니다. 근자에 듣자니, 천 명밖에 안 되는 군대를 조련하는 데도 군량미 부족으로 고통을 겪어 원망한다는데, 이는 이웃 나라에 알려져선 안 될 일입니다.-

5,000여 명에 달하는 훈련도감 병력이 제때 급료를 받지 못하자 정부는 급히 일본으로부터 쌀을 구매해 수도 내 불안을 감소시키고 물가를 안정시키려는 노력을 가하기도 했다.

그러나 근본적으로 조선 정부는 자금이 매우 모자랐다. 이미 1882년 조선의 재정은 바닥을 드러냈고, 정부 재정의 기본적 운용 수단이자 현물 화폐로 통용되는 쌀이 수 년째 수도의 각 창고로 들어오지 못했다.

1881년 청의 칙사를 대접할 자금을 호조가 감당할 수 없자 급히 각 아문에서 은자를 차입할 지경이었고, 당상관 이상 고위 관료들의 녹봉마저도 삭감하고 있을 정도로 위기상황에 직면한 셈이었다.

다시 돌아와서 이러한 수도로 들어오는 물자의 품귀 현상, 특히 쌀의 부족 문제는 군인들로 하여금 불안정한 상황을 만들도록 강요했다.

대원군 집권 당시 동전으로 받던 급료를 상평창으로 가져가 쌀로 교환해 생계를 꾸렸고, 이제는 다시 쌀을 지급받아야 했으나 정부가 보유한 곡식은 이미 바닥을 드러냈다. 이제는 동전이 있어도 쌀로 바꿀 수조차 없는 최악의 상황에 직면한 셈이었다. 이는 곧바로 한성부 인구 30만 명 중 1만을 차지하는 군대와 그들의 가족까지 도합 5만 명이 생계에 큰 위협을 받기 시작했다.

대부분 빈민층으로 전락한 이들에게 쌀의 공급 문제는 생명이 달린 일이나 다름없었다. 심지어 한성부 관리들도 생계에 지장이 생길 지경이었다. 군인 뿐만 아니라 관리들 역시 녹봉을 현물 화폐인 쌀로 받아서 생계를 꾸렸기 때문이었다.

결과적으로 임오군란의 원인은 매우 복합적인 문제들로 점철되어 있었다. 오군영제와 급료병제가 자리를 잡고, 한성부와 그 인근 인구가 폭증하면서 수도의 쌀 공급 통제를 실패하여 군대의 대규모 반란을 야기한 셈이었다.

한성부에 있던 일선 하급 무관들이나 병사들의 경우 식량으로 교환이 될지 안 될지도 모르는 동전보다 쌀이라는 현물에 더욱 집착할 수밖에 없었다. 군대의 차별대우는 표면적인 문제였을 뿐이었고, 결국 본질은 수도 한성의 물류 통제 실패로 인해 반란이 일어났다고 볼 수 있을 것이다.

대규모 군사 반란의 시작

생계에 위협을 받던 군인들에게 한 가지 희소식이 날아들었다. 그것은 바로 13개월 동안이나 밀렸던 급료 중 1달치를 우선 지급해 주겠다는 것이었다. 이에 따라 훈련도감군을 중심으로 한 군인들은 숭례문 근처 선혜청 창고인 도봉소에 몰려왔다.

그러나 군인들이 지급받은 쌀의 상태가 매우 좋지 못했다. 쌀겨와 모래가 섞여 있는 것은 물론 심지어 물에 잠겨 썩은 경우도 있었고, 그나마도 정량에 미치지 못했다.

희소식은 곧바로 분노로 바뀌었고, 김춘영, 유복만, 정의길 등이 창고지기를 구타하는 등 소란을 일으키자 책임자인 선혜청 당상 민겸호는 주동자를 체포하는 등 강경 조치로 맞섰다.

조선군 구군인 임오군란 당시 조선군 구식 병사의 모습. 조선은 500여 명의 별기군을 기간으로 하여 군제를 신식으로 전면 개편하고자 했지만 실패하였다. 여전히 다수의 군대는 기존의 편제를 유지하고 있었으며, 무위소에 자금이 집중되면서 기존 부대들의 재정난은 심해져만 갔다.

이에 군인들은 처음에는 사면을 호소하기 위해 민겸호의 집을 찾았으나, 현장에서는 오히려 동조하는 한성부 하층민들과 합세하여 저택을 파괴하는 등 과격 행위를 이어 가자 운현궁의 흥선대원군을 찾아가 지원을 요청했다.

대원군은 우선 성난 군중을 해산하라며 회유한 뒤, 자신의 심복인 허욱에게 군복을 입히고 반란의 징조를 보이는 중앙군을 지휘하도록 하였다. 특이할 점은 초급 장교 계층이 적극적으로 반란에 가담했다는 점이었는데, 이들 역시 다른 병사들과 마찬가지로 생활고에 시달렸기 때문일 것이다.

이에 대한 조선 정부의 초기 대응은 무력 진압의 준비였다. 투입할 병력은 왕실이 가장 믿고 있는 무위소의 병력과 통리기무아문 군무사 직할부대인 교련병대, 그리고 북한산성 방어 임무를 맡은 총융청이 있었다.

여기에 수도에서 가까운 제물포에서 인천부사 정지용이 지휘하는 군대를 소집하여 증원할 수 있도록 조치를 취했고, 더불어 강화도 조약 당시 계엄령에 따른 전국 포군 소집령과 유사한 명령이 내려졌을 것으로 추정된다.

그러나 예기치 못한 변수가 있었다. 왕실에 충성할 것이라 예상한 것과는 달리, 대원군을 앞세운 군사 반란에 무위영도 가담해 버렸고, 경기도 전체가 이에 호응하여 반란 사태에 휩쓸려 버린 것이었다. 무려 1만에 달하는 반란군이 한성으로 들이닥치게 된 셈이었다.

게다가 수도 한성 내의 무기고인 동별영을 시작으로 대부분의 군수물자가 반란군의 손에 넘어갔고, 심지어 반란군을 진압하기 위해 가장 먼저 소집해야 할 경기도 병력 역시 경기 감영의 무기고에 있던 6만 정의 화승총을 탈취당하면서 사실상 진압 작전은 실패에 직면했다.

순식간에 가용 병력과 군수물자의 대부분을 잃어버린 조선 정부에게 남은 것은 총융청과 500여 명 남짓의 교련병대뿐이었다. 아직까지 통제권을 확보한 북한산성의 총융청을 동원한다면 경기도를 제외한 지방 병력이 오기 전까지 수도 내에서 버틸 수도 있었다.

하지만 너무나 빠른 사태의 진행에 중앙 정부와 총융청 사이의 연락이 끊기게 되었다. 연락을 주고받을 통인 및 사환들마저도 반란에 가담했기 때문이었다. 더군다나 중앙의 지휘부는 예하 병력 통제에 사실상 실패했다. 실질적으로 군대를 통솔해야 할 장교들이 대거 반란에 가담해 버린 탓도 컸다. 여기에 교련병대 역시 반란에 일부 병력이 가담하면서 끝내 1882년 6월 10일, 궁궐이 순식간에 함락되었다.

이 과정에서 영의정 이최응과 선혜청 당상 민겸호, 그리고 경기감사 김보현, 이조참의 민창식 등이 살해당했으며, 반란군은 모든 일의 원흉이라며 군인 및 빈민들의 지탄을 받던 중전 민씨까지 죽이기 위해 수색을 하고 있었다. 그러나 민씨는 무예별감 홍계훈의 도움으로 한강을 건너 장호원에 있는 충주목사 민응식의 자택으로 피신할 수 있었다.

한편 일본 공사관 역시 반란군의 습격을 피할 수 없었다. 임오군란 직전 사실 일본 공사관은 조선 정부로부터 군사 반란 조짐이 보이니 대비하라는 첩보를 받아 둔 상태였다.

1881년부터 임오군란과 유사한 형태의 군사 반란 음모가 있었고, 이에 따라 일본 내에서도 공사관에 대한

일본 공사관 경찰

일본은 1880년부터 부산영사관을 시작으로 주요 개항지에 자국 경찰을 배치했다. 이는 거류지 내의 일본인을 보호하겠다는 명분에 따른 것이었다. 이들은 영사관 경찰로서, 일본 경시청이 엄선한 인원들이었다. 이들은 21~35세 사이의 젊고 건강하며 신장은 161cm 이상인 사람들로, 높은 업무 처리 능력도 요구했다. 그러나 이들 영사관 경찰의 무장은 리볼버 권총과 세이버에 불과했다. 1881년 임오군란과 유사한 형태의 반란이 벌어질 시, 일본 공사관을 자체적으로 방어할 화기를 소유하고자 했으나 거부되었다. 결국 임오군란 당시 일본 영사관 경찰들은 조선군과 민중의 공격을 리볼버 권총과 세이버로만 방어해야 했다.

흥선대원군 이하응
李昰應

임오군란 중 운현궁의 역할이 무엇이었는지는 배후설부터 무임승차까지 의견이 분분하다. 일각에서는 임오군란 전해에 대원군이 서장자 이재선을 옹립하려는 계획에 깊이 관여했었다는 점과 6월 9일 주동자들이 운현궁을 찾은 점을 들어 구체적인 계획이 이미 수립되어 있었고, 임오군란은 행동에 나선 계기였을 뿐이라는 해석을 내리기도 한다. 당시 청국과 사태의 대책을 논의했던 김윤식과 어윤중도 그리 생각했으며, 일본의 인식도 이와 크게 다르지 않다.

그러나 주류 해석은 군란의 성격을 하층민의 봉기로 규정하고, 우발적으로 일어난 봉기의 확대에 운현궁이 깊숙이 개입하였다는 설이다. 실제로 흥선대원군의 최측근 허욱이 병사들을 이끌어 범궐을 주도했다가 처형당했다는 점과 임오군란으로 가장 정치적 이득을 본 사람이 흥선대원군이었다는 점을 고려하면 그저 사태 수습을 위한 추대만을 받아들였다는 무임승차설은 그다지 설득력이 없다.

자체 무장 및 수비 병력 증원을 논의했으나 주조선 일본 공사인 하나부사가 이를 거부했다.

군대 파견은 만국의 지탄을 받을 것이며, 군사 반란이 벌어지더라도 조선 정부가 최우선적으로 공사관을 호위할 군대를 보낼 것이라는 의견 때문이었다. 따라서 1882년 임오군란 직전 교련병대 조련대장인 윤웅렬이 급히 접촉하여 사태가 심상찮으니 공사관을 철수시키고 일본인들을 즉시 보호할 것을 권고했고, 이외에도 다수의 조선 관리들도 일본 공사관에 비슷한 정보를 보냈다.

하지만 이러한 조선 정부와 군의 경고에도 불구하고 일본 공사관은 이를 묵살하였다. 반란이 벌어지자 공사관을 보호해 줄 군대는커녕 반란군이 공사관과 하도감으로 밀어닥쳤다. 공사관은 7~8시간을 버티며 조선 정부에 구원을 요청했으나 올 리가 만무했고, 이들이 보낸 구원 서신을 수신할 경기감사 김보현은 이미 살해당한 뒤였다.

그 결과 교련병대 교관 호리모토 소위와 일본인 어학생 3명이 그 자리에서 살해당했고 일본 공사관 직원 3명도 같은 운명을 맞이했다. 그나마 공사관을 수비하던 일본 순사들이 시간을 벌어 준 덕분에 하나부사 공사를 비롯한 28명의 인원이 인천까지 탈출할 수 있었다.

하루가 꼬박 지나 인천으로 탈출한 공사관 일행은 인천부사 정지용이 지휘하는 조선군의 보호를 받으며 잠시나마 휴식을 취할 수 있었으나, 이내 반란군이 제물포에 당도하자 인천부의 조선군도 이들에 가담하기 시작했다. 오후 3시에 도착해서 옷을 말리고 주린 배를 채우던 일본 공사관 일행은 2시간이 채 지나지 않아 인천부 소속 조선군의 공격을 마주해야만 했다. 하나부사를 수행하던 일본 순사 6명이 이곳에서 살해되는 등 치열한 백병전이 전개되었다.

하나부사 공사 자신도 인천부사 정지용으로부터 받은 조선 옷을 미처 벗을 새도 없이 급히 양복 웃옷만을 걸치고 칼을 휘두르며 활로를 뚫는 상황이었다. 일본군 장교들이 리볼버 권총을 난사하며 길을 뚫은 끝에 이들은 배를 얻어 겨우 인천을 탈출했고, 이후 남양 앞바다에서 영국측량선 플라잉 피시호의 구조를 받아 나가사키로 귀환할 수 있었다.

사실상 반란이 성공하자 이들을 이끌던 대원군은 다시 전면에 나설 수 있었다. 무위영과 장어영으로 구성된 양영제가 폐지되고 이전의 5군영 체제로 환원되었으며 통리기무아문 역시 폐지되어 삼군부가 군령권을 회복하였다. 다만 전력을 온존한 교련병대는 총융청에 숨겨 명맥을 잇도록 했는데 그 이유는 따로 있었다.

청일 양국의 개입과 흥선대원군의 대응

한편 임오군란 소식을 들은 청과 일본은 각각 군사적 개입을 거론하고 있었다. 청은 번국의 안정화가 무엇보다도 중요했기 때문에 즉시 파견이 가능한 북양수사의 함선들을 인천으로 보낼 채비를 하고 있었다. 일각에서는 중전 민씨가 피난 중 측근들과 접촉하여 청에 지원을 요청하였다고 하였으나 '임오유월일기'에 따르면 이 시기 민씨는 말라리아와 인후염으로 사경을 헤매고 있었다.

즉 청군의 개입은 중전 민씨가 아닌 다른 곳에서 지원 요청을 받았거나 청의 자체적인 개입 의사로 인한 것일 가능성이 높다. 당시 청은 조선에 대한 일본의 야욕을 경계하고 있었고 조선의 안위가 곧 자국에 직결된다고 인식하고 있었다. 1870년대 말 북양대신 이홍장은 청의 동북3성, 즉 만주 일대의 방어에 조선을 굉장히 중요한 거점으로 인식하였으며 조선에 문제가 발생한다면 병력을 파견해 지원해야 함에 동의하고 있었다.

이에 따라 임오군란이 발생한 지 약 8일 만인 1882년 6월 17일에 주일 청국 공사로부터 해당 소식을 접한 뒤 하루 만에 일본의 군대 파견 소식이 전해지자 청 역시 육해군 파병을 결정했으니 자체적인 개입 의사로 이루어진 것이라 보는 측면이 타당할 것이다.

6월 26일, 3척의 함선을 파견한 청은 사태의 심각성을 인지하고 증원 병력을 요청하였으며 이에 따라 광동수사제독 오장경이 지휘하는 회군 6개 영 3,000여 명의 병력이 7월 7일에 조선에 상륙하게 되었다.

한편 일본 역시 자국 공사관 습격은 물론, 일본인들이 살해당한 데 대한 군사적 조치가 필요하다고 인식하고 있었다. 이에 따라 도쿄로 소환한 하나부사 공사를 다시 인천으로 돌려보냈으며, 일본군이 동행해 공사를 호위했다.

일본 정부는 부산에 아마기함을 보내 마에

청 및 일본 개입군 병사

청군과 일본군은 임오군란이 발발한 이후 거의 동시에 군사 행동에 돌입했다. 먼저 양국은 1882년 8월 9일과 10일 각각 함대를 투입하여 제물포에 접근하였으며, 이후 지상군을 증원하였다. 일본은 고쿠라에 주둔한 구마모토 진대 소속 1,500명의 병력을, 청은 산동반도에 주둔한 경군(慶軍) 3,000명을 이끌고 개입하였다.

청군
광동수사제독 오장경
북양수사제독대리 정여창
북양대신막료 마건충
경군 영무처방판 원세개
1,350톤급 순양함 초용, 양위. 연습함 위원
경자영 친경군 6영 3,000명

일본군
주조선공사 하나부사 요시모토
구마모토진대사령관 육군소장 다카시마 도모노스케
동해진수부사령관 해군소장 니레 가게노리
2,250톤급 코르벳 공고, 스쿠프 닛신, 아마기 외
구마모토 진대 14연대 소속 1개 대대 1,500명

다 총영사를 대표로 하여 거류민단 보호를 명령했으며, 인천으로는 군함 공고와 닛신 및 150명의 병력을 파견하도록 조치하였다. 여기에 1척의 운송선에 고쿠라 진대 소속 육군 300명을 추가로 인천에 보내는 등, 청일 양국의 군사적인 행동은 그렇지 않아도 불안한 조선 정국을 더욱 흔들고 있었다.

조선 역시 불안정한 평화가 잠시동안 이어지고 있었다. 하지만 한성 및 경기도의 민심은 매우 흉흉했는데, 반란을 일으킨 군대와 민중들이 통제를 따르지 않고 화기로 무장한 상태였기 때문이었다.

다시 집권한 대원군으로서는 심각한 위기였다. 청군과 일본군이 개입하여 반란을 진압한다면 또다시 축출될 것은 기정사실이었다. 이에 따라 대원군은 강경책을 준비하고 있었다. 대원군 계열의 무장 세력들은 여전히 조선의 각 요해처에 남아 군대를 지휘하고 있었는데, 이들로 하여금 병력을 이끌고 남하하도록 한 것이었다.

이에 따라 각 지역의 군대가 소집되기 시작했다. 남한산성이 있는 경기도 광주에는 경기도에서 소집한 군대가, 평안도에서 소집된 군대는 안주로 속속 집결하고 있었다. 함경남병영의 병력도 안주에서 평안도 병력과 합세, 선박을 이용해 제물포에 상륙하여 한성으로 진입할 계획을 세웠으며 황해도의 지방군 역시 소집을 마치고 있었다.

교련병대를 총융청에 숨겨 둔 이유도 강경 진압 정책에 연관된 것이었다. 수도 및 경기도에서 통제되지 않는 반란군을 지방군 및 교련병대

로 진압한 뒤 청일 양국군의 개입 여지를 없애 버리려는 것이 그의 목적이었다. 또한 대원군은 불안정한 민심을 다스리기 위해 대대적인 사면령을 발표하였다. 특히 위정척사 계열에 대한 유화적 행보를 보여 자신의 통치 기반을 다지려 시도했다.

실종된 중전 민씨는 공식적으로 사망했다고 선포하며 국장을 치뤘다. 어딘가에 도피한 그녀가 다시 대원군을 위협할 수 없도록 조치한 것이었지만, 한편으로는 반란군의 추적으로부터 보호하려는 목적도 있었을 것으로 추정된다.

그러나 집권 34일 만에 이러한 조치는 모두 무효로 돌아갔으니, 청군의 신속한 개입 때문이었다. 등주에 주둔 중이던 회군 6개 영(營) 3,000명의 병력을 이끌고 오장경이 1882년 7월 3일 출동했고, 4일 뒤인 7월 7일 남양부에 도착하여 상륙했다. 이후 오장경은 12일 한강을 건너 한성에 입성한 뒤 13일 대원군에게 직접 방문하여 청군 진영으로 초청한 뒤 납치했다. 이 때 오장경이 대원군을 군영으로 유인하여 납치하는 과정에서 잠시 머뭇거리자 원세개가 상황이 지체되면 문제가 생긴다고 하여 마건충을 도와 천진으로 급히 호송하였다.

또한 훈련대장 이재면을 남별궁에 감금하고 대원군에 협조한 무위대장 이경하와 어영대장 신정희 등도 귀양을 보내면서 사실상 한성 내 반란군의 중심인 훈련도감군과 대원군 계열 무장들에 의한 조직적인 저항이 이루어질 수 없도록 조치하였다.

3일 뒤인 7월 13일, 청군은 왕십리와 이태

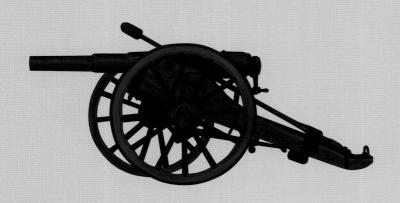

암스트롱포
Armstrong Gun

암스트롱 대포가 조선에 처음 들어오게 된 것은 아마도 신건친군영의 창설과 함께 청에서 제공한 12문의 청동 대포일 것으로 추정된다. 당시 청은 이러한 서양식 대포들을 개화포(開花炮) 내지 개화동포(開花銅炮)라고 명명하였다. 여기서 개화(開花)는 고폭탄 등을 의미하는 것이었다. 잠시 동안 이 암스트롱 대포들은 신건친군영의 주력 포병 장비로 사용되었으나 이후 크루프사의 강철 대포들에게 그 자리를 내어주게 된다.

원 방면으로 진격하여 기습적으로 반란군을 진압했다. 청군은 민가가 많은 곳에서 빠르게 반란군을 제압하기 위해 총기 사용을 피하고 가능한 한 총검과 도검류로 진압에 나섰다. 이 과정에 서 170여 명이 사망하고 11명이 체포되어 처형당했다. 이렇게 임오군란은 34일 간의 짧은 시간 만에 청군에 의하여 완전히 진압되었다.

중앙군의 해체와 신건친군영의 등장

임오군란은 짧았지만 분명 조선군에게 있어서 일대 전환점이 된 사건이었다. 진압 과정에서 조선의 중앙군은 사실상 해체되었다. 특히 반란의 중심이었던 훈련도감군은 모든 책임을 지고 사실상 이 시기를 기점으로 완전히 소멸되었다.

그나마 반란에 참가했지만 주동적으로 가담하지 않았던 금위영과 어영청은 용서를 받았으나 사실상 무장해제된 상태였다. 이미 수도 내의 군사력은 공백 상태였고, 남아 있는 군대는 모든 군수물자를 잃어 운용할 수 없는 상태였다.

사라진 무기들은 화적떼가 장악하여 경기도 일대에서 기승을 부렸으나 이를 제어할 방법이 없었다. 당장 왕실을 호위할 병력조차도 모자란 상황이었다. 이 때문에 수도 치안을 오장경이 지휘하는 회군 3,000여 명과 함께 민영익이 지휘하는 보부상 1,000여 명이 마티니-헨리 소총을 휴대하여 왕실을 호위하였다.

민영익은 미국과 유럽을 방문하는 동안 양한 형태의 군대를 눈여겨보고 왔고, 특히 왕실을 돕는 민병대(militia)에 주목했던 그는 조선으로 돌아와 보부상의 도움을 받아 직접 민병대를 운용하고 있었다.

그는 상인과 부호들로부터 후원을 받아 마티니 헨리 소총 및 제복을 공급받아 보부상 민병대를 새로운 군대가 창설되기 전까지 사실상 조선 왕조가 가진 중앙병력으로서 활동하였다.

한편 청의 지원으로 반란을 진압한 고종은 기무처를 설치하여 병조판서 조경하, 호조판서 김병시, 행호군 김홍집과 김윤식, 부호군 홍윤식, 부사과 어윤중, 교리 신기선을 불러 비상 시국에 대처하도록 하였다. 붕괴된 중앙군을 수습하기 위해 청 역시 적극적으로 조선의 국방 문제에 개입하기 시작했다.

조선의 새로운 군대를 창설하는 몫은 청군의 영무처를 담당하던 원세개의 업무였으며, 그는 고종과 2차례의 면담을 통하여 기존의 부대와는 다른 청군식 모델의 군대를 창설하였다. 이렇게 신건친군영이 탄생했다. 이들은 사실상 세습제로 군역을 유지하던 훈련도감 등 중앙군과는 달리 완전히 다른 방식으로 병력을 모집했다.

1882년 9월 16일, 조선 정부는 1,000여 명의 인력을 한성 내에서 선발해 좌영과 우영 2개 부대로 나누었다. 친군좌영은 삼군부에, 친군우영은 동별영에 주둔하며 각각 청군 부장 왕득공과 총병 하승주의 관리하에 양성에 나섰다.

조선측 지휘관은 좌영사 이조연, 우영사 윤태준이 임명되었으며 공식적으로 수도 한성의 치안 및 방어는 신건친군영 2영과 경4영(京四營) 소속 어영청, 총융청, 금위영, 용호영이 공존하며 담당하였다.

신건친군영은 청군이 제공한 스나이더 엔필드 1,000여 정과 12문의 암스트롱 대포로 무장하였다. 군대 재건에는 청의 초상국에서 융통한 은자 20만 냥이 투입되었다. 복식은 전반적으로 청군의 복장을 그대로 채용하였으나, 예외적으로 군모는 조선군의 것을 활용하도록 하였다.

-청국 황제도 신건친군에 군복을 특별히 하사하는 등 관심을 보였다. 조선에 주둔하고 있는 청국 군대의 복장과 동일한 형태의 것을 상해(上海)에서 특별히 주문해서 조선으로 보냈던 것이다. 다만 모자만은 기존의 조선군이 쓰던 것을 사용하게 했다.-

이는 '川村純義→三條實美,明治 15年 12月 26日,天城艦報告朝鮮国ノ近況 , 내각문서 6'에 나오는 내용이며, 신건친군영은 청의 영향을 매우 짙게 받은 군대로서 앞으로의 조선군에 막대한 영향을 끼치게 되었다. 항간에서는 이 부대를 청군의 복식과 장비를 갖추고 있어 '청별기군'이라고 칭했으며, 기존의 교련병대를 '왜별기군'이라고 호칭한 것과 대비되었다.

신건친군영의 편제는 전반적으로 청의 상군과 흡사한 형태를 유지하였다. 청의 상군은 영관이 각 영을 대표하고 이들을 지휘하였으며, 1개 영은 500명의 전투병과 150명의 치중병으로 구성되어 있었다.

영관 아래에는 5명의 초장이 각 초를 지휘하였으며, 1개 초는 100명으로 구성되어 있었다. 다시 1개 초는 10명의 십장이 각각 10명의 병사를 지휘하는, 일종의 분대장 역할을 하도록

하고 있었다.

신건친군영 역시 이에 영향을 크게 받았다. 신건친군영은 영관 대신 감독이 이들을 통제했으며, 병방이 이를 보좌하여 군무를 지원하였다.

또한 상군의 초장 대신 조선군은 기존의 초관을 활용하여 1개 영에 5명의 초관이 128명의 병력을 통제하도록 하였으며, 다시 초관 아래에는 8명의 십장이 각각 16명의 병사를 지휘하였다. 따라서 조선의 신건친군영은 창설 당시 1개 영에 640명의 전투병력과 장교 및 군의관 등 51명, 부사관단에 해당하는 인원 71명을 합해 762명으로 청군보다 조금 더 큰 규모를 유지하였다.

그러나 자체적인 신식 군대의 편제가 아닌, 외세에 의한 군대의 개편은 필연적으로 갈등과 마찰을 야기했다. 그리고 갑신정변 당시 골이 깊어질 대로 깊어진 조선군 간의 대결로 나타나며 비극을 초래할 수밖에 없었다.

신건친군좌영 병사
新建親軍左營兵丁

임오군란 이후 조선의 중앙군은 사실상 해체 수준에 몰려 있었다. 이에 따라 당시 주차한 청군의 제안에 따라 새로운 부대를 창설했는데, 이들이 바로 신건친군영이었다. 첫 부대는 한성의 상리와 하리에서 각각 500명의 병력을 모병함으로서 편제되었다. 이후 신건친군영은 1895년 군제 개편 이전까지 근대 조선군의 핵심부대로서 약 13년 간 존속하게 되었다.

신건친군영은 청의 상군 편제를 많이 참고하였으나, 일부에서 다른 점이 보인다. 가장 큰 차이점은 상군의 1개 영보다 친군영의 1개 영 규모가 훨씬 크다는 점이다. 이는 부대를 통제할 수 있는 장교단의 숫자가 훨씬 많다는 의미이며, 임오군란 이후 조정이 군대의 통제권을 확고히 쥐려던 의도로 의도로 추정된다.

이외에도 치중병대가 따로 존재하는 상군과는 달리, 조선군은 치중병대를 분대에 해당하는 각 대(隊)에 1명씩 배속시켜 군수 업무를 담당하도록 하였다. 때문에 대의 규모가 상군의 10명보다 더 많은 16명 체제가 유지되었으며 이후 친군영 체제 전반으로 확대되었다.

좌측 그림의 신건친군영 병사는 청국식 군복에 스나이더-엔필드로 무장했다. 가슴의 둥근 표식은 장표(章標)라는 것으로, 병사의 소속 부대와 성명을 표기했다.

민영익
이조참판, 협판통리아문사무

1860~1914. 6.11
한양 출생. 중화민국 상해 졸.

1860	민태호의 독자로 출생
1874	민승호의 사후양자 입적
1877	직부전시로 관직생활 시작, 병과 12등 급제. 홍문관 전한.
1878	도승지, 대사성, 이조참의
1880	이조참판
1881	경리통리기무아문군무사당상, 별기군 교련소당상
1882	협판교섭통상사무
1883	보빙사 정사로 미국 파견
1884	이조참판, 친군영 우영사, 기기국 총판
1884. 10	갑신정변으로 피습.
1885	병조판서, 한성판윤
1886	실각. 1차 망명
1888	복귀. 이조판서
1897	구주특명전권공사
1898	2차 망명
1904	복귀
1905	3차 망명
1914	중화민국 상해에서 졸

여흥 민씨는 구한말과 대한제국기를 관통하는 세도가문으로 군림하며 수많은 명신과 간신, 친일 부역자와 항일 운동가를 남겼다. 그중 민영익은 한때 민씨 문중의 중심인물이자 급진개화파의 핵심으로, 주변이 일본에 순응하는 가운데 해외에 망명해 동참을 거부하였다.

민영익이 태어날 당시만 해도 빈한하던 민씨 가문은 명성황후의 간택 이후 사정이 펴지기 시작해, 친부 민태호도 1870년 벼슬길에 올랐다. 이후 명성황후의 양조카가 되어 1877년 급제하자마자 민영익은 종3품 관직에 제수되었고, 20살도 되기 전에 온갖 청요직을 거치며 민씨 문중의 핵심이자 김옥균을 비롯한 개화파들의 중심에 서게 되었다. 1882년 임오군란이 일어날 당시 민영익은 교련병대 교련소 당상으로, 실질적 책임자였다. 당시 민영익의 집도 난군의 습격을 받았지만, 그는 무사히 빠져나왔다.

민영익은 1882년 군란 수습 이후에는 박영효, 김옥균과 함께 일본에 방문하였고, 다음해에는 홍영식, 서광범과 함께 보빙사가 되어 미국을 방문했으며, 일행 중 서광범, 변수와 함께 미국의 주선으로 세계를 주유하고 돌아왔다. 민영익은 이 과정에서 상당한 충격을 받은 듯하며, 귀국하여 주조선미국공사 푸트에게 '암흑에서 태어나 광명으로 나아갔으나 다시 암흑으로 돌아왔다. 앞으로 어디로 향할지 모르겠다'는 말을 남긴 기록이 있다.

이후 개화파는 청국의 후원 아래 양무운동을 모델로 삼아 점진적인 개화와 근대화를 기도하는 온건파와 청과의 사대 관계를 전면적으로 청산하고 메이지 유신을 롤 모델로 삼기를 원하던 급진파로 갈라진다. 그리고 귀국한 그 해 말에 갑신정변이 일어나자 주요 표적이 된 민영익은 중상을 입어 생명이 위독했으나 알렌의 치료로 살아났고, 과거의 동지들인 급진개화파에 대한 깊은 반감을 품게 된다.

이후의 민영익은 정치적으로는 두각을 드러내지 못했다. 청의 지나친 간섭에 친러 노선으로 기울던 고종 및 명성황후에게 반발하였다 체직되어 상해로 망명하였고, 이후 귀국과 재망명을 반복하다 1905년 을사늑약 체결 이후 다시 상해로 망명하였다. 민영익은 망명지인 중국에서 많은 문인들과 교류했으며, 서화로 이름을 날렸지만 다시는 정계로 복귀하지 못한 채 1914년 상해에서 삶을 마쳤다.

閔泳翊

갑신정변과
신건친군영의 확장

1884

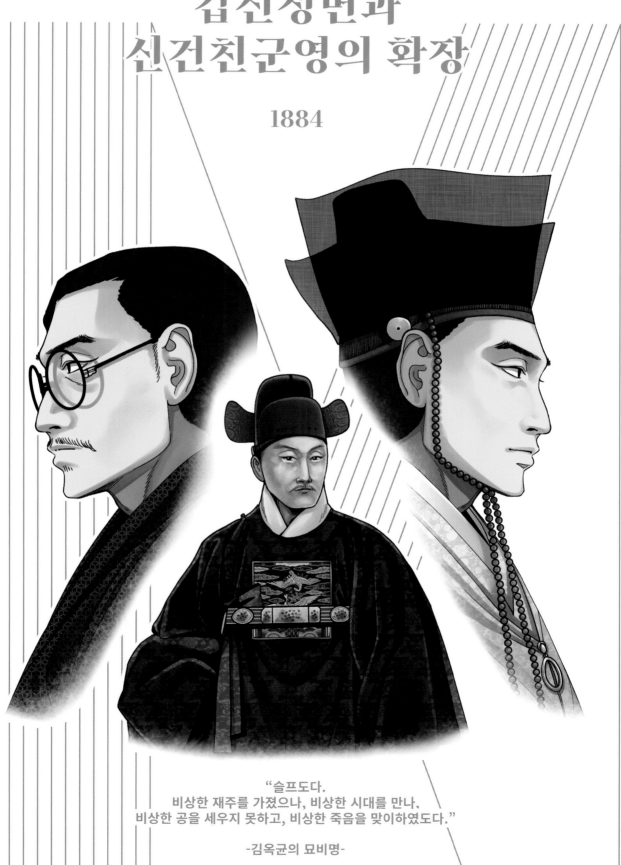

"슬프도다.
비상한 재주를 가졌으나, 비상한 시대를 만나,
비상한 공을 세우지 못하고, 비상한 죽음을 맞이하였도다."

-김옥균의 묘비명-

갑신정변과
신군친군영의 확장

임오군란 이후 조선군의 분열과 지방군의 재편

임오군란 이후 조선의 군제 개혁은 청군식과 일본군식으로 양분된 형태로 이어지게 되었다. 앞서 임오군란 직후 해체된 중앙군을 대체하기 위하여 1882년에 오장경을 따라온 원세개에 의해 조선군은 신건친군영을 창설했고 각각을 친군좌영과 친군우영이라고 명명했다.

이는 고종의 군사력 재편과도 연계되었다. 흥선대원군이 잠시 집권해 부활시켰던 구식 군영과 진무영을 해체시켰고, 이 과정에서 충성스러운 새로운 군대의 창설과 원세개의 제안이 맞물려 있었다. 원세개는 조선군의 재창설에 대해 고종의 재가를 받았고, 수도의 중앙군만이 아니라 강화도 진무영의 빈자리를 채울 수 있는 새로운 정예 부대의 창설 임무도 떠맡고 있었다.

한편 일본식 교리와 훈련을 받았고, 임오군란 당시 대원군의 배려로 존속할 수 있었던 별기군, 즉 교련병대는 1882년 8월부터 총융청의 지휘관인 총융사의 지휘 아래에서 이전과 같은 편제를 유지할 수 있었다. 이들은 연융대에 주둔해 오던 충주의 신식 군대와 합쳐 1884년 7월 22일 친군후영의 기간요원이 되었고, 친군후영은 교련병대와 연속성을 띠게 되었다.

한편 이보다 2년 앞서 1882년 3월, 광주유수이자 수어청의 지휘관인 수어사로 임명된 박영효도 일본식 훈련을 받은 신식 군대를 양성하고 있었다. 이들은 기록상 약 1,000여 명이라고 되어 있으나, 실제로는 초기 100여 명 안팎이었을 가능성이 높았다. 이들은 남한산성병대라고 불리며 국가의 지원을 받고 있었으며 1883년 10월 말 경 친군전영이라는 이름을 받고 친군영 체제에 편입되었다. 이들에 대한 기록은 1883년 12월 28일 한성순보에서도 등장한다. 춘당대에서 고종이 직접 훈련을 친람했고, 이들은 황색 가죽 배낭과 후장식 소총으로 무장하고 있었다고 기록되어 있었다.

언뜻보기에 친군이라는 이름으로 인하여 전체 건제에 청군의 입김이 강하게 들어갔을 것이라 상상할 수도 있겠으나, 조선의 친군영 체제 내부에서는 청군식 훈련을 받은 좌, 우영과 일본군식 훈련을 받은 전, 후영이 서로 대립하는 구도가 생겨났다.

한편 전통적인 조선식 군대도 남아 있었다. 군란의 책임을 지고 훈련도감은 완전히 해체되었으나, 용호영, 금위영, 어영청, 총융청, 수어청은 그대로 존속되어 유지되고 있었다. 이는 군대 내부의 내분으로 인한 문제로, 청국식 군대인 친군좌영과 우영, 일본식 군대인 친군전영과 후영 사이에 파인 대립의 골이 점차 깊어지고 있었기 때문이다.

때문에 고종은 이들을 결코 신뢰하지 못했고, 그 결과 전통적인 군대도 그대로 유지할 수 있었다. 사실상 1882년부터 1884년 갑신정변 이전까지 약 2년여 동안 조선의 군대는 세 가지 분파가 경쟁, 반목 구도를 달리고 있었던 셈이었다.

이러한 문제는 군대의 지휘 계통 일원화는 물론, 군수 지원 체계를 복잡하게 만드는 요인이 되었다. 예시를 들어 보자. 친군은 각 군영 간의 계급체계가 상이하였다. 청군식 좌영과 우영의 경우 각 지휘관이 병방, 영관, 초관으로 명명된

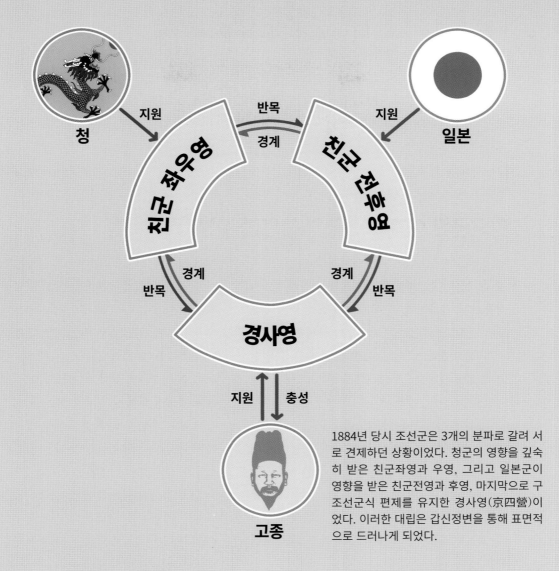

청 지원 반목 경계 지원 일본

친군 좌우영 친군 전후영

경계 반목 반목 경계

경사영

지원 충성

고종

1884년 당시 조선군은 3개의 분파로 갈려 서로 견제하던 상황이었다. 청군의 영향을 깊숙히 받은 친군좌영과 우영, 그리고 일본군이 영향을 받은 친군전영과 후영, 마지막으로 구조선군식 편제를 유지한 경사영(京四營)이었다. 이러한 대립은 갑신정변을 통해 표면적으로 드러나게 되었다.

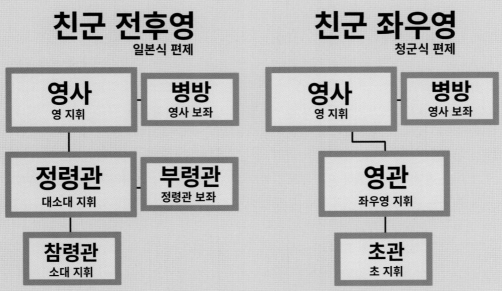

친군 전후영
일본식 편제

| 영사 영 지휘 | 병방 영사 보좌 |

| 정령관 대소대 지휘 | 부령관 정령관 보좌 |

| 참령관 소대 지휘 |

친군 좌우영
청군식 편제

| 영사 영 지휘 | 병방 영사 보좌 |

| 영관 좌우영 지휘 |

| 초관 초 지휘 |

각 군영간 계급체계 역시 상이하였다. 청군의 영향을 받은 친군좌영과 우영은 청나라 상군의 편제대로 영사-영관-초관 체제로 부대를 지휘했지만, 일본군의 영향을 받은 친군전영과 후영은 영사-정령관-참령관으로 서로 상이한 계급 체계를 유지했다. 같은 친군영으로 묶여 있지만 복제와 계급명, 훈련 내용과 편제 방식까지 다르니 실질적으로는 별개 부대나 마찬가지였다.

것에 비해 일본군식 전영과 후영은 정령관, 부령관, 참령관으로 다르게 표기하였으며, 부대의 지휘 체계 역시 달랐다. 게다가 군대의 통일성을 상징하는 군복 역시 차이를 보였다. 친군좌영과 우영이 청군식 군복인 반면 친군전영과 후영은 교련병대가 입었던 군복을 착용하고 있었으며, 전통적인 조선군 군영들은 여전히 구식 군복을 입은 상태였다.

물론 이러한 체계가 비정상적인 것임을 당대의 위정자들도 충분히 인식하고 있었다. 가장 먼저 각 병영별로 상이했던 군복을 전후영의 것으로 통일하는 방안이 검토되었고, 1883년 6월 가장 먼저 외관적인 차이부터 서서히 줄여 나가기 시작했다. 아마도 이때 친군 전군을 전영과 후영이 착용한 군복으로 교체하려고 했을 것이다.

그러나 이미 분열된 군대는 외견상의 통일만으로 해결할 수 없을 정도로 갈등의 골이 깊어져 있었다. 조선은 군대의 통합을 위한 실질적인 조치를 취하고 있었지만 이미 때는 늦은 뒤였다. 결국 갑신정변 당시 친군 좌우영과 친군 전후영의 대립은 끝내 무력 충돌로 번졌고, 비극으로 끝을 맺는 원인이 되었다.

한편 지방에서도 새롭게 군대를 양성하기 시작했다. 1883년 초부터 조선은 지방군을 일부 해체하고 신식 군대로 대체하고 있었다. 당시 병조는 대구, 경주, 안동, 진주, 공주, 청주, 홍주 등 7개 지역의 영장을 혁파하며 지방군을 해체하고 점진적으로 중앙의 친군체제로 이를 대체하고자 하였다.

이에 따라 가장 중요한 요충지인 강화도에서도 새로운 군대를 양성하고 있었다. 1882년 7월 강화도의 방어를 책임지는 강화유수로 임명된 김윤식은 해체된 진무영을 대신하여 수도로 들어가는 주요 해역이자 요충지를 방어할 신식 군대 양성에 몰두하고 있었다. 그는 원세개가 훈련시킨 신건친군영의 훈련을 참관한 후, 강화도의 군대도 같은 방식으로 양성하려는 계획을 세웠다.이에 따라 하도감에 주둔한 오장경에게 군사훈련에 대한 지원을 요청했고, 1882년 11월

14일 이 요청을 받아들인 오장경과 원세개, 그리고 수행원 100여 명이 서울을 출발해 15일 강화도에 도착하여 군비 점검에 나섰다. 당시 강화유수가 지휘하는 조선군은 1,300여 명에 달했으나 실제 전투력은 낮았다는 평가를 받았다. 오장경과 원세개는 조선군의 훈련이 미비하다고 판단했으나, 대신 모아 둔 군대를 훈련시킬 수 있다고 결론을 내렸다.

이들은 강화도의 군비 역시 점검하면서 포대의 형편은 양호하나 해안포가 불량하다는 지적을 남겼다. 배치된 화포들이 고정되어 있어 사격에 제한이 있으니, 포가를 새로 만들어 배치하야 자유롭게 화포를 사격할 수 있다고 충고했다. 이러한 조언에 따라 김윤식은 강화도에 배치된 장교 중 황헌주를 비롯하여 16인을 한성으로 파견하여 오장경의 군대에서 훈련을 받도록 하였다. 1883년 1월이 되자, 원세개는 약속대로 강화도에 다시 방문해 김윤식이 파견했던 황헌주 등 조선군 장교 16인을 필두로 다수의 교관단을 인솔했다. 특기할 점은 원세개가 데려온 교관단에 독일군 교관 4명, 영국군 교관 5명이 소속되어 있었다는 점이었다. 그들은 청군에 고용되어 있었으며, 원세개의 요청에 따라 조선군의 훈련을 지원하기 위해 파견되었다.

김윤식은 1,300명의 병력 중 실험적으로 500명의 병력을 차출하여 황헌주 등 장교 16명을 영관, 초관, 초장으로 임명해 5개 초를 지휘하도록 하였다. 그리고 5개 초 중 1개 초는 독일군식으로, 4개 초는 영국군식으로 훈련하였다. 수도 한성의 신건친군영도 같은 방식으로 훈련을 받았을 것이라는 추측이 가능하다. 약 2개월간 훈련을 진행한 뒤 청군 책임자 1인과 독일군 교관 2명, 영국군 교관 3명은 다시 한성으로 복귀했으나 나머지 4명의 외국 교관들은 청군 철수 전까지 잔류하여 강화도의 신식 군대를 지원했다.

이들은 1884년 해체된 진무영을 대신하여 진무신영이라는 명칭을 받았으며, 점차 훈련을 확대하여 갑신정변 직후에는 1,500명의 병력을 보유했다. 근대 조선 최고의 정예 부대 중 하나

로 손꼽히는 강화도의 군대가 이렇게 탄생하게 된 것이었다.

한편 1883년 4월 23일 함경남도병마절도사로 임명된 윤웅렬도 함경남병영에서 신식 군대를 모집하고 있었다. 그는 북청에서 각각 5월과 12월에 각각 250명의 장정을 모집하여 일본식 군사훈련을 진행하였다. 수신사 파견 및 교련병대 조련대장 등의 경험이 풍부했던 그는 단시간 내에 정예병을 양성하였다고 자부하였으나, 그 과정에서 병력 조달 및 군수 조달 과정에서 백성들의 원망을 샀다는 이유 등으로 함경감사와 지역 유생들의 탄핵을 받았다. 하지만 이후 고종의 부름으로 한성에서 훈련을 진행하는 등 함경남병영의 부대도 정식 지방군으로 인정받았다. 이후 남병영의 신식 군대는 친기위와 충무위로 각각 나뉘어 국경 수비 임무에 나서게 되었다.

의주 지역에서도 150여 명의 지방 무사 및 그 자제들로 구성된 호분위가 신식 군대의 형식으로 신설되는 등 조선의 각 지방에서는 신식 군대에 대한 열망으로 가득했다. 그리고 그 중심에는 교련병대 출신의 장병들과 군대 내의 선각자들이 자리하고 있었다.

1883년에 이어서 1884년에도 여지없이 조선군은 변화의 도상에 있었다. 1884년 5월부터 청군식, 일본군식, 조선군식 군대를 하나로 통합하기 위한 제도적 조치들이 준비되었다. 남별영에 조련국을 설치해 전영감독 한규직이 담당하게 하였으며, 당시 일본에서 군사 교육을 수료하고 온 서재필을 사관장에 임명하여 사관생도들을 훈련시키기 시작해 군대를 단일화된 조직으로 만드는 작업을 시작했다. 사관생도들과 조련국을 친군전영에 배속되었던 것을 보면 장차 친군영 전체를 일본군식으로 개편하려 했던 것으로 보인다.

즉 청군식 조직이라는 껍질 아래에 세부적인 편제는 신식 군대의 모델이었던 일본군식으로 변경하려는 움직임이었던 셈이다. 부대 편제 역시 기존의 영-초-대에서 대대-중대-소대의 형태로 이전하려 했다.

한편 조선의 전통적인 군대인 용호영, 금위영, 어영청, 수어청, 총융청 등은 해체하고, 소속 부대는 친군 4영에 분산 배치하여 발전적인 방향으로 나아가려고 했다. 여기에 해안 방어를 전담하고 육군과 수군을 통합해 지휘하는 독특한 체제도 나타났다. 1883년 12월 총관기연해방영

진무영의 변천
鎭撫營, 鎭撫新營, 親軍沁營

진무영은 병인양요 당시 강화도 육상 방위의 중심 부대가 되면서 특별세를 통해 조성한 예산을 배정하는 등 많은 지원을 받았다. 하지만 1874년 고종 친정 이후에는 진무영에 배정되던 자금을 무위영으로 돌리며 약화되기 시작해 운요호 사건 당시에는 제대로 대응하지 못했다. 1881년에 진무영의 자금줄이 마르자 급료를 제대로 지불하지 못하게 되자 3,000명에 달하던 규모가 반 이하로 줄어들었고, 진무영도 유명무실해졌다.

그러나 청군이 강화도의 방비를 강화하기로 결정하며 진무영은 새로운 기회를 맞았다. 당시 강화유수로 있던 김윤식이 일기 음청사(陰晴史)에 남긴 기록을 보면 진무신영 재건 당시 청군은 원세개가 파견한 독일군 교관 4명, 영국군 교관 5명으로 5개 초 중 중초는 독일식, 나머지 네 초는 영국식으로 부대를 훈련시켰다. 이후 진무신영은 1887년 친군심영으로 개편되었다.

강화도 진무신영의 영국인과 독일인 교관

1883년부터 1884년 사이 신설된 지방의 신식 군영

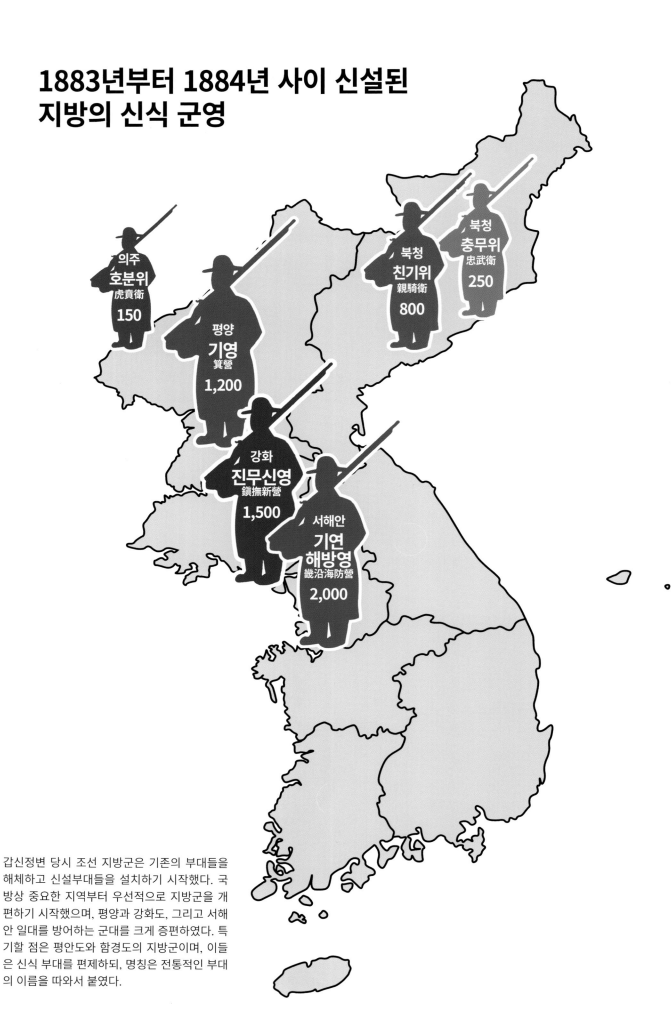

의주
호분위
虎賁衛
150

평양
기영
箕營
1,200

북청
친기위
親騎衛
800

북청
충무위
忠武衛
250

강화
진무신영
鎭撫新營
1,500

서해안
**기연
해방영**
畿沿海防營
2,000

갑신정변 당시 조선 지방군은 기존의 부대들을 해체하고 신설부대들을 설치하기 시작했다. 국방상 중요한 지역부터 우선적으로 지방군을 개편하기 시작했으며, 평양과 강화도, 그리고 서해안 일대를 방어하는 군대를 크게 증편하였다. 특기할 점은 평안도와 함경도의 지방군이며, 이들은 신식 부대를 편제하되, 명칭은 전통적인 부대의 이름을 따와서 붙였다.

사무를 전신으로 하여 강화부에 설치된 기연해방영이 등장하였다. 이들은 1884년 1월 4일 부평으로 병영을 이전하고 정식 군영으로 승인받는 한편, 독판교섭통상사무 민영목을 총관기영해방사무로 임명했다.

이들은 당초 경기 연해 지방 일대의 육군과 수군을 통합 지휘하는 형태를 갖추었으나 점차 확대되어 경기-황해 연안뿐만 아니라 충청-전라도 일대 해안 등 서해안 일대를 총망라하는 거대한 방위선을 담당하게 되었다.

서해안 일대의 수군은 기연해방영의 등장과 함께 육군 지휘하에 편제되었으며, 이에 따라 교동부에 배치된 경기수영 및 경기-충청-황해 수군을 통합 지휘하던 삼도수군통어영 역시 해체되었다.

이들은 약 2,000여 명의 기간병력으로 구성되었으며, 해안 일대의 지방 병력인 포군과 수어사가 관할하는 별파진, 강화 진무영의 신병 등을 지휘하였다. 그러나 이러한 기연해방영의 신설은 청의 입김이 들어갔을 가능성이 크다. 즉 윤치호의 지적처럼, 베트남의 종주권을 둔 청과 프랑스의 대립이 전쟁으로 비화될 우려가 커지자 이에 대비한 것일 가능성도 컸다.

사실 이때까지만 하더라도 해안 방어는 육상 방어에 집중되어 있었을 뿐더러 대원군 시기에 이미 포군 제도가 활성화되어 있었다. 수군 역시 각 지역 수군진 및 수영이 제대로 운영되고 있었으니 육군과 수군을 통합해 지휘하는 독특한 형태의 기연해방영을 굳이 설치할 필요가 있었을지 의문이다.

청은 프랑스 함대가 청의 배후인 조선에 상륙하는 것을 방지하고, 더 나아가 청의 심장부가 있는 천진과 북경을 공격하지 못하도록 조선군을 활용했으리라는 추정도 가능하다. 1883~1884년 동안 조선의 중앙군은 분열되어 간 반면 지방군은 전반적으로 해체 후 신식 군대로 재조직되는 양상을 띤 셈이었다.

청일 양국군의 조선 주둔과 갑신정변

조선군이 재편을 한참 맞이하고 있을 즈음, 한반도 내에는 청일 양국의 군대가 한성에 주둔하고 있었다. 임오군란 이후 주둔 중이던 오장경 휘하의 6개 영 3,000명의 청군과 제물포 조약을 통해 공사관 수비를 목적으로 주둔을 허락받은 일본군 1개 중대 150명이 각각 하도감과 남산 인근에 배치되어 있었다.

그러나 상황이 급변하고 있었다. 3,000명에 달하던 청군은 1884년 4월 30일, 청과 프랑스 사이에 전운이 고조되면서 절반에 해당하는 3개 영 1,500명의 병력이 오장경과 함께 급거 본국으로 귀국했다. 베트남을 두고 양국의 대립이 날이 갈수록 첨예해지고 전운이 고조되고 있었다. 이제 조선에 남은 청군은 원세개가 지휘하는 1,500명뿐이었다.

한편 조선 내에서 급진개화파와 온건개화파 사이의 갈등의 골은 날이 갈수록 깊어지고 있었다. 임오군란 이후 개화가 국가의 주된 담론으로 성장하였으나, 이를 어떠한 방식으로 받아들일 것인지에 대해서는 큰 이견을 보이고 있었다. 그러나 1884년에 들어서서 급진개화파는 온건개화파에 큰 열세를 보이고 있었다. 경험이 적고 상대적으로 젊었던 급진개화파는 온건개화파와의 경쟁에서 점차 밀려나고 있었다. 특히 재정 개혁과 관련하여 일본의 차관을 대부할 수 있다는 급진개화파의 주장이 무색하게 일본 정부는 그만한 거액을 대출할 수 없다고 거절한 건이 치명적인 결과로 돌아왔다.

급진개화파 내부에서는 이렇게 불리한 상황을 타개하기 위해 비정상적인 방법, 즉 군사력을 동원한 정변을 일으켜야 한다는 의견이 대두되고 있었다. 이미 1883년 초부터 급진개화파는 정변을 계획하고 있었고, 이에 따라 동원 가능한 군사력을 준비하고 있었다.

급진개화파가 동원할 수 있는 군대 중 가장 믿을 수 있는 부대는 박영효가 광주유수로 부임했던 시절 창설했던 남한산성병대였고, 1884년 시점에서는 친군전영이었다. 이들은 친군전영으로 소속이 변경되었으나 여전히 장교 및 병사들은 박영효 및 급진개화파에 경도되어 있었다. 심지어 몇몇 장교들은 충의계라는 급진개화파의 비밀결사에 가담한 상태이기도 했다.

총융중군 겸 친군전영 정령관 윤웅렬이 지휘하는 북청병대 역시 급진개화파가 동원할 가능성이 있는 무력집단이었다. 이들은 고종의 부름을 받고 470명의 병력을 인솔하여 한성에 주둔 중이었으나 이들의 존재를 못마땅히 여긴 정부 고위 관료들의 견제로 정변 2개월 전 북청으로 400명의 병력을 되돌려보내야 했다. 고종은 470명 중 70명은 무과에 급제시켜 친군후영에 소속시켰으며, 나머지 400명 중 200명만 수도에 남기고 복귀하라고 명령했다. 그러나 정변 성공 가능성을 낮게 점친 윤웅렬은 400명 전원을 원래의 임지인 북청으로 되돌려 보냈다. 사실상 급진개화파가 동원할 수 있는 북청병대는 70명에 불과했던 셈이다. 이렇게 급진개화파는 정변을 시작하기도 전에 전력의 절반을 잃었다.

급진개화파가 동원 가능한 나머지 무력은 일본 공사관 수비 목적으로 한성에 주둔 중인 일본군 1개 중대 150명과 1883년 봄 일본 육군호산학교에 유학보냈다 1884년에 귀국한 14명의 사관생도들, 그리고 40여 명 남짓의 비밀결사인 충의계 등이 있었다.

외견상으로 정변을 일으키기엔 너무나도 모자란 병력이었다. 윤웅렬의 군대가 가세하더라도 1,500명에 달하는 청군을 상대하기 어려운 상황이었으나, 그래도 기회는 있었다. 청군의 철수와 1884년 8월 청-프랑스 간의 전쟁 발발은 급진개화파를 고무시키기에 충분했다. 청군은 프랑스 해군에 의해 남양수사가 사실상 전멸당했고, 지상전에서는 나름 분전했으나 그리 녹록한 상황은 아니었다.

청이 베트남에서의 전쟁에 온 신경이 쏠린 사이 급진개화파가 정변을 일으키더라도 제 때 개입하기 어려울 것이라는 판단이 지배적이었으며, 베트남과 조선에 양면 전선을 만들기 어렵다는 계산도 함께 서려 있었다. 이에 따라 1884년 8월 이후 급진개화파 내에서 정변 논의는 더욱 구체화되었다.

이에 따라 일본 공사관과의 정변 준비도 차곡차곡 이루어졌다. 일본 공사였던 다케조에는 급진개화파에 대한 지원 정책을 폈고, 이에 고무된 김옥균 등은 일본군의 차병을 요청했다. 양측은 1884년 10월 8일 차병에 대한 합의를 이끌어 냈다. 일본측은 청군 1,500명이 공격해 오더라도 북악산에 의거하면 2주를, 남산의 일본 공사관 일대를 중심으로 방어한다면 2개월을 버틸 수 있다고 호언장담했으며 대신 국왕인 고종의 친서가 있어야 한다고 못을 박았다.

이렇듯 정변 분위기가 무르익었으나 여전히 자금의 부족과 군수품의 확보가 난망했다. 충의계가 사용할 도검류를 구매할 때도 칼자루가 없는 칼들을 주문하는 바람에 결국 실제 정변 때 칼자루 부분을 천으로 감싸 사용해야 했을 정도로 물자가 모자랐다. 군수품은 청군과 조선 정부의 관할하에 있었다. 임오군란 직후 한성-경기 일대 무기고의 군수물자를 잃은 뒤 관리는 더욱 강하게 이루어지고 있었다.

거사에 사용할 물자를 공급할 수 있는 곳은 친군전영 정도였으나 이곳 역시 전영을 지휘하는 고급 지휘관들의 눈을 피해 물자를 빼올 수 없는 상황이었다. 정변 때 각 군의 지휘관을 제거하고 정규군을 장악하는 것도 중요했다. 만약 초기 거사에 실패한다면 정변에 동원할 예정이었던 군대가 역으로 자신들의 목을 죄어 오는 족쇄로 작용할 것이 분명했다.거사일은 10월 17일 우정국 낙성식 축하연회로 잡았다. 이날 행사에는 각 군의 지휘관과 정부 고관들이 참석하기에 충분히 혼란을 불러일으킬 수 있었고, 더불어 주요 인사를 제거함으로서 정국을 빠르게 장악할 수 있다고 계산했다. 별궁에 불을 지른 뒤 진화작업을 지휘해야 하는 각 군의 지휘관 및 정부 고관들을 충의계가 제거하도록 했고, 이후 친군전영과 일본군을 동원해 경우궁으로 왕실을 옮

갑신정변의
개화파 동원부대

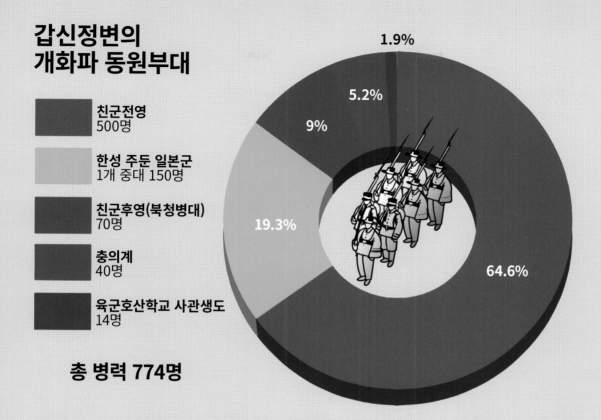

■	**친군전영** 500명
■	**한성 주둔 일본군** 1개 중대 150명
■	**친군후영(북청병대)** 70명
■	**충의계** 40명
■	**육군호산학교 사관생도** 14명

총 병력 774명

1884년 갑신정변 당시 급진개화파의 동원 병력은 774명에 불과하였다. 실질적인 주력은 광주유수 박영효가 양성한 광주병대를 모체로 창설된 친군전영이었다. 친군후영 470여 명이 존재했으나 이들은 정변 직전 70명을 제외한 병력이 윤웅렬과 함께 북청으로 떠나면서 제외되었다. 친군전영 이외에는 한성 주둔 일본군 1개 중대의 무력이 동원가능했으며, 육군호산학교 생도대와 충의계 등이 존재했으나 그 수는 매우 적은 수준이었다.

갑신정변 당시 정변군을 지원한 일본군의 무장은 스나이더-엔필드였으며, 개화파 무장세력인 친군전영은 원래대로라면 레밍턴 롤링블럭 소총으로 무장해야만 했다. 1884년 6월에 해당 소총들이 도착했지만, 주조선 미국 공사관의 해군무관들이 이를 인도하지 않아 구식화기 및 냉병기로 무장할 수밖에 없었다.

기도록 하는 것이 주요 골자였다.

1884년 10월 17일 오후 7시, 거사일이 다가오자 예정대로 우정국에는 각 군 지휘관 및 정부 고관, 외국 공사들이 참석했다. 예정대로 별궁에 불을 질렀어야 했으나 계속 실패했고, 잇따른 방화 시도로 오히려 순라군을 자극하여 궁궐 내에서의 계획이 차질을 빚고 있었다. 김옥균은 급히 궁 대신 우정국 인근 민가에 불을 질러 정변의 시작을 알렸다.

우영사 민영익이 화재 진압을 위해 우정국을 나섰으나 매복했던 충의계의 습격을 받았다. 그러나 충의계의 기습이 서툴러 민영익을 살해하지 못했고, 부상을 입은 그가 연회장으로 돌아오자 혼란이 가중되었다. 급진개화파의 1차 계획이 실패해 버린 셈이었다. 군 지휘관들을 제거해야 정규군을 장악할 수 있었으나 민영익은 중상에 그쳤고, 연회에 참석한 전영사 한규직과 좌영사 이조연, 총관해방사무 민영목은 자리를 피했으며, 숙직 중이던 후영사 윤태준도 비상 경계에 들어갔다. 급진개화파는 계획을 급히 수정해 고종을 방문해 변란이 일어났음을 보고하며 경우궁으로 피신해야 함을 알렸다. 이렇다 할 판단을 하기도 전에 계획했던 대로 화약을 폭발시키자 공포가 극에 달했고, 이 때 김옥균은 친필로 고종의 사인을 받아 일본군의 출병을 요청했다.

경우궁에 고종이 들어서자마자 내부에는 서재필이 지휘하는 사관생도 14명과 충의계가, 안뜰에는 친군전영 소대장 윤경완이 지휘하는 50명의 병력이, 경우궁 경비는 일본군 1개 중대 150명이 담당했으며 곧 경우궁 외곽 경비를 위해 친군전영과 친군후영 병력이 출동했다. 정변은 초반의 실패에도 불구하고 반쯤 성공 기로에 들어섰다.

한편, 흩어졌던 고위 관리들과 군 지휘관들은 고종이 경우궁으로 피신했다는 소식에 급히 돌아왔으나 경우궁 후문에서 차례로 제거되었다. 우영사 민영익을 제외한 전영사 한규직, 후영사 윤태준, 좌영사 이조연, 총관해방사무 민영목이 충의계에 의해 살해되었고 순식간에 군 지휘권이 급진개화파의 손에 넘어왔다. 민태호, 조

영하 등 고위 관리들도 사망하면서 정국이 완전히 급진개화파의 손에 넘어오게 되었다.

하도감에 주둔하던 청군은 곧바로 정변 발생을 인지했다. 청군은 이러한 상황을 본국의 북양대신 이홍장에게 긴급히 보고하는 한편, 전군에 비상령을 내려 상황을 주시하도록 했다. 청 본국의 반응은 급진개화파의 예상과는 정반대였다. 프랑스와의 전쟁에도 불구하고 대만 방어를 위해 파견했던 북양수사 예하 일부 병력을 차출하여 제물포로 지원을 보낸 것이었다.

1884년 8월 개전 이후, 쿠르베 제독이 지휘하는 프랑스 함대가 대만의 지룽을 압박하며 상륙을 시도하는 등 군사작전 범위를 넓히자 북양수사는 7척의 소함대를 급히 상해에 파견하여 대만 방어에 나서고자 했다.

그러나 갑신정변 소식이 보고되자 청의 대응은 매우 기민했다. 파견된 7척의 함선 중 순양함 초용과 양위를 차출했다. 이 순양함은 일본의 2등 철갑함을 제압하고자 영국에서 구매한 최신 순양함이었으며, 프랑스 함대를 충분히 견제할 수 있다고 예상하고 있었다. 하지만 조선의 사태가 더 엄중하다고 판단하자 대만 방어를 포기하면서까지 함대를 되돌렸던 것이다. 북양대신 이홍장 역시 총리아문에 보낸 두 통의 전보에서 정변으로 인한 조선의 사태가 청-프 전쟁보다 더 심각하므로 조속히 군함을 출동시켜 일본의 침략 음모를 저지하라는 명령을 내렸다. 대만 방어를 포기하더라도 조선의 정변 진압이 더 급하다는 판단이었던 것이다.

정여창이 직접 2척의 순양함을 선도해 먼저 출동했고, 뒤이어 대만에 파견될 예정이던 나머지 함선 5척도 목적지를 제물포로 변경했다. 여기에 조선으로 자주 파견되었던 연습선 위원도 합류시켰으며, 여순-금주 주둔군 1개 영 500명을 차출해 조선으로 파견했다. 정변 보고가 올라온 지 단 사흘만에 대응 및 실제 병력 파병이 이루어진 것이었다. 이러한 상황을 인지하지 못한 급진개화파는 조선 주둔 청군이 아무런 반응을 보이지 않는 데 대해 의아함을 느끼고 있었으나, 일단은 신정부 구성에 박차를 가했다.

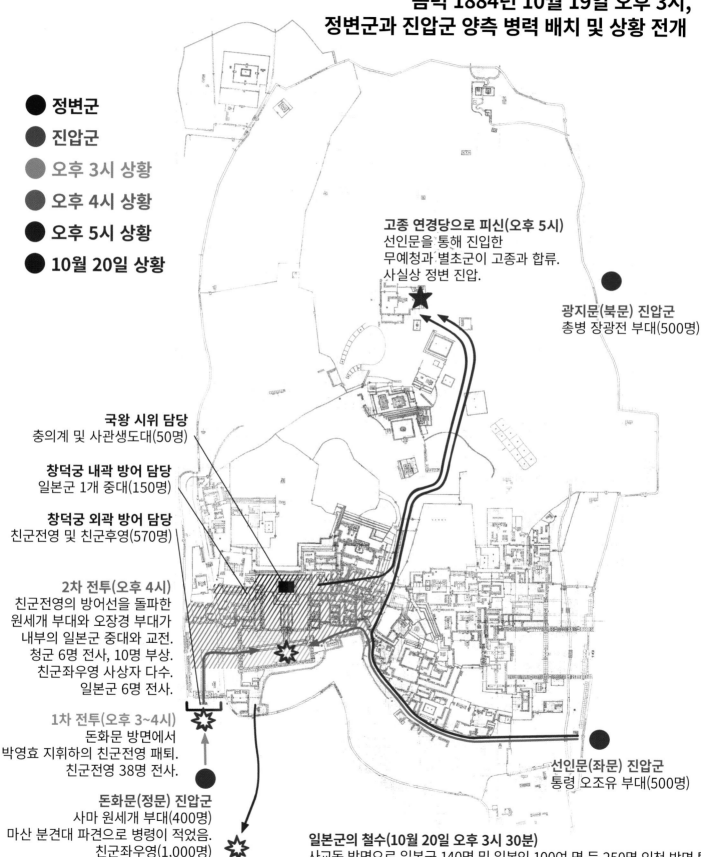

갑신정변 3일째, 창덕궁
음력 1884년 10월 19일 오후 3시,
정변군과 진압군 양측 병력 배치 및 상황 전개

● 정변군
● 진압군
● 오후 3시 상황
● 오후 4시 상황
● 오후 5시 상황
● 10월 20일 상황

고종 연경당으로 피신(오후 5시)
선인문을 통해 진입한
무예청과 별초군이 고종과 합류.
사실상 정변 진압.

광지문(북문) 진압군
총병 장광전 부대(500명)

국왕 시위 담당
충의계 및 사관생도대(50명)

창덕궁 내곽 방어 담당
일본군 1개 중대(150명)

창덕궁 외곽 방어 담당
친군전영 및 친군후영(570명)

2차 전투(오후 4시)
친군전영의 방어선을 돌파한
원세개 부대와 오장경 부대가
내부의 일본군 중대와 교전.
청군 6명 전사, 10명 부상.
친군좌우영 사상자 다수.
일본군 6명 전사.

1차 전투(오후 3~4시)
돈화문 방면에서
박영효 지휘하의 친군전영 패퇴.
친군전영 38명 전사.

돈화문(정문) 진압군
사마 원세개 부대(400명)
마산 분견대 파견으로 병력이 적었음.
친군좌우영(1,000명)

선인문(좌문) 진압군
통령 오조유 부대(500명)

일본군의 철수(10월 20일 오후 3시 30분)
사교동 방면으로 일본군 140명 및 일본인 100여 명 등 250명 인천 방면 탈출 시도
조선 친군좌영 500여 명과 교전하였으나 돌파해 철수 성공.

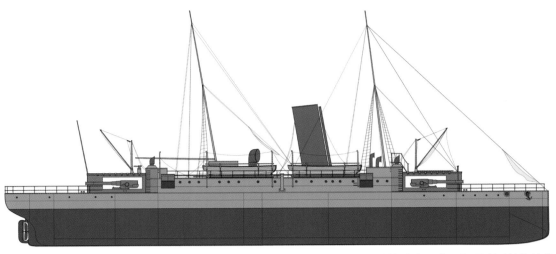

초용
超勇

북양수사 소속의 1,380톤 아르투로 프라트급 순양함 초용과 자매함 양위는 일본의 2등 철갑함을 상대하기 위해 영국으로부터 수입한 당대 최신 함선이었다. 원래대로면 이들은 대만을 압박하는 프랑스 해군을 상대해야 했으나, 갑신정변이 발생하자 제물포로 이동로를 변경하였다. 이후 이들은 조선의 해방(海防)을 제공하겠다는 청의 의사에 따라 자주 조선에 파견되는 함선들이었다.

그러나 정변은 필연적으로 많은 피를 불렀다. 적지 않은 정부 고관과 군 지휘관이 제거되었으며, 이에 따른 반발을 누르기 위해선 무력이 필요했다. 급진개화파는 군대를 개혁하며 기존의 4영을 친군전영 중심으로 통합하고자 했고, 박영효와 서광범을 중심으로 친군 4영을 통제하고자 했으나 예기치 못한 변수가 있었다.

조선 주둔 청군이 10월 18일과는 달리 19일에는 활발한 움직임을 보였다. 방어가 쉬웠던 경우궁도 왕실의 반대에 부딪혀 결국은 고종이 경복궁으로 이어하였다. 경우궁과는 달리 경복궁은 궁궐이 넓다 보니 수비할 범위 역시 넓었고, 일본군은 당초 계획과는 달랐으나 청군의 공세를 저지할 수 있다고 호언장담했지만 실제로는 그렇지 못했다.

청군의 공격이 있을 것이라는 우려가 터지자, 우선 급진개화파는 각 병영에 있는 후장식 소총을 꺼내 무장을 강화하고자 했다. 통설에 따르면 미국에서 들어온 최신식 레밍턴 소총 3,000정을 꺼내 왔다고 했으나, 이는 사실과 멀다. 1883년 조선이 나가사키의 America Trading Company를 통해 주문한 레밍턴 롤링블럭 소총은 총 4,000정이었으며 1884년 6월에야 조선에 도착했다. 이마저도 주조선 미국 공사관 소속 해군 무관들이 관리하며 조선측에 인도하지 않고 있었다.

당시 양측의 계약 내용부터가 미 정부가 파견한 군사교관단이 도착해야 공급할 수 있다고 언급했고, 이에 대해서 조선 정부가 인정하고 있었기 때문이었다. 즉 급진개화파가 무장할 수 있는 최신식 소총은 미국 공사관 해군 무관들의 거부로 사용할 수 없었다. 이들이 선택할 수 있는 최선의 방법은 2가지였다. 각 병영에 배치된 스나이더 엔필드 소총이나 1881년에 도입된 978정의 스페인 주문 버전 레밍턴 롤링블럭으로 무장했을 가능성이 높았다.

스나이더 엔필드는 청군의 지원으로 약 1,000여 정이 도입되었으며 이외에도 적지 않은 수량이 조선군에 유입되었다. 레밍턴 롤링블럭 소총 역시 1881년 일본을 통하여 스페인 주문 버전 소총들이 도입되었다. 하지만 스나이더 엔필드는 친군좌영과 우영이 사용했을 가능성이 크다. 친군좌우영과는 달리 친군전영과 후영이 사용한 소총에 대한 기록은 많이 없으나, 후장식 소총을 사용한다는 기사가 있는 것으로 보아 자연히 남는 것은 일본으로부터 중고로 구매했던 레밍턴 롤링블럭 소총들로, 전후영은 이 소총을 사용했을 가능성이 가장 높다. 총기가 녹슬고 상태가 좋지 않아 소제, 정비를 했다는 기록도 함께 있는 것으로 보아 각 병영에 보관된 후 제대로 활용되지 못했던 것으로 추정된다.

다시 돌아와서 중고 레밍턴 롤링블럭 소총

정변 진압군의 개인화기

진압군의 무장은 전반적으로 개화파의 무장을 압도하였다. 청군은 독일제 마우저 Gew71 소총으로 무장하였으며, 이들과 함께 투입된 친군좌영과 우영은 스나이더 엔필드로 무장하여 각각 일본군과 친군전영 및 후영보다 화력상 우위를 점할 수 있었다. 특히 친군좌영은 개틀링 기관총과 암스트롱 야포 등도 동원할 수 있었다는 점에서 상당히 유리한 고지를 점하고 있었다.

들을 꺼내 친군전영과 후영의 병력들이 정비를 한참하고 있을 즈음 일본군은 급히 철수하겠다는 통보를 보냈다. 본국의 지시 없이 독단으로 공사관 수비대를 움직인 것에 대한 불안감 때문이었는지 아니면 청군의 개입이 본격화되자 청일 양국의 충돌로 비화될 것이 우려되어서인지는 정확히 알 수 없으나, 일본 공사관은 경복궁에서 병력을 철수하겠다는 통고를 급진개화파에 전달했다.

갑작스러운 일본군의 철수 통지에 급진개화파는 조선군의 장비가 모두 준비될 때까지 3일만이라도 방어를 지원해 달라고 요청했고, 일본 공사가 이를 승낙하였다. 급진개화파는 10월 19일 오후 3시를 기해 혁신정강을 기본으로 대개혁을 반포하였으나, 동시에 하도감에서 나온 청군의 공세에 직면해야 했다. 아직 조선군은 준비되지 않았을 뿐더러, 친군좌영과 우영은 청군 편을 들어 급진개화파에 대한 공격에 가담했다. 자신들의 지휘관이 살해되었을 뿐만 아니라 급진개화파가 국왕인 고종에 대해 폭압적인 행동을 취하는 데 반발했기 때문이었다. 청군은 Gew71 소총을, 친군좌영과 우영은 스나이더 엔필드와 개틀링 기관총, 암스트롱 야포 등 중장비까지 모두 충실히 갖춰 공세에 나섰다. 여기에 왕실과 연계되어 있던 경기감사 심상훈이 소집한 경기도 지방군 및 한성에서 모은 별초군까지 가세하면서 청군의 전력은 더욱 강화되었다.

그러나 이를 방어할 친군전영과 후영의 전

투 태세는 허술했다. 아직 소총의 정비가 채 끝나기도 전이었고, 일본군 역시 혼란스러웠다. 청군의 공세가 시작될 무렵 일본 본국의 지시가 떨어졌기 때문이었다. 일본 외무대신이 조선 주재 일본 공사관 및 공사관 수비대에 정변에 그 어떠한 행동도 취하지 말라는 지시를 내렸기 때문이었다.

이러한 상황에서도 청군은 시시각각 접근해 오고 있었다. 청군은 1,500명의 병력을 둘로 나누어 오조유가 지휘하는 400여 명은 선인문에서, 원세개가 지휘하는 800여 명은 돈화문을 통해 창덕궁 방면으로 진격해 왔다. 이들의 뒤로는 조선군 친군좌영과 우영, 별초군이 가세했다. 이에 친군전영의 병력들이 공세를 저지하기 위해 사투를 벌였다.

후장식 소총의 사용이 불가능했기에 이들은 소지하고 있던 전장식 소총과 환도 등 쓸 수 있는 모든 무기를 동원했다. 특히 충의계 소속 무사와 친군전영 소속 장교진들의 저항이 격렬했다.

친군전영 병사들이 전장식 소총을 사격하는 동안 장교들과 충의계 무사들은 발도 돌격을 가하며 대항했지만, 화력과 병력 열세에 결국 무너졌다. 후장식 소총으로 무장한 청군의 화력 앞에 전장식 소총으로 싸우던 친군전영은 버텨낼 수 없었다.

결국 양측의 교전은 조선군 전사자 38명을 남긴 채 친군전영의 패배로 끝났다. 친군후영은 전영의 패배를 직면하자 저항을 사실상 포기했다. 외곽의 조선군이 무너지면 그 다음은 일본군이 대응해야 했으나, 본국의 지시에 따라 이들은 제대로 된 전투를 벌이지 않고 철수했다. 그럼에도 청군 및 조선군과의 교전 과정에서 2명이 전사하고 8명이 부상을 입는 피해를 입었다.

외곽의 친군전영과 내부의 일본군이 무너지자 왕실은 급히 창덕궁의 북산으로 도피했다. 그러자 김옥균, 서광범 등은 도피를 저지하고 인천으로 옮겨 강화도에서 신정부를 유지하고자 하였으나, 고종의 반대에 부딪혔다. 고종은 대왕대비가 있는 곳인 북산으로 가겠다며 인천으로는 죽어도 도피하지 않겠다고 버텼고, 이때 청군이 공격해 오면서 어쩔 수 없이 창덕궁 동문 방면으로 피신해야 했다. 청군의 공격에 고종을 호위하던 무예별감이 총에 맞는 등 사태가 심각해지자 일본 공사 다케조에는 일본군을 공사관 방면으로 철수시켰다. 일본군의 철수는 갑신정변의 끝을 의미하였으며, 정변 가담자들의 다수가 이들과 함께 일본 공사관으로 도주할 수밖에 없었다.

고종 곁에 호종하겠다며 남은 홍영식, 박영교, 신복모 및 사관생도 7명은 청군에 의해 사살되었으며, 직후 일본 공사관도 결국 성난 군중들에게 공격당해 공사관 인원 전부가 도주해야 했다. 그러나 이들의 철수도 녹록하지는 않았다. 150여 명의 일본군 중대는 공사관 직원과 그 가족, 거류민 포함 250명을 보호해야 했으나 이들의 진로를 한성 주민 및 친군좌영이 가로막고 있었다.

인천으로 탈출하기 위해 공사관 일대에서 빠져나온 이들을 구 대궐거리, 즉 육조 거리에서 조선 친군좌영 500명이 야포 2문을 배치하고 퇴로를 가로막았다. 이곳에서 양측의 교전이 벌어졌다. 첫 발포는 조선군 쪽에서 나왔다. 조선군은 야포 사격을 가했으나 초탄이 엉뚱한 곳에 떨어졌고, 조선군의 소총 사격 역시 별다른 피해를 입히지 못했다.

원래대로라면 수적으로 열세인, 그것도 민간인까지 보호해가면서 탈출해야 하는 일본군이 전멸당하는 게 정상이었지만, 조선군은 일본군의 탈출을 필사적으로 저지하지 않았다. 이 덕분에 일본군은 250명의 민간인을 포함한 피난민을 이끌고 조선군의 방어선을 돌파해 동대문을 거쳐 탈출에 성공했다.

그러나 갑신정변이 가져온 해악은 조선에게 너무나 엄청났다. 너무 많은 피를 불러온 갑신정변의 여파는 보복으로 돌아올 수밖에 없었다.

갑신정변의 영향과 조선군 근대화의 지연

갑신정변의 가장 큰 문제점은 너무 많은 사람들을 죽였다는 것에 있었다. 군 주요 지휘관과 정부 고위 관료들이 살해당했고, 궁극적으로 갑신정변이 진압되면서 조선 정부가 해외로 유학보낸 사관생도 및 새로운 제도로 양성한 군인들이 숙청당했다.

이러한 문제는 조선군의 근대화에 심각한 지장을 주었다. 원래대로면 개항 직후 조선도 일본 등에서 군제를 배워 정/부/참령관 체제의 부대 운용을 꾀하고 있었다. 이는 교련병대의 편제에서도 엿볼 수가 있는데, 문수산성에서 싸웠던 한성근이 정령관으로 임명되었고, 그 밑에 부령관, 참령관이 각각 대대급과 중대급 부대를 지휘하도록 되어 있었다.

당연히 이는 연대, 대대, 중대와 같은 편제의 개편으로 이어지던 것이었고 장차 모든 군대의 편제를 이런 식으로 교체할 예정이었다. 이는 임오군란 이후에도 유지된 것이었고, 청군이 들어와서 자국군 편제를 친군좌영과 우영에 이식했음에도 여전히 전영과 후영에서는 일본식 편제가 유지되었다.

장차적으로 일본식 군제로 조선군을 개편

친군별영 편제표

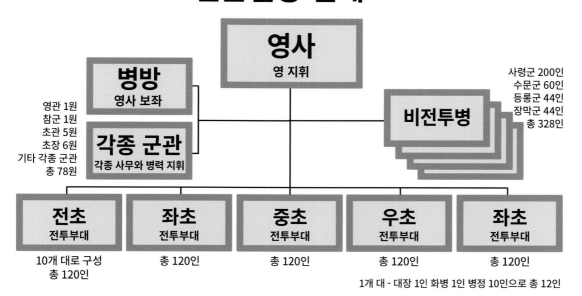

영사
영 지휘

병방
영사 보좌

각종 군관
각종 사무와 병력 지휘

영관 1원
참군 1원
초관 5원
초장 6원
기타 각종 군관
총 78원

비전투병

사령군 200인
수문군 60인
등롱군 44인
장막군 44인
총 328인

전초 전투부대	좌초 전투부대	중초 전투부대	우초 전투부대	좌초 전투부대
10개 대로 구성 총 120인	총 120인	총 120인	총 120인	총 120인

1개 대 - 대장 1인 화병 1인 병정 10인으로 총 12인

친군별영은 갑신정변 직후, 각 부대에 분산배치되었던 기존 금위영과 어영청 부대로 재편하여 창설되었다. 특이점은 다른 친군영 부대에 비해 인원이 2배 가량 많았으며, 사실상 전통적인 조선군의 후예라고 볼 수 있었다. 아마도, 친군영 4개 부대가 각각 청과 일본의 영향을 받은데다가, 갑신정변 당시 서로 교전까지 벌이자 이를 억제하기 위해 편제된 것으로 보인다.

하고자 했으며, 그렇기 때문에 박영효에게 사관장을 맡기고 육군호산학교에 유학한 14명의 사관생도들을 군의 중추로 활용하고자 했었다. 그러나 정변은 이러한 움직임에 치명타를 날렸다. 앞으로 근대 조선군을 이끌어 가야 할 사관생도들이 죄다 정변에 가담해서 숙청당한 것도 큰 문제였지만, 사실 이것으로 인하여 일본에서 배워온 군제에 대한 불신이 커지게 되는 것이 더욱 큰 문제였다.

즉, 일본식 군제 개편은 곧 역도들이 배워온 것이며, 이것을 조선군에 적용하느냐는 더 이상 건설적인 논의가 아니었다. 되려 역적으로 몰리는 문제로까지 이어질 수 있었다. 결국 일본군식 편제는 중앙군과 지방군에서 서서히 사라졌다.

임오군란 직후 개화가 곧 살 길이라던 인식은 갑신정변으로 인하여 180도 바뀌었다. 더 이상 개화는 살 길이 아니었다. 개화를 입에 담는 것은 반역이라는 인식이 널리 퍼졌으며 사회 전반적으로 분위기를 침체시키는 원인이 되었다.

급진개화파의 정변이 수습될 무렵, 사망한 주요 군 지휘관들을 대체하는 인사가 단행되었고, 여기에 일부 군 편제의 이동이 이루어졌다.

우선 갑신정변 당시 전공을 세웠던 별초군은 친군우영에 배속되었으며, 친군 4영에 나눠 배치했던 금위영과 어영청의 병력을 다시 빼내어 친군별영이라는 새로운 부대를 창설했다.

친군별영의 편제는 영사 아래 병방과 5개 초 40개 대로 구성되어 친군영과 유사한 편제를 갖췄으나, 여기에는 대령군, 수문군, 등롱군, 장막군 등 지원병종들이 별도 편제되었다. 병력 수는 전투 병력 600명과 장교 등 78명을 포함해 총 1,450여 명으로 구성되었으며 다른 친군영에 비해 약 2배가량 많은 인원을 수용하였다. 별영은 사실상 전통적인 조선군의 후신이었으며 이에 따라 편제가 늘어났던 것으로 추정된다.

정변 진압 직후 1884년 11월 12일에는 친군전영과 후영의 편제를 친군좌영과 우영의 제도로 변경했으며, 지휘관 역시 정령관을 병방으로, 부령관을 영관으로, 참령관을 초관으로 바꿨다. 일본식 편제가 완전히 폐기된 것이었다. 12월 14일에는 조선 주둔 청군 지휘관인 원세개에게 친군전영, 후영, 별영의 훈련을 감독해 줄 것을 요청했고, 이에 따라 친군 5영은 청군식으로 개편되었다.

다만 천진 조약에 의거하여 청일 양국은 더

이상 조선에 군사교관을 파견하지 않게 되었다. 이에 따라 북양대신 이홍장은 고종에게 서양에서 교관단을 고용하거나 천진의 청군 진영에 조선군 인원들을 보내 교육을 받는 방법을 제안했으나, 고종은 이미 1883년부터 미국으로부터 군사교관단을 고용하기 위해 푸트 공사와 접촉하고 있었다고 회답했다.

그러나 미국에서의 군사교관단 파견 일정이 계속 밀리면서 조선군은 1888년까지 큰 변화 없이 현재의 친군5영 체제를 유지해야만 했다.

조선의 무기 도입과 홍삼의 활용

갑신정변 이전까지 조선은 해체된 중앙군을 복원하고 신식 군대를 갖추기 위해 많은 장비를 구매하고 있었다. 지방군과는 달리 중앙의 친군영은 조선 정부가 직접 미국의 무기회사들과 직접 접촉하여 장비들을 구매하고 있었다. 주로 일본 요코하마의 America Trading Company를 통해 미국제 장비 구매가 이루어졌으며, 1883년에는 4천정의 레밍턴 롤링블럭 소총을 구매 계약이 체결되어 1884년 6월 제물포에 하역했다.

다만 계약 자체가 위에서도 언급했듯이 미국 정부가 파견한 군사교관단이 오면 해당 소총으로 훈련을 하기 위해 도착 당초에는 조선군에게 바로 전달되지는 않았고, 미 해군 장교 2명이 한성으로 파견되어 주조선 미국 공사관에 소총 상자들을 쌓아 두고 관리했다. 이 때문에 갑신정변 때 신형 레밍턴 롤링블럭 소총들이 사용되지

못했던 것이다.

다른 방법으로는 청의 기기국들과 거래하여 무기를 구매하는 것도 있었다. 임오군란 직후 친군좌영과 우영의 무장을 위해 조선 정부는 5,000냥의 자금을 들여 천진기기국에서 청동제 야포 12문, 스나이더 엔필드 소총 1,000정을 구매했다. 어찌보면 가장 간편한 방법이기도 했으나 이에는 문제가 있었다.

점차 청의 영향력이 짙어져 가자 조선은 이러한 분위기를 타개하기 위해 미국을 중심으로 서양 국가들에게 접촉하고 있었다. 게다가 조선의 군대가 청국제 장비를 주로 사용하게 된다면 결국은 이들의 영향에 잠식될 것이라는 우려도 섞여 있었고, 이에 따라 청국제 장비 거래는 서서히 줄이고 있었다.

그러나 완전히 청의 영향력을 뿌리칠 수는 없었다. 특히 무기 거래에서는 청의 도움은 조선

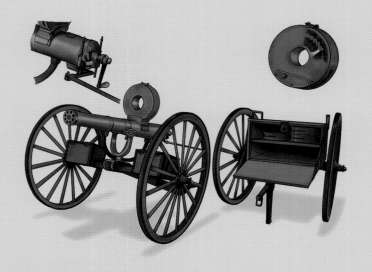

M1883 개틀링 기관총
U.S. M1883 Gatling gun .45-70

갑신정변 직후인 1884년 말부터 조선은 미국의 중개무역회사와 접촉, 하트포드 사의 M1883 개틀링 기관총 6문을 구매하였다. 구매 비용은 총 16,000달러로, 6문의 기관총과 75,000발의 탄약, 예비 부품을 계약했다.

M1883은 총열이 노출되었던 M1874와는 달리 10연장 원형 배럴를 외부 케이스로 둘러쌌다. M1883은 104발들이 어클레스Accles 드럼 탄창을 채택했는데, 이 드럼은 고속 발사를 지원했지만 오염에 지나치게 민감했기에 나중에는 기존 모델에 사용하던 브로드웰식으로 개조하여 사용했다. M1883은 2륜 포가의 육군형과 삼각대에 얹은 해군형 두 가지 모델이 있었다.

태창
抬槍

1884년 4월 3일 강화유수 김윤식이 직접 고종에게 올린 상소에서 태창 50문을 마산포를 통해 청군으로부터 받았다는 기록이 있다. 청에서 운용하던 태창은 중앙아시아의 제자일Jezzail이나 인도의 징걸Jingal, 조선의 천보총과 같은 계열의 대형 조총으로, 주로 벽에 거치하는 경포병에 가까운 장비였으며 길이가 보통 2m 이상, 최대 3m에 달했다고 한다. 이 계열의 모든 화기들이 그렇듯 많은 장약량과 긴 총신을 살려 장거리 저격 용도로 사용했으며, 청일전쟁 시기에도 청국 정규군에서는 대량으로 운용했다. 청은 이러한 무기 제공을 통하여 조선에 대한 군사적인 영향력을 지속적으로 행사하고자 했다.

에게 있어 굉장히 절실했다. 조선의 무기 거래 대금은 보통 홍삼을 통해 충당되었다. 1882년 임오군란 이후 조선의 재정 상태는 악화되어 가고 있었으나 근대화 사업과 군비 점검에는 적잖은 자금이 필요했다.

이 때문에 2가지의 방법이 사용되곤 했다. 자주 사용된 방식은 홍삼을 팔아서 군비를 충당하는 방법이었다. 당시 조선은 홍삼을 전매제로 운영해 필요할 때마다 청에 홍삼을 팔아서 그 자금으로 무기 구매 대금을 마련하곤 했다. 또다른 방법으로는 청에게 홍삼을 현물로 주고 이를 대신 처리하게 하여 보증을 받고 대리로 무기를 구매하는 것이었다.

이와 관련되어 흥미로운 무기 거래 사례는 M1883 신형 개틀링 도입 사업과 관련된 것이었다. 갑신정변 이후인 1884년 말, 하트포드사와 접촉한 조선은 총 6문의 개틀링 기관총 구매 의사를 타진했으나 조선 정부가 동원할 자금, 특히 은화가 모자랐다.

묄렌도르프가 직접 주선에 나섰던 이 사업은 8,000달러에 6문의 신형 개틀링과 75,000발의 탄약을 구매하는 것이었고, 하트포드사도 대금만 지불된다면 곧바로 장비들을 보내겠다고 제안했었다.

그러나 조선 정부의 자금 사정은 굉장히 빠듯했고 결국 청에게 손을 내밀었다. 조선은 이때 15,000근의 홍삼을 현물로 가져가 청에게 당시 국제 통화였던 은화 혹은 기타 화폐 등으로 총 8,000달러 가량의 자금 교환을 요청했다.

청은 이러한 조선 정부의 요청을 받아들여

상해, 천진 등에서 홍삼을 받는 대신 자금을 내줬다. 조선은 8천 달러에 해당하는 홍삼을 청에게 현물로 넘기고 대금을 받아 16차례나 환전하여 두 배인 16,000달러에 달하는 시세차익을 낸 자금을 확보할 수 있었고, 당초 묄렌도르프가 제안한 개틀링 기관총 6문과 탄약 75,000발 이외에도 예비 부품 및 화약, 탄두, 재생탄약기계 등 다양한 장비를 하트포드사로부터 구매할 수 있었다. 조선은 이러한 방식으로 무기를 구매했던 것이었다. 자금이 모자라면 현물을 청에 가져가 현금으로 바꾸고, 다시 그 현금을 시세차익을 활용하여 가져갔던 현물보다 더 많은 자금을 확보하는 방법이었다.

이는 워낙 조선 정부의 재정이 빈약한 상태라 선택한 방법이었고, 재정 상태가 나아지는 1890년대 초에서야 이러한 방법은 서서히 사라졌다. 여전히 재정이 열악한 지방 관청 등의 경우는 오랫동안 이런 방식의 거래가 유지되었다.

지방군 중 강화도의 진무신영은 청으로부터 많은 무기를 수급할 수 있었다. 1884년 강화도 해안 방어를 위한 태창 50문을 마산포의 청군으로부터 공급받은 이후 엔필드 전장식 소총 300정과 윈체스터 소총 및 퍼거션 캡 50만 발을 상해 기기국으로부터 구매하는 등 군비 점검에 나서고 있었다.

중앙과 지방을 가리지 않고 다양한 무기의 도입이 이 무렵 이루어지고 있었다. 이러한 복잡한 병기 도입 난맥상의 끝은 갑신정변 이후의 혼란을 제어하면서 서서히 정리가 되기 시작했다.

윤웅렬
함경남도 병마절도사, 군부대신

1840. 5. 18~1911. 9. 22.
아산 출생. 일본국 조선 경성부 졸.

1840	충청도 아산에서 출생.
1856	무과 급제. 선전관.
1859	첨지중추부사, 오위장.
1862	함경북도 병마우후, 토포사.
1865	아들 윤치호 출생.
1878	통리기무아문 참사, 남양부사.
1880	별군관. 2차 수신사.
1881	조사시찰단. 교련병대 부령관.
1882	남양부사. 교련병대 정령관.
	임오군란으로 일본 망명 후 귀국.
1883	함경남도 병마절도사.
1884	갑신정변 신정권에서 형조판서.
1885	전남 화순군에 유배.
1894	해배. 경무사.
1895	군부대신. 상해 망명.
1896	육군 참장, 전라남도 관찰사.
1903	군부대신.
1905	을사조약 이후 정계 은퇴.
1907	국채보상운동 참여.
1910	일본제국 조선남작 수작.
1911	경성에서 졸.

갑신정변의 주역으로 꼽히는 사람들은 보통 김옥균과 박영효, 서광범, 서재필, 홍영식이다. 이들은 장원 급제자, 철종의 부마, 영의정의 아들 등 그야말로 명문가 귀공자들이었지만, 경력과 군사적 식견, 그리고 실질적 무력이 부족했다. 이를 채운 인물들은 출신이 낮은 무관들이었고, 그중 필두가 함경남병사 윤웅렬이었다.

윤두수의 후손이지만 서얼 신분이었던 윤웅렬은 '일신의 무용'으로 세파를 헤쳐 나간 입신양명의 사나이라 할 수 있다. 만 16세에 상경해 무과에 급제한 이후 흥선대원군과 고종의 총애를 받으며 승진을 거듭했지만, 주변으로부터는 한미한 가문의 서얼 출신이라는 이유로 푸대접과 수많은 탄핵을 받았다.

남양도호부사를 거쳐 별군관으로 있던 윤웅렬은 두 차례에 걸쳐 일본에 사절단으로 파견되었고, 복귀한 뒤 교련병대 기간 인원으로 선발되어 신식 군대를 지도했고, 임오군란이 일어나자 잠시 일본으로 피신했다 돌아오는 일도 있었다. 이후 윤웅렬은 김옥균을 비롯한 급진개화파와 가까이 지냈고, 갑신정변 직전에는 정변군의 주력이 될 북청군을 맡았지만, 고종의 지지를 얻지 못했기에 거사가 실패할 것으로 예견하고 소극적으로만 참여했다.

결국 삼일천하로 갑신정변이 끝난 뒤, 윤웅렬은 전남 화순군으로 유배되었다. 그는 1894년에야 해배되어 한성으로 돌아왔고, 청일전쟁 이후에는 경찰 총책임자인 경무사와 구체제 기준 병조판서에 해당하는 군부대신을 여러 차례 역임하다가 춘생문 사건에 참여하였고, 실패로 돌아간 뒤에는 상해에 망명하기도 했다. 그 과정에서 조선 조정에서 보낸 자객들을 손수 물리치는 일도 있었다. 아관파천으로 신원되자 귀국한 그는 초대 전라남도 관찰사로 부임해 일했고, 선정비가 세워지기도 했다. 대한제국 수립 이후에도 군부대신, 경무사, 전남관찰사 등을 역임하다 1905년이 되자 을사조약에 반대하였고, 조약이 체절되자 사직하고 정계에서 은퇴했다.

윤웅렬은 은퇴 후에도 사회 활동을 지속했다. 상업전문학교 교장을 역임하고 국채보상운동에 참여하였으며, 애국계몽단체인 기호흥학회 회장직도 지냈다. 그러나 1910년 병탄 이후 조선남작 작위를 수작하였고, 그 다음해 한성에 있던 자택에서 사망하였다.

윤웅렬과 동생 윤영렬의 행적은 구한말 신분제의 동요와 새로운 세력의 부상을 보여준다. 서얼로 태어나 본인의 재능과 집안의 후원으로 한계를 극복하고 고관이 되었으며, 둘의 후손은 이후 의사, 학자, 예술가, 법관, 심지어 대한민국 대통령까지 배출하는 등 신흥 명문가가 되었다. 당장 윤웅렬부터 조선귀족이었던 만큼 가문의 흥성 과정에 친일 논란이 드리워질 수밖에 없는 것은 필연이지만, 두 사람의 가계는 윤보선 등 독립운동가 역시 많이 배출하였다.

갑신정변 이후
조선의 군비 점검

1884~1894

신식화된 조선군 기병(상상화)

갑신정변 이후
조선의 군비 점검

갑신정변 이후 지방군의 신설과 중앙군의 재편

갑신정변이 끝난 이후 조선군은 또 다시 개편을 맞이했다. 가장 전력이 강화된 부대는 강화도의 진무신영과 평양 주둔 부대였다. 이곳은 각각 수도 한성을 방어할 수 있는 전략적 요충지와 서북 방어의 핵심이었다. 강화유수 김윤식이 양성한 1,200명의 강화도 군대는 1885년 진무신영이 되며 1,500명으로 증강되었고, 1887년에는 친군심영(沁營)으로 개칭했다.

평양의 군대 역시 재편되었다. 친군후영을 지휘한 바가 있던 민응식이 평안감사로 임명되면서 평안도 지방군을 중앙의 친군영식으로 개편하기 시작한 것이다. 민응식은 새로운 병력을 모집하고 조정에 건의해 친군서영(西營)이라는 명칭을 부여받았다. 이들은 친군서영이라는 이름 외에도 평안도 지방군을 통칭해 기영(箕營)이라는 이름으로도 통용되었다. 이들은 중앙군의 편제를 그대로 차용하게 하였다.

친군심영과 친군서영은 유사시 국왕을 보호하고 수도 방어에 동원되었다. 수도 한성에서 가장 가까우면서도 정예부대를 갖췄기 때문이었다. 예시로 1890년 10월 16일 프랑스 공사 플랑시가 남긴 문서에서도 친군서영 동원에 대한 흥미로운 기록이 있다. 1890년 8월 29일 신정왕후, 대부분은 조대비라고 불리는 것이 익숙했던 인물이 사망하면서 수도 내에서 국장이 거행되었다. 그러나 이 당시 정국은 매우 혼란했는데, 쿠데타 음모와 함께 장례식 예행 연습 도중 1,600명에 달하던 상여꾼과 인부 사이에 벌어진 난투극이 폭동으로 이어져 치안이 불안정해진 상태였다. 2차례에 걸친 폭동은 10여 명의 사망자와 200여 명의 부상자를 냈고, 경복궁 인근에서 발생했기 때문에 이를 진압하기 위해 국상에 대한 모든 권한을 가진 총호사가 당시 근위대였던 친군장위영을 투입했다.

그러나 200~400명에 불과한 경복궁 수비 병력은 폭동을 진압하기는커녕 오히려 패퇴했고, 한때는 고종을 어디론가 피신시켜야 한다는 논의가 나올 정도로 사태가 심각해졌다. 이때 긴급히 동원된 병력이 평안감사가 지휘하는 친군서영 소속 500명의 병력이었다.

플랑시 공사는 친군서영에 대한 평을 다음과 같이 남겼다.

도성을 떠나지 않겠다고 결심했지만 아직은 안심할 수 없는 상황이었습니다. 만일의 사태에 대비해 국왕은 평안도 관찰사에게 500명의 정예 병력을 서울로 보낼 것을 명령했습니다만, 이들 또한 다른 조선인 징집병보다 잘 훈련된 것 같지 않았습니다. 조선에서 평안도 사람들은 성격이 고약하고 용맹하기로 유명하기 때문에 평안도 병력이 도착한 것은 어쨌든 백성들에게 어느 정도 효과를 발휘했습니다. 조선에서 이 지방 사람들을 얼마나 두려워하냐 하면, 평안도 출신이라는 이유만으로 관직 임용에서 제외될 정도입니다.

그리고 이 결정이 곧바로 수도를 뒤흔들었던 폭동 분위기와 쿠데타 음모를 잠재웠을 정도로 친군서영의 명성은 상당했다. 친군심영 역시 친군서영과 명성이 비슷하였으며, 주로 유사시 수도 방어 임무와 함께 주요 개항지인 제물포 방어에도 나서는 모습을 자주 보였다.

이들 이외에도 1883년에 병조가 해체한 지방군을 다시 재건하고 있었다. 1887년 경상감사의 휘하에 친군남영(南營)을 창설하고 1888년 일본으로부터 600정의 전장식 소총을 구매하여 무장하는 등 재무장에 박차를 가하고 있었으며, 같은 해 삼남 지방 방어의 핵심인 청주 일대에도 새로운 부대를 창설했다.

충청도 방위의 핵심은 친군진남영(鎭南營)이었으며, 이곳은 독특하게도 해당 지역 관찰사가 군 지휘관을 겸임하던 다른 지역과는 달리 삼남 지방 육군을 통합 지휘할 수 있는 '삼도육군통어사 겸 충청도병마절도사 청주목사'가 배속되었다. 이는 삼도수군통제사의 예를 따랐으며, 통어사는 일시적이지만 하삼도 육군 및 지방군을 모두 통제할 수 있는 막중한 권한을 지녔다.

지방군의 증강과 더불어 중앙군의 정비 및 재편도 이루어졌다. 특히 정변 이후 고종이 갖게 된 불안감은 친위대의 증설로 이어졌다. 1885년 3월 고종은 용호영을 다시 부활시켰으며, 이들

은 친군영의 편제를 따르지 않았다. 전통적인 조선군으로 편제된 이들은 금군별장의 지휘 하에 1,222명의 병력으로 구성되었다. 이는 기존 600명 규모의 금군 병력수를 두 배나 상회했다.

한편 1885년 주조선 미 공사인 푸트가 기록한 바에 의하면 수도 한성에 주둔한 군대는 총 5,500명이었으며 4개 궁궐 근위대로 구성되었다 밝혔다.

그러나 정변에 동원된 군대도, 이를 진압한 군대도 모두 일본과 청의 입김에서 벗어나기 힘든 부대였으며, 자연스럽게 국왕의 신뢰도는 떨어졌다. 따라서 1884년 창설된 기연해방영은 당초 목적이었던 경기 연안 및 서해안 일대 방어 임무에서 벗어나 왕실 및 수도방위군으로 활용되기 시작했다. 1885년 기연해방영은 의정부의 건의에 따라 주둔지를 강화도에서 용산으로, 다시 용산에서 남별영으로 이동했고, 1886년 2월에는 개성 지방군의 신설 부대 600명 중 500명을 흡수했다.

명칭도 친군기연해방영으로 바꿨으며, 이들도 친군영제의 일원이 되었다는 것을 공표했

친군서영과
친군심영 병사

조선 왕실에게 있어 가장 신뢰할 수 있는 군대는 평안도 관병을 신식으로 개편한 평양의 친군서영과 구 진무영을 개편한 강화의 친군심영이었다.

친군서영은 1885년 평안 감영병인 기영(箕營)을 기반으로 민응식의 주도하에 탄생했다. 이 부대에는 홍범도 장군도 몸담은 적이 있었는데, 1883년에 입대하여 1887년까지 복무하였다고 한다.

친군심영은 서영보다 늦게 출범하였는데, 1887년 경상 감영병을 친군남영으로 재편하면서 갑신정변 이후 진무신영으로 재편했던 강화도 병력도 함께 친군심영으로 명칭을 바꾸었다.

이들 두 병영은 청의 지원을 받아 중앙군에 준하는 편제를 갖춰 왕실이 가장 신뢰하는 부대로 활약하였고, 동학농민전쟁 당시 심영은 장위영과 함께 정부군의 주력이 되었다.

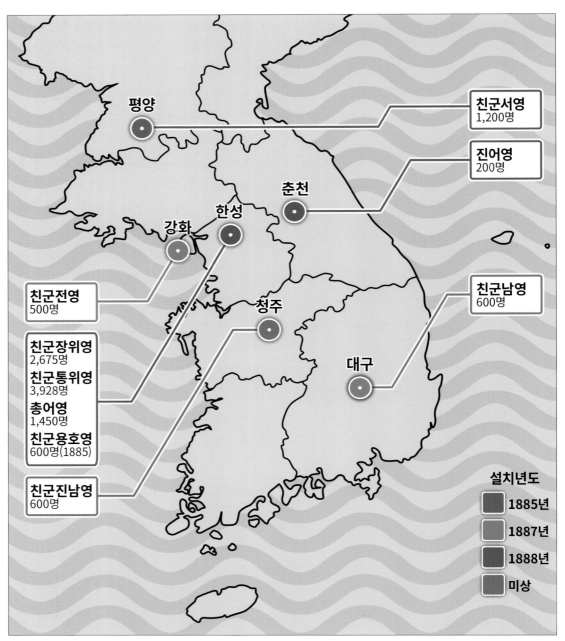

평양

춘천

강화

한성

청주

대구

친군서영
1,200명

진어영
200명

친군남영
600명

친군전영
500명

친군장위영
2,675명
친군통위영
3,928명
총어영
1,450명
친군용호영
600명(1885)

친군진남영
600명

설치년도
■ 1885년
■ 1887년
■ 1888년
■ 미상

갑신정변 이후 중앙 및 지방 친군영들은 1889년까지 9개 가량 설치되었다. 이 중 수도 한양을 지키는 친군영이 4개였으며, 나머지 5개는 각각 평양, 강화, 청주, 춘천, 대구 등 전국 주요 지역을 지키기 위해 배치되었다.

다. 이는 기연해방영이 해안 방어의 임무에서 벗어나 국왕 호위에 투입되었음을 의미했는데, 갑신정변 이후 신용할 수 있는 부대가 없었다는 것이 주요한 이유였던 것으로 보인다. 조선 조정이 친군 5영의 주둔 이외에도 자주 타 지역 군대, 특히 평양의 군대를 호출한 것과 연관되어 생각해 보면 친군기연해방영의 임무 변경은 타당했을 것이다.

한편 고종은 1885년 통리군국사무아문을 의정부에 통합시켰고, 이들과 동급인 신설기구인 내무부를 개설하였다. 전반적인 국방 업무

는 내무부 산하 군무국을 통해 집행되었으며 독판-협판-참의를 거쳐 실무진들도 배치되었다. 1888년 미 군사교관인 다이 준장이 도착한 직후 친군 5영은 3영으로 다시 통폐합을 거쳤다.

특이할 만한 점은 친군영을 3영으로 개편하면서 프로이센식을 모델로 삼았다는 점이다.

聞各國軍制, 隨時改革, 而多從布操, 近日中國之神機營綠營軍制, 亦有變通

들으니 각 국의 군제가 수시로 개혁되며 포조

친군통위영 편제표

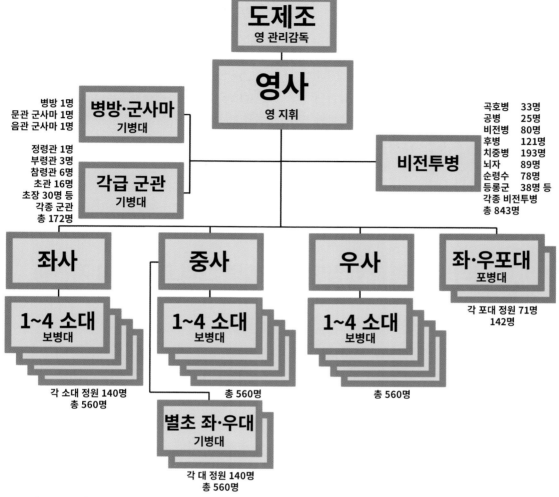

도제조
영 관리감독

영사
영 지휘

병방·군사마
기병대

병방 1명
문관 군사마 1명
음관 군사마 1명

각급 군관
기병대

정령관 1명
부령관 3명
참령관 6명
초관 16명
초장 30명 등
각종 군관
총 172명

비전투병

곡호병　33명
공병　25명
비전병　80명
후병　121명
치중병　193명
뇌자　89명
순령수　78명
등롱군　38명 등
각종 비전투병
총 843명

좌사

1~4 소대
보병대

각 소대 정원 140명
총 560명

중사

1~4 소대
보병대

총 560명

별초 좌·우대
기병대

각 대 정원 140명
총 560명

우사

1~4 소대
보병대

총 560명

좌·우포대
포병대

각 포대 정원 71명
142명

1888년 조선은 미국 군사교관 다이 준장의 조언에 따라 기존의 부대들을 재편하여 3개 영으로 통폐합하였다. 친군우영과 후영, 해방영을 합해 친군 통위영을, 친군전영과 좌영을 합하여 친군 장위영으로, 친군별영을 총어영으로 재편하였다.

(布操, 프로이센식)를 따르고 있는데 최근 중국의 신기영와 녹영군제도 변화되었다.

　즉 고종은 당시 대신들에게 군제 개편의 필요성을 역설하며 프로이센식 편제를 언급하고 있었다. 이는 청의 녹영병과 신기영 편제가 프로이센식으로 개편됨에 따라 조선도 이를 추종한 것으로 보여진다. 물론 조선 정부 차원에서의 연구도 지속적으로 이루어졌다. 각종 외국 군사 서적이 도입되었으며 외국인 고문들의 조언도 계속해서 받아들이고 있었다.

　이러한 노력과 함께 친군 5영은 3영으로 통폐합되었다. 기존 친군영이 1개 영에 500명의 병력이 배속되었으나 이는 훈련의 규제 및 실제 전투에서 불합리하다는 평가를 받았다. 이에 따라 친군우영과 후영, 해방영이 통위영으로 통합되었고, 친군전영과 좌영이 장위영으로, 친군별영은 총어영으로 변환되었다. 이는 기존 청군식-일본군식-조선군식 군영 간의 갈등과 반목을 종식시키고, 온전히 조선의 신식 군대로서 왕실과 국가에 충성할 수 있는 방법이기도 하였다.

　물론 이러한 군제 개혁이 기존의 군 편제를 근본적으로 바꾼 것은 아니었다. 그러나 갑신정변 이후 금기시되었던 소대 편제가 복구되었고, 1개 영 500명의 병력은 4~5배에 가까운 병력으로 늘어난 부분은 특기할 점이다.

　가장 큰 규모의 군영은 친군통위영이었다. 기본적으로 친군통위영, 친군장위영은 도제조와 실질적인 군영 지휘관인 영사 아래에 3개 사와 12개 소대로 구성되어 있었다. 1개 소대는 140명으로 구성되었으며 다시 1개 소대는 8개 분대로 구성되었다. 친군통위영은 가장 넓은 책임구역을 맡고 있었고, 궁궐 호위뿐만 아니라 북한산성, 해방영 등 주요 군사 시설도 관리하고 있었다. 이에 따라 기존 북한산성을 담당하던 총융청도 흡수해 2,250명의 전투병과 446명의 장교 및 군관들, 그리고 지원병력 595명 및 각종 시설 수비 병력 637명을 포함해 3,928명에 달하는 병력을 보유하고 있었다.

반면 친군장위영은 통위영과는 달리 방어 책임구역이 적었다. 이는 왕실 호위 임무 및 유사시 기동부대로 방어에 파견하기 용이하도록 조치된 것이었다. 장위영은 장교 및 군관 241명과 전투병력 1,680명, 그리고 지원병력 754명으로 구성되었다.

총어영은 장위영과 통위영과는 달리 별다른 편제 변동 없이 친군별영의 조직과 병력을 그대로 유지하였다. 친군장위영은 한규설이, 친군통위영은 민영익이 지휘하였으며 총어영은 이종건이 지휘관으로 임명되었다. 이렇게 1880년대 말의 마지막 군제 개편이 마무리되었다.

피바디 마티니 소총과 레밍턴 롤링블럭 그리고 개틀링 기관총

군제가 개편되는 동안 조선군의 무장도 나름 현대화를 맞이하고 있었다. 잡다한 화기를 도입하는 것과 궤를 같이하여 제식 무기를 도입하기 시작했으니, 그것이 바로 레밍턴 롤링블럭 소총과 피바디 마티니 소총이었다. 이 두 소총은 1880년대 초반부터 조선에 유입되었으며, 갑신정변 이후 중앙군의 주력 화기로 채택되었다. 이는 푸트 공사 등 여러 외국인 기록들에서도 찾아볼 수 있다.

-The new army at this time consisted of the four palace guard battalions, in aggregate 5,500 men, of whom 3,000 were armed with Peabody-Martini rifles-

조선의 수도 한성에 주둔한 군대는 4개 대대 규모의 5,500명이며 이 중 3,000명이 피바디 마티니로 무장했다는 기록이다. 1885년 주조선 미 공사관은 조선 정부가 1,000정의 피바디 마티니와 3,000정의 레밍턴 롤링블럭 소총, 그리고 6문의 M1883 개틀링 기관총을 구매했다고 명시되어 있다. 그러나 위에서 언급한 1885년 푸트 공사의 기록 중 3,000정의 피바디 마티니는 시기상 그 숫자가 맞지 않는다.

그렇다면 이 피바디 마티니는 어디서 들어온 것일까? 여기서 피바디 마티니의 경우는 굉장히 복잡한 경로를 통해 조선에 수입되었다. 이 피바디 마티니 소총들은 일본에서 구매된 것으로 추정되며, 더 거슬러 올라가면 오스만 투르크군이 사용했을 가능성이 높다.

일본은 1880년과 1882년 2차례에 걸쳐 해군용으로 8,000~9,000정 가량의 피바디 마티니 소총을 구매했으며, 이는 소총 제작사인 PTC사에 직접 주문한 물량과 러시아로부터 중고 제품을 구매한 물량으로 나뉘어졌다.

당시 러시아는 1877~1878년에 벌어진 러시아-튀르크 전쟁을 통해 오스만 투르크군의 피바디 마티니 소총을 다수 노획했다. 오스만 투르크는 전쟁 기간 동안 156,277정의 피바디 마티니 소총을 상실했으며 이중 적지 않은 숫자가 러시아군의 손에 넘어갔다.

이렇게 구매된 물자들이 조선에 상당수 건너왔을 가능성이 크다. 이 당시 일본은 서양에서 건너온 중고 병기의 처리 시장이었으며, 조선은 일본에서 도태된 장비들을 싸게 구매해 오던 고객이기도 했다.

피바디 마티니 소총 역시 일본에서 중고로 판매된 것들이 넘어왔을 가능성이 크다. 혹은 조

러시아
12차 러시아-투르크
전쟁 중 노획(1878)

러시아가
노획물자 판매
(1880~1882)

미국

오스만 튀르크

조선   일본

PTC사가 오스만에
판매(1872)

조선에
판매/제공
(1883)

조선이 도입한 피바디 마티니는 아마도 러시아-투르크 전쟁 때 노획된 장비로 추정된다. 1877~1878년 사이에 벌어진 전쟁에서 러시아군은 오스만군의 피바디 마티니 소총을 다수 노획했고, 1880년과 1882년 2차례에 걸쳐서 일본 해군이 8~9,000여 정의 소총을 러시아로부터 구매했는데, 이 중 적잖은 수가 조선으로 흘러들어왔을 가능성이 크다. 피바디 마티니를 제작한 PTC사에서 직접 구매했을 가능성은 낮은데, 1882년 해당 회사가 파산 신청을 내서 1885년 사라졌기 때문이었다.

선군에 자국의 영향력을 확대하기 위해 무상으로 무기를 증여했을 가능성도 크다.

그러나 피바디 마티니는 다시 1883년에 구매한 미국제 레밍턴 롤링블럭에게 제식 소총의 자리를 내주어야 했다. 그도 그럴 것이, 피바디 마티니의 후속 지원을 해야 할 PTC사가 1882년 재정난으로 파산하여 1885년에는 완전히 사라졌기 때문이었다.

물론 1885년 조선은 마지막에 그들이 남긴 피바디 마티니 소총 중 일부인 1,000정과 20만 발의 탄약을 구매해 왔지만, PTC사의 파산과 비교적 신형인 레밍턴 롤링블럭의 등장은 이들이 점차 일선에서 밀려나게 만드는 원인이 되었다. 이렇게 도입된 레밍턴 롤링블럭은 조선 정부의 대미정책과도 연관이 있었다. 1883년부터 조선은 청의 압력으로부터 벗어나기 위해 다양한 외교적 방법을 취했고, 그 중 하나가 대미외교였다.

미국으로부터 교관단을 지원받아 군대를 조선 정부의 의중대로 양성하고, 더 나아가 청의 영향력으로부터 미국 정부의 보호를 받기 위함도 있었다. 이에 따라 갑신정변 이전인 1883년 말 레밍턴 롤링블럭 소총 4,000정의 구매 계약을 진행하면서 미 군사교관단의 고용도 논의하였으나 애석하게도 당시 미 정부는 이에 대한 관심이 전무했다.

결국 레밍턴 롤링블럭 소총 4,000정과 탄약 수십만 발만이 조선에 들어오게 된 것이었다. 물론 갑신정변 당시에는 미 해군 장교 2명이 미 공사관에서 이를 엄중히 관리하여 사용하지 못했으나 정변 이후에는 조선군에게 넘겨져 사용되었다.

레밍턴 롤링블럭의 도입에는 다른 영향도 있었다. 바로 청군의 레밍턴 소총 사용과, 청-프랑스 전쟁에서의 전과 때문이기도 했다. 청-프랑스 전쟁 당시 풍자재가 지휘하는 청군 중 25%가 레밍턴 롤링블럭으로 무장했고, 전투 당시 그라 소총으로 무장한 프랑스군을 화력으로 압도했기 때문이었다.

실제로 미 육군에서는 관련된 실험이 진행된 바가 있다. 1880년대 당시 수행한 이 실험에서 미 육군은 프리맨 소총과 피바디 마티니, 레밍턴 롤링블럭, 스프링필드 트랩도어, 워드-버튼 소총을 두고 1분 간 얼마나 빠르게 사격할 수 있는지를 테스트했다.

실험군은 비숙련병과 숙련병 2개 그룹으로 나뉘어 진행했으며, 상당히 놀라운 결과를 보였다. 비숙련병의 경우 1분 동안 가장 빠르게 사격

개틀링 운용법을 지도하는 주조선 미국 공사 포크

주조선대리공사 조지 클레이턴 포크는 전임자 루시어스 푸트가 주조선 미국 공사의 격을 낮추자 사임하여 대리 공사로 임명받았다. 그는 아시아 파견 근무 중 조선어는 물론 중국어와 일본어까지 유창하게 익혔으며, 덕분에 조선이 민영익 일행을 보빙사로 파견했을 때 통역으로 수행하여 세계를 일주하기도 했다. 포크 공사는 1886년 말까지 약 1년 간 조선군 개틀링 포대를 교육했고, 덕분에 조선군은 개틀링을 완벽하게 운용할 수 있었다. 이들은 이후 조선군 회선포군의 기간병력이 되었다.

한 소총은 워드-버튼 소총이었으며 그 다음이 레밍턴 롤링블럭이었다. 레밍턴 롤링블럭은 비숙련병이 1분 간 10.08발의 탄약을 발사할 수 있다는 결과를 낸 반면, 피바디 마티니는 이보다 느린 8.53발에 불과했다.

숙련병의 경우는 더욱 결과가 흥미로웠다. 레밍턴 롤링블럭이 제한시간 동안 가장 많은 탄약을 발사했으며, 1분간 무려 13.02발을 사격할 수 있었다. 그러나 피바디 마티니는 1분당 9.94발에 그쳐 최하위를 기록했다.

즉 비숙련병이든 숙련병이든 레밍턴 롤링블럭 소총으로 무장한다면 굉장히 빠른 속도로 사격을 퍼부을 수 있다는 강점을 보인 것이었다. 조선군의 제식소총 선정은 당시로서는 굉장히 좋은 선택이었다는 것을 이 실험 결과를 통해 알 수 있다.

이에 따라서 1885년 다시 한 번 조선군은 3,000정의 레밍턴 롤링블럭 소총과 1,000정의 피바디 마티니 소총을 구매하며 제식화기로 요긴하게 사용하였다. 대체적으로 이러한 후장식

소총들은 한성에 주둔한 친군영에 우선적으로 지급되었고, 다음으로 강화의 친군심영과 평양의 친군서영 순으로 지급되었다.

개틀링 기관총 역시 1880년대부터 본격적으로 신형 버전들이 도입되었다. 일본으로부터 2문의 M1874 개틀링 기관총이 강화도 조약과 동시에 제공되었으나, 이미 1884년 시점에서는 상태가 굉장히 좋지 못했다. 친군좌영이 갑신정변 당시 이를 운용했고 일본군을 상대로 사용할 수 있었지만 개틀링 기관총의 장전 손잡이가 고장나고 조준기가 사라져 제대로 사용하기 어려운 실정이었다.

이에 따라 1884년 말부터 미국의 America Trade Company와 접촉해 하트포드 사의 M1883 개틀링 기관총 6문을 구매했으며 이는 곧 조선군의 주력 중화기로 운용되었다. 그러나 앞서 소개한 레밍턴 롤링블럭과 개틀링 기관총의 도입은 미 군사교관단의 파견과 함께 운용될 예정이었고, 자연스럽게 조선군은 개틀링 기관총에 대한 조작 및 운용법에 대해서는 알지 못하고 있었

다. 과거에 일본이 제공한 M1874 개틀링 기관총을 사용한 적은 있지만, M1883 개틀링 기관총은 신형 장비였고 모든 것을 다시 배워야 하는 처지였던 것이다.

결국 미 군사교관단 파견이 차일피일 미루어지자 조선 정부는 주조선 미 공사관에 도움을 요청했다. 때마침 주조선 미국 공사는 조지 클레이턴 포크였고, 미 해군 소위 출신이었다. 그는 미 해군에서 사용하는 개틀링 기관총을 제대로 다룰 줄 아는 인물이었으며, 자연스럽게 조선군에 도움을 제공했다.

그는 미 공사관을 경비하던 조선군 10명을 호출해 공사관에 개틀링 기관총 포대를 설치하고 조작법 및 사격술을 선보이며 훈련을 시켰으니, 이들이 바로 회선포군 즉 개틀링 포대 운용병의 시초였던 셈이다.

이후 공사관 경비대에 파견됐던 조선군 병사들은 궁궐로 소환되었고, 이곳에서 다시 다른 포병들을 훈련시켜 1886년 11월에는 구매했던 6문의 개틀링 기관총을 완전히 운용할 수 있게 되었다. 그 결과 1888년 조선군은 친군장위영에 70명의 회선포군과 6문의 M1883 개틀링 기관총을, 친군통위영에는 30명의 회선포군과 2문의 M1874 개틀링 기관총을 배치할 수 있었다.

개틀링 기관총은 다른 무기체계와 달리 집중적인 구매가 이루어졌다. 1883년부터 1894년까지 조선군은 최소 30문 이상의 개틀링이 조선군에 보급되었으며, 당시 조선을 방문한 외국인들이 가장 많이 본 무기이기도 했다. 다만 맹점도 있었다. 개틀링 기관총의 운용병이 전문적인 사수가 아니었다는 지적이었다. 일부 병력만이 미 군사교관단에 의하여 훈련을 받았을 뿐이며, 필요하지 않을 때는 보병으로 복무하였기 때문에 숙련도가 상당히 떨어졌다. 물론 수도의 친군장위영 등에 소속된 회선포군 및 포대는 전문 포병일 가능성이 높았지만, 전반적으로 조선군의 포병은 이와 같은 문제로 숙련도가 낮았을 것으로 추정된다.

일각에서는 이 시기 조선군이 탄약 규격을 맞추지 않고 마구잡이식으로 무기를 구매했다고 비판한다. 하지만 피바디 마티니 소총과 레밍턴 롤링블럭 소총, 그리고 개틀링 기관총이 사용하는 탄약은 모두 45-70 Govt. 탄으로 통일되어 있었다. 일본으로부터 도입된 피바디 마티니는 오스만 투르크군이 사용하던 버전과 동일했고, 이 총이 사용하던 탄약도 45-70 Govt. 탄약이었다.

이후 1885년에 도입된 20만 발의 탄약이 모두 피바디 마티니, 레밍턴 롤링블럭, M1883 개틀링 기관총에서 사용될 예정이었다는 것과, 45-70 Govt. 탄약을 사용하는 개틀링 기관총을 당시 미 해군에서 사용했다는 점은 미 해군 소위 출신 포크 공사가 조선군을 지원했던 사실과 연결될 수 있다. 즉 이미 조선 정부는 다양한 정보와 외국인들의 조언을 통해 실질적으로 제식 무기와 함께 탄약을 통일했다는 사실을 알 수 있다.

외국 군사교관단의 초빙 시도와 무기 세일즈

미국으로부터의 군사교관단 파견은 차일피일 미루어지고 있었다. 1883년부터 조선은 미국으로부터 현역 혹은 예비역 장교단의 파견을 요청했지만 굉장히 어이없게도 해당 사안은 몇 년간 미 정부에서 거론되지 않았다. 그 이유는 주조선 미국 공사의 서신이 미 국무부 내에서 소실되었기 때문이었다.

당시 조선에서 미국의 입지를 대변하던 사람은 주조선 미국 공사 포크였다. 그는 미 정부에 신속한 조치를 취해 달라고 요청했다. 사실 천진 조약 체결 이후 조선에서 군사교관단을 모두 철수하기로 약속한 청-일 양국 역시 미 군사교관단을 선호하고 있었다. 조선에 대한 영토적 야심이 적고, 직접 국경을 맞대지 않았기 때문이었다.

이에 따라 조선은 미국측 인사들에게 크게 의지하기 시작했고, 푸트 공사를 북한산성에 파견해 근대식 요새에 대한 조언을 받기도 하는 등, 국방 분야에 있어 많은 기대와 의지를 나타냈다. 1885년 1월 30일, 미 대통령 체스터.A.아서는 조선 정부의 요청에 따라 미 육군 장교들을 파견하자는 건의를 의회에 보냈으나 아무런 조치가 취해지지 않았다.

그러는 사이 묄렌도르프 협판은 자국 군사교관, 즉 프로이센 군사교관단을 조선에 초빙할 계획을 세우고 있었다. 그는 조선 정부에 프로이센 장교 및 부사관들을 1884년에 초빙하는 것이 어떻겠냐고 제안하던 중이었다.

사실 조선군도 프로이센 교관단에게 훈련을 받은 경험이 있었고, 독일 정부 역시 내심 조선 정부가 자국에 군사교관단 파견을 요청하기를 기대했다. 그러나 이는 조선 정부의 거부로 기각되었다.

러시아에서 군사교관단을 고용하려는 움직임도 있었으나 이는 청의 극렬한 반대로 무산되었다. 오히려 청이 이를 두고 조선 정부를 압박하자, 더더욱 미 군사교관단의 파견이 절실해졌다.

1886년 11월, 전권대사로 파견된 적이 있던 미국의 로버트 슈펠트 제독이 개인 자격으로 몇 달간 조선에 머무르자, 고종은 그를 초청하여 미 군사교관단 파견에 대한 조언을 구했다. 슈펠트 제독은 주조선 미국공사 포크를 고용하라고 조언했고, 이에 따라 조선은 그에게 조선군 총사령관직을 제의하였다. 그러나 포크 공사는 미 정부의 허가가 없었다며 이를 거부했다.

그럼에도 조선 정부의 요청은 끊어지지 않았다. 조선은 1887년 9월 미 아시아 함대 사령관의 부관 자격으로 한성에 체류 중이던 시어도어 M. B. 메이슨 중위에게도 같은 제안을 보냈다.

메이슨 중위는 이러한 제안에 대해 1만 달러의 연봉과 해군 소장 대우의 조선군 사령관직을 역으로 제안했지만, 고종의 결정이 내려지기 전 메이슨 중위의 부인이 격렬하게 반대하여 무

산되었다.

계속되는 실패로 고종과 조선 정부, 그리고 주조선 미국 공사관의 초조함과 불안감은 날이 갈 수록 심해지고 있었다. 아래의 전문 3개는 그러한 두려움을 나타내는 대표적인 것이기도 했다.

#1. '거의 매일같이 국왕(고종)으로부터 군사교관단이 언제 오는지에 대해 문의가 오고 있습니다. 현재 러시아는 스페이르가 러시아 군사교관단 파견을 작년 6월에 제의했습니다. 조선에서 미국의 입지가 후퇴할까 걱정되며, 오랜 시간 동안 군사교관단 파견에 대한 답을 주지 않아 조선의 국왕과 정부가 깊이 우려하고 있습니다…(중략) 더이상 조선에 군사교관단 파견에 대한 승인 여부를 연기시키지 마십시오.'

－1886.10.3. 포크, 주조선미국 공사관에서 워싱턴으로 보내는 전문－

#2. '…만약 육군 장교들이 오지 않는다면 저는 조선군을 훈련시킬 사람을 다른 부대들에서 보내는 것도 가능한지 묻고 싶습니다. 즉 해군이나 해병대 장교도 되지 않겠냐는 것이 저의 의견입니다. 최소 세 명의 장교가 필요하며, 그 중 한 명은 경험이 많고 복무 기간이 긴 베테랑으로, 두 명은 젊은 장교로서 선임자를 보조해야 할 것입니다.'

－1886.10.6. 포크, 주조선미국 공사관에서 워싱턴으로 보내는 전문－

#3. '국왕은 군사교관단에 대하여 매우 불안을 느끼고 있소. 그들이 오기는 하오?'

－1887.10.24. 딘스모어, 주조선미국 공사관에서 워싱턴으로 보내는 전문－

이렇듯 당사자들의 불안감은 날이 갈수록 심해지고 있었다. 1885년 거문도 사건과 청과의

분쟁은 조선으로 하여금 군비 강화 정책을 수립하도록 했고, 여기서 미국이 큰 역할을 할 수 있다는 공사관의 다급함은 여전히 미 정부에 전해지지 못하고 있었다.

하지만 1888년이 되자 상황이 급변했다. 포크 공사가 딘스모어로 교체되었고, 미국 대통령 역시 민주당의 클리블랜드가 당선되었다. 그동안 조선에 관심이 없던 공화당 대통령과는 달리 민주당 출신의 클리블랜드 대통령은 이에 큰 관심을 갖고 있었다.

포크 공사에서 딘스모어 공사로 교체되던 시기인 1888년 12월, 고종은 미국 공사관 서기관인 샤를 롱과 약 3시간에 걸친 대화를 나누었고, 그 자리에서 이집트-에티오피아 전쟁 당시 이집트군에 종군했던 것처럼 조선에서 일하지 않겠냐는 제안을 던졌다. 샤를 롱은 이집트에서의 군 경력을 살려 조선군 총사령관직을 맡아 보면 어떻겠냐는 고종의 제안에 대해 정중히 거절하는 한편, 군대 편성에 대한 중요한 조언과 함께 미 정부에 군사교관 파견을 재요청하겠다는 약속을 남겼다.

여기에 1887년 초에 주조선 미 임시공사를 역임했던 W.W. 록힐의 도움도 결정적이었다. 그는 고종에게 미 정부가 조선에 군사교관단 파견을 주저하는 이유가 그동안 현역 군인을 보내달라는 단서조항 때문이었다고 언급했다.

록힐 임시공사는 고종과 조선의 외무아문에 참전 경험이 있는 퇴역 장교 혹은 갓 사관학교에서 졸업한 후 임관하지 않은 인원들을 고용하라는 조언을 남겼고, 조선 정부는 곧바로 그의 제안을 수용하였다. 그리하여 처음으로 미 군사교관단 파견을 요청한 지 5년이 된 1888년 4월이 되어서야 인선이 확정되어 군사교관단을 조선에 파견할 수 있었다.

이러한 군사교관단 고용 문제와 더불어 다양한 무기 세일즈도 이루어지고 있었다. 가장 특이한 것은 1888년과 1889년에 걸쳐 주조선 미국 공사관이 조선에 제안한 호치키스사의 하웰 어뢰였다. 각각 미 공사관 서기관 샤를 롱과 미국 공사 딘스모어가 고종에게 직접 제안했는데, 해군력이 빈약한 조선이 해안 방어를 효과적으로 하기 위해서는 어뢰가 가장 경제적이라고 소개했다.

특히 강화도나 제주도 등 해안을 가까이 둔 국경의 최전선에는 지상 발사 기지를 둔 어뢰의 필요성이 있다고 역설하였으며, 1888년 미 해군이 이미 같은 어뢰 50발을 주문했으니 같이 구매해 보자는 제안이기도 했다.

그밖에도 그리 큰 비용을 들이지 않고 요긴

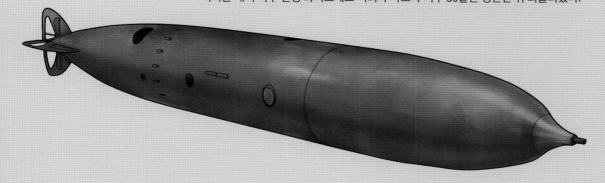

하웰 어뢰
Howell Mark I Torpedo

호치키스사의 하웰 어뢰는 미 해군 소령 존 하웰이 1870년에 개념을 제안하고 1889년에 생산을 시작했다. 탄두 중량은 약 100파운드(45.4kg), 사정거리는 400야드(366m) 정도였다. 동력으로 플라이휠을 사용했기에 종래의 화이트헤드 어뢰에 비해 구동부가 간단했으며, 자이로스코프를 탑재하여 직진할 수 있었다. 미국 해군은 이 어뢰를 50발 주문하였으며, 이와 맞물려서 조선 정부에도 어뢰 판매 세일즈를 한 것으로 보이지만, 이후 기록에 나오지 않는 것으로 보아 구매까지 이어지지 못한 듯하다. 하웰 어뢰는 채택 직후 신형 화이트헤드 어뢰가 나오자 겨우 50발만 생산한 뒤 퇴출되었다.

천진기기국에 유학생을 파견한 이후, 김윤식은 1883~1884년 사이 무기와 탄약을 생산할 수 있는 설비를 청으로부터 구매하고자 하였다. 본격적으로 조선이 기기창을 운용하기 시작한 것은 1886년 이후의 일이었다.

하게 쓸 수 있는 방법이 있으니, 토파도(討破刀)라고 불리는 것인데, 이것은 한 개의 비용이 4000원입니다. 만약 다른 나라의 병선(兵船)이 쳐들어왔을 때 이것을 이용해서 강을 메운다면 비록 천 척, 만 척의 배라도 모두 무찌를 수 있습니다.

실제 1888년 승정원일기에도 어뢰 구매를 권유하는 딘스모어의 제안이 남아 있으며, 조선에서는 어뢰의 영어 발음인 Torpedo를 음차하여 토파도(討破刀)라고 명했음을 알 수 있다. 그러나 이러한 어뢰 구매 제안은 조선 정부에게 그다지 큰 관심을 끌지 못했다. 조선 정부는 1발당 4,000원짜리 어뢰를 구매하기보다는 당장 시급한 육군 장비 구매에 더 관심을 보이고 있었다.

또한 해상 방어는 임오군란과 갑신정변을 치른 이후 청의 북양함대가 담당하고 있었으며, 영국제 방호순양함 도입건이 좌절된 이후 군비 증강은 육군에 집중되었던 점도 작용했다. 이에 따라 1880년대 말에도 상당히 많은 군수물자 구매와 기기창의 본격적인 운영이 시작되었다.

흥미로운 점은 경복궁 향원전 전등이 조선의 무기 제조 시설인 기기창과 큰 연관이 있었다는 점이었다. 1887년 3월 초, 조선 정부는 25,000달러의 자금을 투입해 향원정에 발전소를 세웠다. 괄목할 점은 같은 달 13일 조선전보

총국이 설치됨과 동시에 기기창의 가동이 시작된 것이었다.

조선은 에디슨 회사와 계약하면서 7kW 발전기와 25kW 발전기 및 40마력 동력기를 구매하여 운용했다. 현대에서야 7kW의 용량이 적을 수도 있었으나 1880년대 말에만 해도 조선 정부가 요구하는 사용량을 충족하고도 남았다. 실험적으로 7kW 발전기가 경복궁 향원정에 설치되었고, 이후 좋은 평가를 받자 창덕궁에 40kW 발전기와 75마력 동력기를 추가로 설치했다.

무기 제조 및 탄약 생산을 전담하는 기기창은 전기 사용량의 다수를 차지하고 있었다. 무기를 정비하고 탄약을 생산하기 위해 각종 공작기계 및 탄피 기계들이 도입되었으며, 이를 운용하기 위해서는 수차 시설 혹은 전력 시설이 필요했다. 전기 설비가 없을 때는 수차를 활용하여 동력기를 운용했으나 1887년 3월부터는 12마력 동력기를 구매하여 군수물자를 생산하기 시작했다.

이러한 방식을 통해 조선은 자체적으로 기기창을 운영할 수 있었다. 전반적으로 조선의 전기 시설은 굉장히 잘 운용되었다는 평가를 받고 있었다. 이렇듯 주변국에 비하여 작은 규모임에도 기기창이 운용되고 있었지만, 항시 가동되는 것은 아니었다.

군수물자 생산은 국가 예산을 소모하는 것

그라 소총
Fusil Modèle 1874 Gras

프랑스군이 샤스포에 이어 1874년부터 배치한 제식 소총이다. 금속 탄피를 채용한 11x59mmR 그라 탄약을 사용했으며, 샤스포를 개조해서 만들 수도 있었기에 재빨리 보급되었다. 1886년 무연 화약을 사용하는 르벨 소총을 도입하자 2선으로 물러났지만, 8x50mmR 르벨 탄을 사용하는 그라 M14는 1차대전 당시까지도 쓰였다.

조선은 1889년 프랑스 정부로부터 500정을 공여받았는데, 조선 정부는 이미 프랑스 공사관 경비대에 차출된 조선군 병사 20여 명을 위해 공사관으로부터 제공받아 사용한 적이 있었다. 그러나 공사관으로부터 제공받은 소총들은 더 이상 등장하지 않는데, 1889년 4월 26일 탕춘대 화약고 폭발로 손실된 것으로 추정된다.

이기도 했고, 탄약 및 부품 생산을 위한 대부분의 원료는 해외 수입에 의존해야 했기 때문에 필요한 때가 아니라면 기기창은 유리세공 및 화학약품과 관련된 사치품 생산에 종사하고 있었다.

조선 정부가 군비 점검을 하면서 느끼던 군수품에 대한 갈증은 대부분 해외 구매로 채워야 했다. 1889년에는 그러한 갈증을 주로 프랑스와 미국을 통해 채우고 있었다.

1889년 조선은 프랑스에 500정의 그라 소총을 요청하여 공급받았다. 1888년 프랑스 공사관을 경비하는 조선군이 프랑스 정부로부터 20정의 그라 소총 및 탄약 500발, 탄띠 및 총검 등을 공급받은 직후 한규설이 직접 프랑스 공사관에 접촉했던 것이었다. 한규설은 프랑스 공사관에 연무공원 교련용으로 사용할 소총 500정을 공급받고 싶다는 의사를 밝혔고, 프랑스 정부는

1889년 7월 27일 해당 장비를 조선측에 인계하였던 적이 있었다.

중앙군과 궤를 같이하여 충청도 삼도육군통어영도 신식 군대의 무장을 위하여 직접 홍콩에서 미국제 소총 500정과 6문의 9인치 크루프제 화포를 구매해 오기도 하였다. 실제 어떤 화포인지는 알 수 없으나 1891년과 1895년에도 목격 기록이 남아 있는 것을 보아 해안 방위 혹은 요새 방어를 위해 구매한 것으로 추정된다. 하지만 이러한 방식의 무기 구매로는 군비 점검에 나선 조선의 갈증을 모두 해소하기에는 무리가 있었다. 여전히 재정적인 빈곤은 전반적인 문제로 지적되고 있었으나 1889년 이후로는 이러한 압박이 어느 정도 해소되기 시작했다. 그리고 이는 1890년대 초반의 위기와도 연결되는 것이었다.

다이 준장과 연무공원, 그리고 미국인 교관단

한편 조선에 파견된 미 군사교관단은 상당히 좋은 경력을 갖추고 있었다. 미 국방부는 1873년 이집트에 파견한 선례를 적극적으로 활용해 조선에 파견할 군사교관단을 인선했다. 이 당시 미 국방부는 이집트군을 위해 전직 육군 장교들을 파견한 바가 있었다.

당시 미 육군총장인 필립 셰리든은 남북전쟁과 에티오피아 원정 경험을 가진, 파견 당시인 1888년에 60세였던 윌리엄 매킨타이어 다이 예비역 대령을 조선에 파견할 군사교관단의 대표

로 임명했다.

그는 1831년생으로, 1853년 미 육군사관학교인 웨스트포인트를 졸업했으며 남북전쟁 발발 당시 텍사스에 주둔하고 있었다. 텍사스의 연방군이 남군에 항복하자 그는 텍사스에서 쿠바를 경유해 북군에 합류했으며, 1862년 아이오와 제20의용군 연대의 대령으로 남북전쟁 기간 동안 활약했다.

그러나 전쟁 이후 군축 여파로 인해 그는 소령 계급으로 돌아갔으며, 1870년에 전역한 뒤

로는 경제적 어려움을 타개하기 위해 이집트로 파견되었다. 1873년부터 부상을 입고 귀국하기 전까지인 1878년까지 약 5년 간 그는 이집트군 참모차장으로 복무했으며 1883년에서 1886년 사이에는 컬럼비아 특별구의 경찰로 재직하는 등 풍부한 경험을 갖추고 있었다.

필립 셰리던 육군참모총장은 그런 그에게 군사교관단 인선의 전권을 부여했다. 그는 즉시 전 남군 출신의 E.H. 커밍스 대령과 펜실베이니아 민병대 출신의 J.G. 리 소령을 확보했으며, 주 일본 미 영사관에서 근무 중이던 예비역 해군대위 닌스테드도 합류했다.

조선은 이들이 입국하자마자 곧바로 훈련을 시작할 수 있도록 1888년 2월 연무공원을 설치했고, 같은 해 4월 지난 5년 간 조선 정부가 고대해 왔던 미 군사교관단이 입국하였다. 이들은 곧바로 고종 및 세자와 접견한 뒤 합의된 급여에 대한 계약과 더불어 계급에 따른 지위를 보장받았다.

조선은 교관단의 급여로 다이 준장에게 5,000달러를, 조교관인 커밍스와 리에게는 3,000달러를 지급하기로 하였으며, 각종 여비

500달러가 각각 추가되었다. 계급 역시 다이는 대령에서 준장으로, 커밍스와 리는 각각 대령과 소령으로 보임되었다.

다이 준장의 첫 계획은 조선군의 중추가 될 부사관단의 양성이었다. 그는 왕실 근위대를 국왕이 더 신뢰할 수 있는 군대로 만들고 정예군으로 양성할 수 있도록 조선 정부에 부사관의 양성을 조언하였다. 이는 1887년 고종에게 조언했던 샤를 롱 서기관의 이야기와 결이 같았다. 당시 롱은 조선군의 상황에서는 포병대에 대한 투자가 어려우니 육군의 기간 병력인 보병을 정예화라고 조언했는데, 다이 준장 역시 이를 주장한 것이었다.

이에 따라 조선 정부는 당초 계획을 변경하였다. 조선군은 40명의 사관생도를 미리 준비시켜 장교 양성을 가장 먼저 시도하고자 했으나 다이 준장은 궁극적으로 군대의 중추인 부사관단의 양성이 더욱 중요하다고 역설했다.

이에 따라 조선은 160명의 후보생을 추가로 모집했다. 이들에는 신규 모집된 인원과 사병으로 복무 중이던 인원이 혼재되어 있었다. 사관 및 부사관 후보생 자원에 대한 기대 자체는 굉장

윌리엄 매킨타이어 다이
William McEntyre Dye(1831~1899)

윌리엄 다이는 1831년 펜실베이니아에서 태어나 1853년에 웨스트포인트를 졸업하고 임관했다. 남북전쟁 당시 북군으로 복무하여 1864년 정규군 명예 대령, 1865년에는 의용군 명예 준장이 되었다. 그러나 전후 군축을 진행하자 원래 계급인 소령으로 돌아가야 했고, 1870년 퇴역하였다. 이후 1873년부터 1878년까지 이집트군에서 대령으로 복무하며 에티오피아-이집트 전쟁에 참전했다. 그러나 현지 장교와의 불화로 사임하고 미국으로 돌아와 1888년까지 워싱턴 D.C.에서 경찰로 근무했다.

조선은 1885년 이후부터 미국으로부터 군사교관단 파견을 요청했지만, 미 정부의 무관심으로 인하여 1888년이 되어서야 윌리엄 다이 준장을 필두로 커밍스 대령, 리 소령, 그리고 닌스테드 대위 4명의 교관단이 비로소 방한하였다. 그러나 커밍스 대령과 리 소령은 교관 업무에 적응하지 못해 머잖아 사직했으며, 다이 준장과 닌스테드 대위가 실질적으로 조선군을 훈련시키는데 주력하였다.

다이는 을미사변까지 겪으며 1899년까지 조선에서 일했고, 미국으로 복귀한 그 해에 사망했다.

1880년대 조선군 기병대를 목격한 외국인들은 전통적인 갑주와 냉병기, 활로 무장한 모습을 기록하고는 했다. 이러한 기병대를 개편하기 위해 미 군사교관단이 서구식 기병대로 탈바꿈하고자 노력했으나 결국 실패했다. 미 군사교관단의 노력에도 불구하고, 그들은 총기 대신 독일제 기병검을 드는 정도의 변화만 있었을 뿐이었다.

왼쪽은 실제 1890년대 조선군 기병대의 모습이며, 오른쪽은 미 군사교관단이 상정했던 조선군 기병대의 상상화 모습이다.

히 컸다. 건강한 육체와 의욕적인 태도는 미 군사교관단으로 하여금 정예군 양성에 큰 희망을 안겨 주었다.

1888년 5월부터 1889년 10월까지 미 군사교관단은 160명의 부사관단 후보생 중 최종적으로 155명에 대한 훈련을 마쳤다. 훈련 방식 역시 굉장히 흥미로웠다. 다이 준장은 조선군 내에서의 체벌을 줄이고, 결속력을 높이는 방향으로 훈련을 강화하였다.

이들이 주로 수행한 훈련은 근접 전투 훈련 및 소규모 분대 단위 기동훈련이었으며, 명령은 주로 영어로 이루어졌다. 조선군이 영어를 제대로 알아듣지 못하는 것을 감안하여 짧고 간결한 영어 명령어를 교육하도록 하였다.

이와 동시에 보병 전술도 산병전 위주로 개편하기 시작했다. 이때까지만 하더라도 조선군은 유럽 스타일의 전열보병식 전술을 구사하고 있었다. 교련병대의 창설부터 서양식 신식 군대까지 이어진 기본 전술이 전열보병에서 기인했기 때문이었다.

한편 기병 개혁 역시 주도했다. 1888년까지 조선의 기병은 약 200여 명 수준이었으나 그 수준은 상당히 떨어졌다. 기존의 갑주와 냉병기,

활 등으로 무장한 조선의 기병대는 당대의 타국 기병과 비교했을 때 질적으로도, 수적으로도 많은 부족함을 보였다. 이에 군사교관단은 조선군 기병대에 대한 개혁 역시 시도했다. 500명 규모의 미국식 기병대로 개편하여 콜트 리볼버와 카빈, 그리고 기병도로 무장한 근대식 기병을 구상했으나 궁극적으로 이는 실패로 돌아갔다. 미 군사교관단의 교육에도 불구하고 여전히 1890년대 초 조선군 기병들은 총기보다는 독일제 기병도과 월도, 그리고 편곤으로 무장했으며 갑주를 포기하지 않았다.

비록 일련의 병종들에 대한 개혁이 실패했음에도, 그 시도와 방향성 자체는 남북전쟁과 에티오피아 원정 등 당대의 전장 교리에 맞게 조선군의 개혁을 이룰 목적이었음을 알 수 있다. 다이 준장은 전장의 패러다임이 변화하였음을 이미 인지하였고, 이에 따라 자신의 개인적인 전투 경험과 당대 최신의 교리를 동원해 조선군이 더욱 효과적으로 전투할 수 있도록 개선하기 시작했다.

부사관단의 훈련과 함께 수도에 주둔한 조선군은 형편없는 사격 실력부터 개선해야 했다. 부임 초기 미 군사교관단은 조선군의 사격술 훈

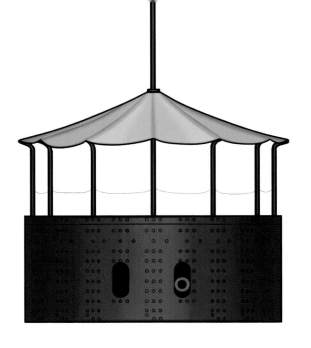

팀비 회전 포탑
Timby Revolving Turret

1889년 다이 준장의 서신 중에서는 팀비 회전 포탑이라는 상당히 특이한 장비가 등장하는데, 남북전쟁 당시 모습을 드러낸 모니터함에서 사용하던 회전 포탑이었다. 개발자인 팀비는 육상 모델도 제안했으나 미군이 채택하지 않았는데, 이를 도입하여 강화도 일대를 방어하는 해안포대로 전용하자는 제안이었다. 하지만 가격이 50만 달러로 매우 비쌌으며, 당시 육군 그 중에서도 보병에 투자하던 조선에게 그만한 여력은 없었다. 결국 이러한 다이 준장의 제안은 수포로 돌아가게 되었다.

련을 진행했으나 평균 40% 가량의 명중률만을 보여 굉장히 크게 실망했다. 공언한 대로 정예 보병대를 양성하고, 그들이 산병전을 구사하기 위해서는 이보다 훨씬 나은 사격술을 구사해야 했고, 이에 따라 전반적으로 사격훈련량이 크게 증가했다. 이외에도 개틀링 포대 및 크루프 야포를 포함한 포병대의 훈련과 보병-포병-기병의 제병 합동 훈련은 물론, 조선 방어 계획 수립, 심지어 조선군 장교단의 웨스트포인트 미 육군사관학교 및 아나폴리스 미 해군사관학교 유학 지원까지 굉장히 다양한 분야에서 조선 정부를 위해 헌신했다.

하지만 이들의 앞길이 순탄한 것만은 아니었다. 조선 정부의 급여 체불 문제와 조선군 내의 반발은 고질적인 문제였고, 함께 고용된 미 군사교관단 인원들의 일탈은 다이 준장의 계획을 크게 방해하고 있었다. 임금 체불 문제는 조선 정부와 군사교관단 사이의 주된 불화 요인이기도 했다. 조선 정부는 해관세를 활용하여 이들에게 급여를 지급하겠다고 약속했으나 이는 자주 체불되었고, 전체 복무 기간 동안 이러한 문제가 반복되었다.

조선군 내에서의 반발도 상당했다. 여전히 조선군은 1880년대 이래로 전통적인 관료 및 장교 집단에 의해 지휘되었다. 비록 프로이센식 훈련과 서구화된 제복, 후장식 소총으로 무장되어 있지만, 이를 지휘할 장교들은 서구식 훈련에 대한 경험이 모자랐다. 이러한 장교 집단과 미 군사교관단의 충돌도 예견된 일이었다. 사실 원래

대로라면 1884년 일본 육군호산학교에서 양성된 사관생도들이 점차 조선군 장교단을 교체해 나가야 했으나, 갑신정변으로 이들이 전부 숙청되면서 벌어진 일이기도 했다.

군사교관단에게 주어진 과도한 업무도 문제였다. 4명의 군사교관단이 책임져야 할 업무는 왕실 근위대인 친군장위영의 훈련뿐만 아니라, 수도에 주둔 중인 조선군을 비롯해 약 12,000명에 달하는 군대를 조련할 임무까지도 주어졌다. 또한 교관단은 훈련뿐만 아니라 조선 방어 계획 등 각종 군사적 업무도 도맡아야 했으며, 이는 교관단에게 큰 부담이 되었다. 보병과 포병, 기병에 대한 각종 개혁 및 개편 작업들은 많은 시간과 노력을 들여야 했지만, 인력도 시간도 부족한 상황에서 큰 무리를 수반했다.

그러나 가장 큰 문제는 미 군사교관단 내부에 있었다. 커밍스 대령과 리 소령의 일탈은 굉장히 심각한 문제로 간주되었다. 특히 커밍스 대령의 경우 군사교관단 업무에 대해 굉장히 큰 싫증을 내기 시작했다. 그는 학교 교사의 일은 물론 부사관이나 할 일을 자신이 해야 한다는 것에 분개했고, 곧 연무공원 근무에 무단결근을 하기 시작했다.

그는 폭음은 물론 심지어 조선인 사관생도들에 대한 경례를 거부했다. 다이 준장은 그를 설득해 계속 조선에 머무르도록 했으나, 이미 커밍스 대령의 마음은 조선을 떠난지 오래였다.

리 소령은 커밍스 대령보다 더 큰 구설수에 오른 상태였다. 그 역시 폭음을 하고 있었다. 게

다가 그는 스스로를 전문적인 훈련 교관이자 전술가로 여기고 있었고, 이러한 자부심은 다이 준장이 수립한 조선군 훈련 지침을 경멸하도록 만들었다. 그는 다이 준장의 훈련법이 현대전과 동떨어져 있다고 혹평했다.

그의 일탈은 여기서 그치지 않았고, 조선 내에서의 각종 소문과 정보를 중국 등 해외 언론에 돈을 받고 파는 사건도 벌어졌다. 심지어 정보를 얻기 위해 무단으로 미 공사관에 침입해 문서들을 절취하는 등의 사건을 일으키자, 미 공사관 서기관인 샤를 롱조차도 그를 혹평하기 시작했다.

이러한 문제는 다이 준장의 인내심을 자극

했고, 결국 1889년 9월에 조선 정부는 커밍스 대령과 리 소령에 대한 계약을 해지했다. 그러나 앞서 언급한 급여 체불 문제가 남았다. 그들은 해고에 대한 정당한 사유가 없다고 항의하며 체납 이자를 포함한 계약금 및 급여 전액 지급을 요청했다. 이는 조선과 미국 사이의 외교 분쟁으로 이어졌으며, 계약금 문제가 해결된 1891년 3월까지 이들은 조선을 떠나지 않았다.

그래도 다이 준장은 여전히 성실하게 열의를 보이고 있는 닌스테드 해군 대위와 함께 연무공원에서 조선군의 훈련을 이어 나갔다. 그리고 이들은 조금씩이나마 조선군의 변화를 가져오기 시작했다.

조선의 군비 증강과 위험 신호들

조선의 군비 증강은 1890년과 맞물려 시작되었다. 그리고 이 시기는 조선에게 있어서 가장 위험한 시간이었으며, 언제든 전쟁이 날 수 있다는 초조함으로 가득하기도 하였다. 전통과 근대의 병립이 이어지던 이 시기에는 대외적인 충돌과 마찰도 점차 늘어나고 있었다. 청의 영향력으로부터 벗어나기 위한 조선 정부의 외교적 노력은 1884년 청-프랑스 전쟁 때부터 시작되고 있었다.

임오군란을 계기로 조선의 내정에 청이 계속해서 지나친 간섭을 가했고, 갑신정변 진압 직후에는 이러한 경향이 더욱 강해졌다. 이에 따라 조선은 청의 간섭으로부터 보호해 줄 수 있는 국가를 절실히 원하기 시작했다.

이 당시 고종은 미국을, 조선 정부의 묄렌도르프는 러시아를 각각 선택하고 있었다. 이에 따라 조러밀약설이 파다하게 번지기 시작했다. 1885년 러시아는 일본에 파견했던 주일 러시아 서기관 슈페이에르를 한성으로 보내 고종을 알현했고, 이후 조선이 러시아와 우호적인 관계를 수립하고 싶다는 의사를 밝혔다.

구체적인 조건으로는 러시아가 조선을 보호해 준다는 전제하에 영일만을 러시아의 해군

기지로서 조차할 수 있다는 의향도 밝혔다. 갑신정변 직후 일본에 파견된 특명전권대신 수행단도 주일 러시아 공사관과 접촉했다. 여기서는 러시아에게 조선군의 훈련을 위한 군사교관단으로 장교 4명과 부사관 16명을 파견해 달라고 요청하기도 했다.

이 당시 그레이트 게임, 즉 영국과 러시아의 거대한 각축장이 극동까지 번지고 있었다. 러시아 정부는 조선의 제안을 심각하게 고민했는데, 조선의 제안을 받아들인다면 영국과의 충돌이 가시화되기 때문이다. 러시아의 극동 영토 유지를 위해서는 조선의 협조가 필요했지만, 그렇게 된다면 중국과 인도에서 주도권을 장악한 영국의 반발 역시 피할 수 없었다.

이러한 와중 1885년 4월에 영국 해군이 거문도를 점령하자 러시아의 움직임은 점점 바빠지고 있었다. 그러나 변수가 있었으니, 주조선 일본 공사 이노우에 가오루가 조러밀약의 진전을 간파하고 다른 열강들에게 정보를 공개해 버린 것이었다.

분노한 청은 조선의 국왕인 고종을 다른 인사로 교체하겠다는 의사와 함께, 조선 정부에서 근무하던 묄렌도르프를 소환했다. 이렇듯 국

제적인 상황은 조선에게 우호적이지 않았고, 종주국을 자처하는 청의 개입과 분노는 날이 갈수록 더해졌다. 특히 조러밀약설이 번지던 1885년에는 원세개가 국왕인 고종을 교체하겠다는 위협을 가하자 조선은 수도에 병력을 집중하기 시작했다. 기연해방영이 기존의 해안 방어 임무에서 수도 방어로 전환된 것도 이런 정세와 연관이 깊다.

군대의 수도 집중뿐만 아니라 외국인 고문을 활용한 청의 간섭을 줄이려는 시도도 계속되었으나 이러한 결과는 청의 군사적 위협으로 나타났다. 1889년 청의 전쟁 위협설은 조선 조정을 혼란에 빠뜨리기 충분했다.

물론 청의 위협이 정말로 조선을 침공하겠다는 의사였는지는 불분명하나, 당시 조선에게는 보통 문제가 아니었다. 조선 정부는 이를 막기 위해 프랑스 공사관에 지원을 요청하는 등 분주히 움직이고 있었다.

당시 병조판서이자 총어영 총어사 겸 내무부 협판인 민영환이 직접 프랑스 공사관과 접촉해 군사적, 외교적 지원을 요청했다. 1889년 조선 군부의 주요 인사는 다음과 같았다.

- 민영환[閔泳煥], 29살, 왕비의 조카, 이희 전하의 친한 친구, 청국 주차관에 의해 왕의 목숨을 거두려는 계획된 음모(저의 보고서 1888년 8월 12일자 제13호 참조)를 밝힌 민 왕자의 사촌인 그는 병조판서, 내무부 협판, 통위영[統衛營] 통위사[統衛使]임.
- 이종건[李鍾健], 좌포도대장이며 내무부 협판, 총어영[摠禦營] 총어사[摠禦使].
- 한규설[韓圭卨], 31세, 내무부 협판, 우포도대장, 형조판서, 기기국[機器局] 총판[總辦], 장위영[壯衛營] 장위사[壯衛使].

조선군 지휘부는 어리고 경험이 없는 인물들로 채워져 있었다. 갑신정변의 여파로 고참 지휘관들이 대거 사라진 여파 때문이었다. 이들에 대해서 미 군사교관단은 조선군 지휘부가 경험이 없고 어린데도 병사들의 존경을 받는다고 했

으나, 실질적인 지휘 능력이 결여되었다고 지적했다.

'우리는 자신을 방어할 상태에 있지 못합니다. 우리 군인들은 싸울 수 없을 것이며 우리는 충분한 무기를 가지고 있지 못합니다.'

플랑시 주조선 프랑스 공사에게 민영환이 직접 언급한 것으로, 그들 스스로도 조선군이 빈약함을 인정했다. 이러한 군사적 위기는 필연적으로 군비 증강으로 이어졌다. 때마침 조선의 경제적인 발전도 어느 정도 성과를 거두던 참이었다.

조선의 경제적 상황은 청의 지원을 받아 해관이 안정화되면서부터 나아지기 시작했다. 여기에 1889년부터 조선이 풍년에 접어들면서 대외 수출이 늘었고, 이는 곧 세수의 확대로 이어졌다. 프랑스 공사관에 의하면 이 시기부터 약 7년여 동안 조선에 풍년이 들어 쌀과 콩이 썩어넘칠 지경이라는 보고가 올라오고 있었다.

해관세는 1889년 기준으로 27만 피아스트, 프랑스 화폐로 약 100만 프랑에 달하는 금액을 거두었으며, 1890년에는 2배인 57만 피아스트로 늘어났다.

가장 결정적인 세수 확대는 방곡령 사건과 이어졌다. 조선의 방곡령은 1889년과 1890년에 걸쳐 이어졌으며, 이 중 가장 유명한 것은 함경감사 조병식이 실시한 함경도 방곡령이었다. 이러한 상황에서 조선이 일본에 방곡령을 건 것은 상당히 의도적인, 즉 식량의 무기화와 연관된 것이었다.

일본에게 있어 조선산 쌀과 콩의 가격 유지는 굉장히 중요한 문제였다. 이는 도시 노동자들의 생활을 유지하는 중요한 요소였다. 쌀과 콩의 가격이 높아지면 높아질수록 일본 내 노동자들의 생계는 위협받게 되었다. 기존에 일본 내에서 쌀을 주로 공급하던 오사카 지역이 방직공업 지대로 변하면서 일본은 적지 않은 쌀을 조선에서 조달해야 했다. 콩 역시 가정용 기름을 짜내기 위해 필요한 물자였으며, 이 역시 조선에서 주로

게베어 1871 / 게베어 1871 카빈
Mauser Model 1871 / 28 Karbin M-1871 Mauser För kavalleriet

마우저 Gew71은 독일 제국이 드라이제의 후속으로 도입한 금속 탄피 사용 볼트액션 라이플이다. 당시 총기 발달의 주요 흐름이 종이 탄피 후장식 - 금속 탄피 후장식 - 무연화약 소총으로 흘러갔는데, 프랑스의 그라 소총과 함께 가운데에 해당하는 소총이었다. 조선 조정은 1893년과 1894년에 걸쳐 총 2,500정의 Gew71 소총을 무상으로 공여받아왔다. 전반적으로 이 시기에 조선군은 남부 지방에도 친군영 부대들을 창설하는 등 규모를 늘리고 있었던 것이 비하여 신식화기는 태부족이었다. 경상도의 친군 남영과 전라도의 친군무남영은 전장식 라이플로 무장하고 있었던 형편이었다. 그리하여 화기들을 충원하기 위해 청의 지원을 받아 2,500여 정의 Gew71 소총을 제공받을 수 있었다.

구매하고 있었다.

이러한 점을 활용해 조선은 방곡령을 통해 막대한 이득을 취하고자 했으며, 실제 함경도는 방곡령 이후 평년 대비 10배 가까운 이익인 168만 피아스트를 거뒀다. 이는 당시 프랑스 화폐 가치로 약 672만 프랑에 달하는 액수였다. 군산 역시 연간 100만 피아스트의 수출을 하고 있었고, 주요 항구에서 거둬들이는 세금은 조선의 재정 상태를 점차 풍족하게 만들기 시작했다.

이에 탄력받은 중앙정부 역시 점차 예산을 늘려 나가고 있었다. 이는 필연적으로 일본과의 외교분쟁으로 이어졌다. 일본은 반드시 조선의 쌀과 콩 가격을 안정화해야만 했으며, 방곡령이 시행된 1889~1890년에는 호쿠리쿠-도호쿠 지역을 중심으로 대대적인 흉작이 발생한 상태였다. 이 때문에 곡물 가격이 폭등해 1890년에는 쌀 소동 사태까지 터졌고, 일본 정부가 해당 지역에 군대를 출동시켜서 진압해야 할 정도로 상황이 심각했다.

즉, 방곡령과 해관의 정비를 통한 조선의 재정 상황은 날이 갈수록 나아지는 형편이었다. 청의 군사적 위협, 그리고 일본과의 외교적 갈등은 군비 증강으로 이어질 수 있는 명분과 실제 그것을 실시할 수 있는 자금력으로 이어진 것이었다.

조선은 군비 증강에 있어서 최우선적으로 구식 장비들을 신식으로 교체하는 사업에 착수했다. 이를 위해 당시 무기 회사 중 하나였던 'HARTLEY AND GRAHAM'과 접촉했고, 미국제 장비들을 직도입하기 시작했다.

1889년 5월 12일, 조선은 14,178타엘에 해당하는 은화를 투입해 개틀링 기관총과 개인화기, 탄약을 상당수 구입해 왔다. 이 자금은 청의 보증을 통해 받아온 것이었다. 이때의 구매 계약에는 큰 의미가 있었는데, 조선 정부가 해외 제조사와 직접 거래를 시도했기 때문이었다. 조선 정부는 이전까지는 청과 일본을 통해서 중고 무기를 주로 구매하거나 혹은 중개를 받아 무기를 수입하고 있었다.

그러나 자금 상태가 개선되고 외국인 고문들이 대거 유입된 1889년에는 고용한 외국인들을 통해 무기 회사와 직거래를 시도했다. 가장 큰 이점은 운송비의 절감이었다. 주로 천진의 타운센드 상회나 나가사키의 일본 상선사를 고용해 무기를 수송하는 통에 운송비가 무기 구매 비용의 상당 부분을 차지하고 있었으나, 1889년 이후에는 직접 제물포로 무기를 공급받을 수 있었다.

이는 운송비를 최소 1/3에서 1/2까지 줄일 수 있는 것이었다. 이때의 거래를 통해 조선은 소총 및 수백만 발의 탄약을 구매할 수 있었다. 그러나 이러한 대규모 구매에도 조선의 군비 증강은 이제 시작일 뿐이었다.

기기창에서 사용할 수차 및 소총 제작 기계 구매는 물론, 1891년이 되자 새로운 부대를 창설했으니 이것이 바로 경리청이었다. 북한산성 방어를 목적으로 창설된 이 부대는 무려 1711년까지 기원을 거슬러 올라갈 수 있는데, 1747년 총융청에 흡수된 이후 고종대까지 재창설 없이 이어지고 있었다.

1891년 당시 경리청 부대는 통위영에 소속되어 있었으나, 수도 방위 강화 및 청의 군사적 위협에 맞서기 위해 독립된 부대로 재창설하였다. 경리청은 장교 및 사병 도합 570명과 북한산성에 주둔하는 204명 등 총 754명으로 구성되었으며, 이들을 무장시킬 무기들을 그 해에 미국으로부터 대규모로 주문했다.

이 당시 6만 달러에 해당하는 무기가 조선 정부에 의해 구매되었다. 이는 개틀링 기관총 25문 및 기타 부속품을 포함한 거래였다. 미 군사 교관단에 소속된 닌스테드가 이를 직접 제물포에서 인수했으며 각 군영에 분산배치되었다.

군복 및 도검류는 일본을 통해서 주로 구매했다. 1890년부터 1894년까지 조선은 일본 상인들을 통해 수천 벌의 군복을 구매해 제물포에서 보급받았다. 1890년 3월 19일 1,150벌의 군복을 고베의 일본 상인으로부터 구매한 것을 시작으로 동년 6월 통위영 군복 300벌 및 각종 나팔과 도검류도 구매해 왔다.

이처럼 조선의 군비 증강은 상당히 폭발적이었다. 1880년대 후반부터 1890년 초까지 조선이 청과의 무력 충돌에 대비했다면, 1893년부터는 일본과의 충돌 가능성이 크게 고조되었다. 방

곡령 사건을 몇 년간 질질 끌던 상태에서 1892년 어업권 협정 문제까지 더해지자 조선과 일본 간에 갈등이 심화되기 시작했다. 일본 정부의 기조는 당초 대조선 유화책이었으나, 어업 협상 문제 및 방곡령 문제 등으로 인해 조선에 대한 강경론이 대두했다.

이에 따라 대조선 강경파인 오이시가 신임 주조선 일본 공사로 부임했고, 이러한 움직임을 조선 정부가 고용한 르장드르 등 외국인들이 주시하고 있었다. 어업 협상을 위해 일본에 파견된 르장드르는 귀국하자마자 오이시 공사의 부임과 일본 정부의 정책 변화에 대한 대응에 나섰다. 민종묵 역시 비밀 요청에 따른 정탐 활동을 통해 김옥균 등 갑신정변 잔당들에 대한 조사도 병행하고 있었다.

1891년 이미 김옥균에 의해 조선 침공설이 유포되었고, 조선 정부는 일본 내 대조선 강경파들이 김옥균 등과 손을 잡고 조선 정부를 붕괴시키려는 쿠데타를 벌일 수 있다고 판단하고 있었다. 그리고 이는 조선-일본 사이의 전쟁 위기로까지 발전할 위험이 있다고도 보았다.

이미 1892년 2월에 대마도의 일본 어민들이 성산포에 상륙해 어민들을 살해하는 사건이 벌어졌고, 동년 4월과 6월에는 약탈이 벌어졌으며, 7월에는 43척의 일본 선박이 들어와 주민들을 폭행하고 강제로 조업하는 사태가 벌어졌다. 이에 통상교섭독판인 민종묵은 내무부 협판 자

천진기기국 M1841 곡사포
M1841 12pdr Howitzer

당대 포병 선진국이었던 프랑스 화포를 모방해 미국에서 개발한 청동제 활강곡사포 M1841은 12파운드 모델이 구경 4.62인치(117mm), 24파운드 모델이 5.82인치(148mm)로, 각각 4kg과 8.3kg 포탄을 사용했다. 미서전쟁에서 활약했지만, 남북전쟁 시절에는 신형 화포에 밀려 2선급으로 운용되었다.

천진기기국은 M1841의 복제품을 생산했으며, 1893년 음력 2월에 조선은 천진기기국으로부터 각종 곡사포 365문 및 탄약 420여 상자를 구매하였다. 일본과의 무력 충돌 가능성이 예고되자 남부 지방 해안포대를 강화하기 위해 구매해 온 것으로 추정된다.

스프링필드 트랩도어
Springfield M1873

1889년 다이 장군의 서신에는 스프링필드 소총과 카트리지 구매에 대한 내용이 존재한다. 이는 M1873 스프링필드 트랩도어 소총들로 보여진다. 정확히 몇 정이 조선에 도입되었는지는 알 수 없지만, 다이 장군의 서신에서 1889년 5월 12일, 8개월 전에 주문한 소총이 오지 않는다고 항의했던 것으로 보아 최소 1888년 10월 이전에 다량의 화기를 주문한 것으로 추정된다. 레밍턴 롤링블럭, 피바디 마티니처럼 45-70 Govt. 탄약을 사용하였다.

격의 고문이었던 그레이트하우스에게 어업 협정을 무시하거나 불법 해적 행위를 할 경우 가차 없이 구금하고, 저항 시 발포하라는 조언을 받아 강경하게 대응했다.

또한 예상대로 오이시 공사는 부임하자마자 조선에 대한 무례한 발언 및 조선측 관리들에 대한 모욕을 여러 차례 남겼고, 이에 반발한 조선측이 그의 언행에 대하여 각국 공사관에 유포하는 등 양국의 관계는 날로 악화되었다.

또한 오이시는 1891년 12월부터 1893년 1월까지 방곡령 배상금 및 미납 이자 등을 합쳐 17만 엔에 해당하는 은화를 일시불로 지불하지 않는다면 무력을 동원할 수도 있다고 협박을 가하면서 조선측도 군사적 충돌 가능성에 대비하기 시작했다.

1893년 음력 2월, 조선은 천진기기국으로부터 각종 곡사포 365문과 탄약 420여 상자를 구매하는 결정을 내렸다. 이는 남부 지방의 화력을 증강하려는 계획과 연결되어 있었다. 만약 일본과의 무력 충돌이 벌어진다면 군비 증강이 빈약했던 조선 남부는 삽시간에 전란에 휩싸일 것이 분명했다. 이 때문에 M1841 계열의 12파운드, 24파운드 곡사포들이 대다수 조선에 유입되었다. 대부분은 남부 지역의 주요 요새 및 해안 방어 시설, 그리고 병영과 수영에 배치되었다.

또한 르장드르를 프랑스, 러시아 공사관에 급파하여 군사적 지원을 요청하는 한편, 다이 준장을 호출해 일본과의 전쟁에 대한 전략을 의논하기도 하였다. 다이 준장은 일본과 전쟁이 벌어질 경우 일본군의 상륙을 저지하기는 어려우며, 이에 따라 예상 상륙지인 동래, 군산, 아산, 제물포에 대한 방비를 강화하고 유사시 중앙군을 동원해 철저한 지연전을 구사해야 한다고 조언했다.

이 당시의 급박함은 프랑스 주일-주상해-주조선 공사관의 정보망에서도 잘 드러났다.

-지난 5월 14일 본인은 장관님과 우리 해군 분함대 원수님께 다음과 같은 소식을 전달해 주도록 상해 주재 프랑스 총영사관에 요청하였습니다. "일본 공사가 곡물 수출과 관련된 요구사항에 대하여 조선에 최후통첩을 보냈음. 상황이 복잡해질 수 있으니 제독과 파리 외무부에 연락 바람."-

이러한 상황에서 조선 정부의 강경한 대응은 계속해서 이어졌다. 일본 어민들의 불법 조업 및 충돌이 이어지자, 민종묵과 르장드르는 배상 문제는 물론 북위 34도선에서 일본인들의 조업을 불법화하겠다는 초강경책을 내놓았다.

이에 일본 정부에서 함대를 보내 제주도를 무력으로 점거하겠다고 협박하자 조선의 내각은 공포에 질렸다. 이러한 공포 상태를 르장드르와 그레이트하우스가 진정시켰다. 외국인 고문단은 '일본이 파견할 군함은 초계함에 불과하다'며 내각을 진정시켰고, 동시에 민종묵을 통해 일본 정부의 동향을 지속적으로 감시했다.

냉정을 되찾은 조선 정부는 닌스테드가 지휘하는 조선군을 보내 제주도를 방어하겠다는 의사를 표시함과 동시에, 유사시 러시아와 청을 끌어들여 방어하겠다는 외교적인 압박을 가하는 등 양측이 치열한 공방을 이어 나갔다. 필연적으로 이는 또 다른 방향의 군사력 증강, 즉 근대 해군의 건설론으로 이어졌다.

조선의 근대 해군 건설과 좌절

이러한 일본의 위협은 조선의 근대 해군 육성론으로 발전했다. 당시 조선에는 초계함을 동원해 제주도를 점령하겠다는 일본의 위협에 실질적으로 대응할 수 있는 방법이 없었다. 이제 조선의 해방(海防)전략에 근본적인 변화가 필요했다.

임오군란과 갑신정변 이후 조선의 해방 전략은 청의 북양함대가 제공하는 함선 지원을 통한 억제력 발휘였다. 제물포 등 주요 항구에 북양함대 소속 함선 2~3척을 주둔시켜 타국의 해상 위협으로부터 안전을 도모하는 전략이었으나, 청과의 관계가 냉랭해지자 적극적으로 이를 활용하기가 어려워지기 시작했다.

1886년 3월, 의학교에서 졸업한 이들을 근대 해군의 군의관들로 고용하겠다고 밝힌 것은 이미 조선 정부가 근대 해군에 대한 건설 의지를 가지고 있었음을 알 수 있는 것이었다. 그러나 1888년~1892년 조선의 국방 정책은 육군에 집중되어 있었다.

조선 수군은 여전히 낙후된 상태에 머무르고 있었다. 여전히 70여 척의 판옥선과 42척의 중고 풍범선, 그리고 5척 내외의 기선이 수군에서 운용되었다. 그나마도 대부분이 물자 수송용으로 전환되어 실질적으로 해안 방위에 나설 수 있는 유의미한 전력은 풍범선과 기선뿐이었다.

1893년에 들어서서야 해군에 대한 관심이 다시 시작되었다. 한편, 조선과의 냉랭해진 관계 회복을 위해 청도 조선의 해군 건설에 지원 의사를 밝혔다. 프랑스 공사관은 청의 정여창 제독이 고종을 달래기 위해 2척의 영국제 순양함을 제공하겠다고 제의했다는 기록을 남겼다.

이와 함께 1892년 12월, 조선 정부가 영국 총영사 힐리어에게 경기 연해 일대에 수군을 새롭게 양성하기 위해 영국 해군 교관을 파견해 달라는 요청을 보냈다. 1880년대에 이미 영국 정부는 방호순양함 구매 요청 등 조선이 해군과 관련된 사업에 대해 신청할 때마다 끈질기게 거부한 바가 있었으나, 이번에는 다른 행동을 보였다.

청은 영국제 순양함 2척을 공여하겠다고 밝히며 조선의 해군 건설을 지원하겠다고 공언한 상태였고, 직접 해군 교관 고용을 위해 북경 주재 영국 공사인 오코너와 협상하는 등의 행보를 취하고 있었다. 이는 조선에 대한 군사적 영향력을 상실하는 것에 대한 우려도 섞여 있는 반응이었다. 이미 조선 육군은 미 군사교관단에 의하여 장악되었다고 판단했기에 최소한 새롭게 건설될 해군만큼은 미 해군이 아닌 청과 관계가 깊은 영국 해군을 통해 건설하는 것을 목표로 삼고 있었다.

청의 속내야 어쨌든, 이에 따라 영국 역시 조선에 콜웰 대위 등 해군 교관들을 파견하기로 결정했고, 1893년 3월 22일 조선 정부 역시 강화도 갑곶진의 진해루에 근대식 해군의 시작이라 할 수 있는 통제영학당을 설치했다.

조선의 수군 역시 개편을 맞이했다. 삼도수군통어영은 해연총제영으로 개편되었으며 해연총제사 민응식의 지휘를 받도록 하였다. 해연총제영의 특징은 기존 수군 조직이 각 수군통제사의 지휘 아래 지역별로 나뉘어져 지휘받던 것과는 달리, 이번에는 중앙의 지휘부가 직접 수군을 통제하도록 했다는 것에 있었다. 즉 근대적 해군의 기반으로서 활동할 수 있도록 조치한 것이었다.

조선은 총세무사 모건에게 통제영학당 건설비 6,000원을 요청했고 생도 50명과 수병 500명을 모집할 계획을 세웠다. 미리 입국한 영어

통제영학당 병사 1893년, 강화도 갑곶진에 설치한 통제영학당은 조선의 근대 해군 양성을 위한 요람이었다. 최초 사관생도 50명과 수병 300명을 모집하였다. 이들의 제복은 세일러복으로 묘사하였는데, 1893년 1월 1일부터 나가사키에서 조선의 해군 역할을 하는 해연총제영의 군복 등을 수입한 것에 따른 것이다. 총 1,000여 벌의 해군용 군복이 일본 나가사키로부터 수입되었다.

해연총제영과 통제영학당
海沿總制營 / 統制營學堂

조선 수군은 전라 및 경상 양도에 좌우수영, 경기와 황해도, 충청도에 하나씩의 수영을 두고 통영의 통제영이 남도 및 충청도를, 강화의 통어영이 경기 및 황해, 충청 수군을 지휘하는 체계였다. 그러나 근세에 들어 수군 조직은 유명무실했고, 고종대에 이르러 서양 선박의 출몰이 잦아지자 경기도 지역 해상 방어를 위해 육군과 수군을 통합하여 1883년 통어영을 기연해방영으로 개편했다. 그러나 기연해방영은 점차 해안 방어보다는 수도 방위로 주 임무가 변경되었으며, 1888년 통위영과 통합하며 사라졌다. 이후 조선에는 수군 조직이 실질적으로는 사라진 것이나 다름없었으나, 1993년 고종은 통어영의 역할을 담당하는 해연총제영을 출범시켰다. 해연총제영은 통어영을 계승한 만큼 경기 및 황해도와 충청도 수군을 지휘하에 두었으나, 장차 조선 수군 전체를 관할할 계획이었다.

해연총제영은 조선 수군의 통합 지휘 체계 확립 외에도 신식 해군의 기간요원 양성도 목표로 했다. 1893년 3월 강화도에 수사해방학당이 세워지고, 윌리엄 허치슨에게 영어 교육을 받았다. 이윽고 청의 지원을 받아 영국에 교관요원 파견을 요청하여 1894년 4월 영국 정부가 파견한 영국 해군 교관 콜웰 대위와 커티스 하사가 교관으로 부임해 포술과 항해술, 군사학을 지도했다. 수사해방학당, 즉 통제영학당은 조선의 근대 해군 양성 요람이 될 사관학교였으며, 이곳에서 그들은 270여 명의 생도 및 수병들을 훈련시켰다. 그러나 1894년 동학농민운동 및 청일전쟁으로 인하여 통제영학당은 유명무실화되고, 뒤이어 일본의 압력으로 해체하면서 그들 역시 2달이라는 짧은 기간 동안만 교관 임무에 투입될 수 있었다. 대한민국 해군사관학교는 자신의 전신으로 통제영학당을 꼽지는 않지만, 최초의 근대적 해군사관학교로 통제영학당을 인정하고 있다.

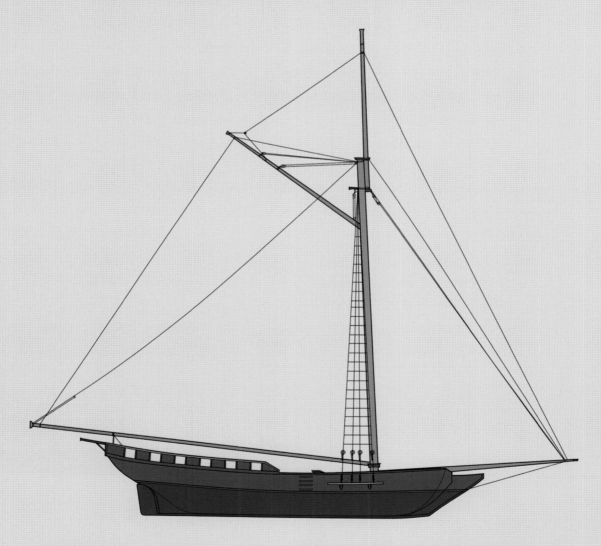

해연총제영은 1894년 4~5월 경에 해군 교습을 위해 일본으로부터 삼판선 1척을 구매하였다. 명칭을 삼판선이라 하였지만, 삼판선은 중국식 소형 목선을 일컫는 통명인 관계로 실제 선종은 목조 슬루프로 추정된다. 해군 교습을 위해 해연총제영은 중앙정부에 한강 및 강화도 일대에서 교습에 대한 보고를 올렸으며, 해도 제작 등에 나서는 등 근대식 해군 양성의 첫 발걸음을 옮기기 시작했다.

교사 허치슨에게 영어 강습을 받아 해군 훈련을 차질 없이 교습받으려는 것이기도 하였다.

그러나 영국의 해군 교관 파견이 늦어지고, 교육 과정도 순탄치 않아 모집된 생도 50명 중 30명만 남았고, 수병 역시 300명에서 160명만이 남은 상태였다. 이른바 칠반천역이라는 말처럼 당대 조선의 해군에 대한 인식은 여전히 천한 직분이라는 편견이 짙었고, 이러한 사회적인 분위기가 이들의 이탈을 야기했을 가능성이 크다. 그럼에도 조선의 근대 해군 건설에는 아직 희망이 있었다.

1880년대 조선의 해양에 대한 진출 노력은 민간 해운업의 발흥으로도 연결되어 있었다. 1881년 4월 10일, 한국 최초의 조선 기술 습득자인 김양한이 요코스카 조선소에 파견되어 조선술을 배웠고, 국비 유학생들이 항해술 등을 습득하는 한편, 1884년에는 조선 정부가 기선사를 설립해 선박 운항에 대한 기술을 미국 및 영국으로부터 제공받기도 하였다.

관립 기선 회사인 이운사와 전운사가 운영되고 있었으며, 이러한 노력은 숙련된 선원들이 서서히 양성되는 근간을 제공하였다. 1886년 7척에 불과하던 기선은 1894년 143척까지 성장했으며 인력 수급 역시 크게 어렵지 않으리라는 계산이 서 있었다.

입국이 늦어지던 콜웰 대위와 커티스 하사는 1894년 4월에서야 부임해 통제영학당의 생도 및 수병들과 만났다. 그들은 조선 근대 해군의 기간요원이 될 이들이 부지런하고 영어를 잘

한다는 평가와 함께 성공적으로 양성할 수 있을 것이라고 기대하고 있었다.

이들은 270여 명의 생도 및 수병들을 훈련시키기 시작했다. 당시 통제영 학당이 가진 장비라고는 화승총, 퍼거션 캡 소총, 피바디 마티니 소총과 총검이었고, 함선이라고는 작은 삼판선 한 척뿐이었다.

5월 내내 콜웰 대위와 커티스 하사는 열정적으로 이들을 훈련시켰다. 사격술과 총검술 훈련부터 나침반을 활용한 항해법 등 거의 매일을 훈련으로 보내고 있었다. 이러한 모든 훈련은 영어로 진행되었다. 커티스 대위는 조선의 해군 생도 및 수병들이 다른 아시아 국가의 해군과 비교해도 손색이 없다고 평가했다.

한편 조선 정부 역시 해군 건설을 위한 지원에 박차를 가하고 있었다. 해연총제영은 1894년 전반기에 강화도와 한강 일대에서 해군 교습을 예정하고 있었으며, 이를 위한 한강 측량을 허가해 달라는 공문을 조정에 올려 허가받기도 하였다. 1894년 4월에는 마포와 용산이 해군 교습에 적당하지 않아 강화 해역에서의 훈련을 위해 해도 제작을 하고 있었고, 일본 나가사키에서 교습선 구매를 위해 교섭에 나서기도 하였다.

무기 도입도 계속해서 이루어졌다. 청의 북양해군으로부터 해군을 무장시키기 위한 마우저 소총 300정 구매를 요청하기도 하였다.

-조선 서리독판교섭통상사무(朝鮮署理督辦交涉通商事務) 김(金)이 조회(照會)합니다.

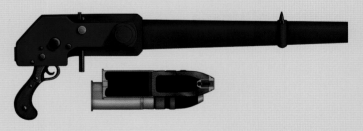

크루프 속사포
Krupp 3.7cm L/23 Md.1887

청일전쟁 직전인 1894년 6월 15일, 천진기기국은 조선에 영수증 하나를 보냈는데 이는 천진기기국으로부터 조선 정부가 구매한 6문의 크루프 37mm 속사포에 대한 영수증이었다. 이 포는 조선이 제공받기로 한 순양함의 무장으로 사용할 예정이었을 것으로 추정된다. 그러나 해당 장비들은 청일전쟁으로 인해 서해안 일대의 해상교통이 마비되어 조선에 들어오지 못했다.

지난번 총제사(總制使) 민(閔)의 서한을 받아 보니, "본영(本營)에서 사용할 모슬양총(毛瑟洋鎗) 300자루에 대해 북양 해군아문(北洋海軍衙門)에서 현재 사용하는 모양으로 구매할 것을 허가받았으니, 원 총리(袁總理)에게 의뢰하여 속히 구매해 와서 사용할 수 있도록 해 주십시오." 라는 내용이었습니다. 이에 따라 조회하니, 귀 총리께서 마음을 써 주어서 조속히 구매해 와서 해당 총제영 연습에 사용할 수 있도록 해 주시기 바라며, 아울러 해당 서양총의 가격을 검토해 알려주어 이에 따라 갚도록 함이 가합니다. 이러한 내용으로 조회합니다.-

1894년 6월 15일, 조선은 청의 북양함대로부터 6문의 크루프제 함포를 천진기기국을 통하여 공급받기로 약속받았다. 이는 1893년 청으로부터 공여받기로 한 2척의 1,500톤급 순양함에 각각 3문씩 무장시킬 장비이기도 했다. 공급받은 함포는 크루프사의 3.7cm L/23 Md.1887 모델이었으며 청은 탄약 6,000발과 함께 제물포로 보낼 예정이었다. 조선은 동시에 함선을 인수할 인선도 엄선하고 있었다.

군복 역시 함께 도입되었다. 1893년 1월, 해연총제영에서 사용할 해군 군복 300벌을 구매함을 시작으로, 3월 15일에 250벌을, 4월 12일에는 110벌과 나팔 4개를 구매했다. 1893년 11월에는 200벌을 추가로 구매하면서 총 860벌의 해군용 군복이 도입된 것이다. 결과적으로 무기는 청에서, 군복은 일본에서 구매했던 것이었다.

이러한 군복이 서양식이었음을 추정할 수 있는 것은 후술할 동학농민운동 당시 전라좌수영 부대에 대한 일화 때문이다. 이 당시 전라좌수영 병력은 일본 해군과 연합하여 동학군과 교전했다. 이 당시 전라좌수영의 복장이 일본 해군과 유사해 동학군이 지레 겁을 먹고 패주했다는 기록이 남아 있기 때문이었다.

그러나 이러한 근대 해군 양성 노력은 갑작스러운 전쟁으로 인하여 파국을 맞이했다. 동학농민운동으로 해연총제영이 일절 훈련을 중단하고 남부 지역에 급히 파견되었고, 뒤이어 동아시아의 국제 정세를 뒤흔들었던 청일전쟁이 발발한 것이었다.

청의 패색이 짙어지면서 조선의 근대 해군 건설을 지원할 후견인이 사실상 사라지게 되었다. 그 결과는 조선의 해군 건설이 최소 10년 이상 늦춰지게 만드는 결과로 이어질 수밖에 없었다.

1893년 보은 장내리 집회와 삼남 지방군 정비와 한계

일본과의 외교전이 날이 갈수록 격화되어 가던 1893년 3월, 조선의 내정을 뒤흔드는 사건이 하나 터졌으니 그것이 바로 동학의 보은 장내리 집회였다.

보은 장내리 집회는 당초 신앙의 자유와 교주 최제우의 신원을 요구하기 위해 열렸으나, 점차 척왜양을 내세우며 1~2만의 군중이 몰려들었고, 동시에 동학교도들이 각국 공사관에 협박장을 보내자 조선 정부는 이를 심각한 사안으로 받아들였다.

대외적인 문제가 끝나지 않은 상태에서 민중 봉기로 이어질 수 있는 사태의 발생은 조선 정부를 다급하게 만들었다. 이에 친군장위영 영관으로 근무 중이던 홍계훈을 삼도육군통어사 겸 충청병마절도사로 임명, 보은 장내리로 출동하도록 명령을 내렸다.

삼도육군통어사 겸 충청병마절도사 홍계훈에게 주어진 임무는 세 가지였다. 첫번째는 충청도를 관할하는 친군진남영을 강화하는 것이었다. 당시 보은 장내리의 관할은 당초 청주 일대에 배치된 친군진남영의 소관이었으나, 진남영에서 차출 가능한 병력은 100여 명에 지나지 않았다.

이에 300명의 장위영 병력과 함께 충청도

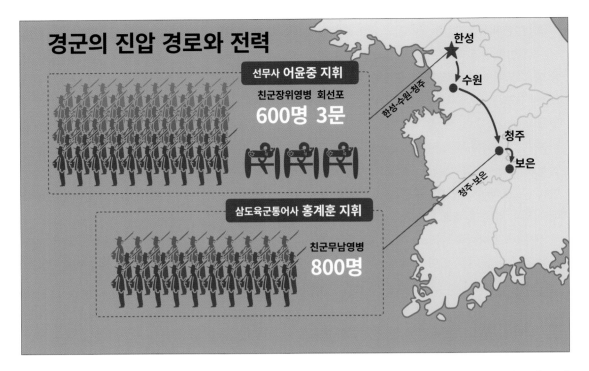

경군의 진압 경로와 전력

선무사 어윤중 지휘

친군장위영병 회선포

600명 3문

삼도육군통어사 홍계훈 지휘

친군무남영병

800명

한성

수원

청주

보은

한성-수원-청주

청주-보은

에 도착한 그는 1887년에 구매했던 레밍턴 롤링 블럭 소총과 크루프 산포들을 활용해 친군진남영의 전력을 급히 증강시켰다. 그 결과 100여 명에 불과하던 병력을 다시 600명으로 늘릴 수 있었다.

두번째 임무는 삼도육군통어사라는 직책을 이용해 하삼도의 지상군을 통제하여 유사시 보은 장내리 집회가 대규모 봉기로 이어질 경우, 사전에 각 지역의 호응을 차단해 신속한 반란 진압 작전을 구사할 수 있도록 조치하는 것이었다.

이 당시만 하더라도 전라도 지역을 통제할 군대가 부재한 상태였으며, 대신 각 지역의 수성군 및 포군제에 의해 남아 있는 포군 병력들이 지역 방어를 담당하고 있었다.

마지막으로는 보은 장내리에 집결한 동학교도 1~2만을 직접 견제하는 것이었다. 이러한 조선 정부의 군사적 대응에 대한 기록은 주조선 미국 공사관 기록에 비교적 상세히 남아있다. 조선 정부는 당초 해산을 권유했으나 실패하자, 한성에서 유럽식으로 조직된 800명의 보병과 3문의 개틀링 기관총을 투입했다. 3월 15일 토요일, 이들은 한성에서 수원으로 이동했다.

이들은 삼도육군통어사 홍계훈이 지휘하는 친군진남영 차출병력 300명과 선무사 어윤중이 지휘하는 장위영 병력 600명을 지원하기 위

해 출동했다. 개틀링 기관총이 집회 대응에 동원된 것은 다이 준장의 조언 때문이었다.

다이 준장은 한때 워싱턴 시경국장을 지낸 경험을 살려 대규모 집회에 개틀링 포대를 반드시 보내야한다고 역설했다. 실제로 개틀링 포대는 미국에서도 시위 진압을 위해 동원된 바가 있었으니, 시경국장을 지낸 그의 조언은 당시로서 틀린 결론은 아니었다.

청으로부터 무기 지원을 받는 방안도 함께 검토되었다. 보은 집회가 이어지던 1893년 4월 2일, 조선 정부는 청에 공식적으로 5,000정의 마우저 소총과 개틀링 기관총 12문, 크루프 산포 10문을 공급해달라고 요청했다.

청은 마우저 소총 1정당 소총 및 탄띠, 대검, 탄약 등까지 20냥이 소요되며, 조선의 요청대로 공급을 한다면 은자 10만 냥, 개틀링 기관총 12문은 은자 3만 냥, 크루프 산포 10문은 탄약비까지 합쳐 15,000냥이 소요되어 공급이 어렵다고 거절했다.

대신 청군이 사용하는 마우저 소총 1,000정을 탄약과 함께 대여해 주겠다고 역으로 제안했다. 4월 4일, 원세개는 다시 전보를 보내 조선의 무기 보급을 위해 우선 마우저 소총 500정과 탄약 10만 발, 크루프 산포 8문 및 탄약 2,000발을 공급해 주겠다는 건의를 올려 북양대신 이홍

장이 이를 승인하였다.

한편 보은 장내리 집회에 대해서 조선 정부는 화전양면술을 구사했다. 홍계훈이 지휘하는 군대는 포대를 설치하고 훈련을 하는 등 무력 시위를 하는 한편, 선무사 어윤중은 국왕의 윤음을 전달하며 해산하라는 명령을 내렸다.

군대의 압박과 국왕의 윤음을 받은 동학 지도부가 집회를 해산하면서 사태는 종결되었으나, 정부로서는 이러한 민중 봉기가 달가운 상황은 아니었다. 이 당시 삼남 지방 민중들은 여러 가지 문제에 직면해 있었다.

가장 큰 문제는 개항 이후 경제적 변동에 의한 빈곤층의 확대였다. 개항은 분명 빛과 그림자를 모두 가져왔지만, 일반 민중들에게 있어서는 빛보다 그림자가 더욱 크게 다가왔다. 인천과 부산의 개항은 미곡 수출과 면포 수입의 확대로 이어졌다.

이는 농촌 경제의 기반인 면포 생산을 최소 25% 이상 저하시켰고, 농민층의 생활을 어렵게 만들고 있었다. 더군다나 1880년대 말부터 1890년대 초 방곡령 등을 통한 미곡 수출은 중앙과 지방의 재원을 채울 수 있도록 했으나, 농민들에게는 오히려 경제적인 침탈로 다가왔다.

즉 언제든 대규모 반란이 벌어져도 이상할 것이 없는 상황이었다. 물론 향촌 지역과는 달리 읍성을 포함한 도시 지역에서는 개항의 혜택을 받았기 때문에 긍정적인 인식을 가지고 있었고, 조선 조정에 충성을 바치고 있었다.

그럼에도 조선의 절대 다수를 차지하는 농민층의 불만 팽배는 좌시할 수 없는 것이기도 했다. 이에 따라 유사시를 대비한 삼남의 군비 점검이 이어졌다. 일본과의 외교적 분쟁이 무력 충돌로 예견되는 것과 더불어, 대규모 반란에 대비하기 위해 전라도 지역을 방어할 친군무남영이 1893년 8월 14일에 창설되었다.

이어서 함경북병영에 친군북영을, 춘천부에는 친군진어영을 설치하여 지방에 대한 통제 및 방위 상태를 전반적으로 강화하였다. 다만 장비가 부족하여 충청 이남 지역의 지방 친군영은 일본에서 중고로 구매한 전장식 소총으로 대거 무장하였다.

1890년부터 1892년까지 60만 달러에 가까운 대규모 군비 증강으로 충청 이북의 군대가 대부분 후장식 소총으로 무장했고, 많은 화기들이 도입되었으나 그만큼 실제 병력도 늘어났기에 전라도와 경상도 지역의 친군영에까지 최신 화기를 보낼 형편이 아니었다.

물론 유사시 중앙군 및 각 지역 지방군이 충원될 예정이었지만, 갓 설치한 친군영 병력으로는 통제가 어려운 것은 사실이었다. 이에 따라 각 읍의 포군을 강화하는 동시에, 준군사조직인 보부상 동원에 대한 점검도 함께 이어졌다.

이러한 조치는 결국 자금의 동원과도 연결되었다. 하지만 해관세를 직접 사용할 수 있는 중앙군이나 해당 지역의 세금을 관찰사가 군비로 직접 전용할 수 있는 서북 지역과는 달리 삼남 지방은 그런 것이 불가능했다.

즉 증강된 지방 친군영은 필연적으로 지방 정부 및 해당 주민들의 부담으로 돌아올 수밖에 없었다. 그나마 경상도 지역은 개항장이 있었고 왜관에 들어가던 예산이 군비로 전용되어 친군 남영을 유지할 수 있었지만, 충청도와 전라도는 그럴 상황이 아니었다.

결국 친군진남영과 친군무남영은 기존 편제 이하의 병력만을 유지할 수밖에 없었다. 600명까지 증강되었던 친군진남영은 1/3이 감편된 400명으로 줄었고, 아예 친군무남영은 400명 편제로 창설된 상태였다.

그나마 다행이라면 친군진남영에서 해체된 200명은 그대로 홍계훈이 이끌고 상경해 친군장위영 소속으로 전환했다는 점과 여전히 대원군 시기 정비해 두었던 포군들이 여전히 지역 방위의 핵심을 담당하며 배치되었다는 점이었다. 그리고 아직 각 수군진 및 병영들이 제 역할을 하며 상비군을 유지하고 있었다는 점이었다.

이렇듯 삼남 지역의 지방군 상태는 중앙군과는 달리 상당히 열악한 상태였다. 1893년의 지방군 정비가 과연 격동의 1894년에 빛을 볼 수 있을지는 여전히 의문이 많이 남겨져 있었다.

金允植

동학농민운동

조선 조정의 대응과 전주화약

1894

동도대장(東徒大將) 전봉준과 동학군

1894

동학농민운동
조선 조정의 대응과 전주화약

고부 봉기와 친군무남영의 대응

동학농민운동의 불씨가 된 고부 봉기를 이야기하기 전에 이러한 대규모 민중봉기가 왜 폭발했는지에 대해서 배경을 알아볼 필요가 있다. 실질적인 원인은 전근대적인 수세 문제가 도화선에 불을 지피는 역할을 했다.

개항의 시대에서 혜택과 피해는 극명하게 드러났고, 이는 곧 난관에 부딪히게 되었다. 무엇보다도 동학농민운동의 주요 배경이 된 전라도 지역은 다른 지역보다도 세금이 상당히 과중했던 곳이기도 했다.

특히 전라북도 일대가 심각했다. 동학농민운동 당시 전라북도는 비교적 동학에 동조하는 세력이 많았던 반면, 전남 지역은 오히려 조정을 지지하는 세력이 많았다는 것을 감안할 때 이러한 분위기에는 무언가 이유가 있었다.

전북의 민심 이반은 무엇보다도 전운사로부터 기인했다. 전운사는 당시 조세 운반을 담당하는 관청이었으며, 일본과 독일의 기선을 임대하여 사용하다가 1894년에는 창룡, 광제, 조양호 등 3척의 기선을 구입하여 운영하였다. 문제는 이 전운사의 운송료를 전북 지역 농민들에게 징수하였으며, 이 과정의 부정부패로 불만이 팽배했다. 게다가 1893년 8월 신설된 친군무남영의 군비 역시 전라도 관내에서 조달해야했으니 이중고에 시달릴 수밖에 없었다.

이러한 불만은 1893년 보은 장내리 집회로도 드러났으나 그 당시 동학지도부가 조선 정부의 해산 요구에 따르면서 잠시 사그라드는 듯했

동학농민병
東學農民兵

봉기 초기 동학군은 고부 및 뒤이어 함락한 고을의 무기고를 털어 재래식 화승총, 드물게는 천보총과 기타 냉병기로 무장했다. 그러나 만 명이 넘는 병력을 전부 화기로 무장시킬 수는 없었기에, 통념대로 대다수의 농민군은 죽창과 농기구로 무장했을 것이다. 동학군이 신식 병기를 손애 쥐는 것은 장성 황룡촌 전투를 통해 장비를 노획한 뒤에나 가능했다.

다. 그러나 1893년 11월부터 이미 봉기의 불길이 치솟고 있었다.

1894년 1월 8일 고부군 소속 28개 고을 중 15개 고을이 참여한 봉기는 삽시간에 고부관아를 장악하고 장기전에 대비하여 백산에 성을 축성하고 있었다. 조병갑은 반란 진압을 위해 전라감사 김문현에게 1천의 병력을 내려 달라고 요청했으나 동원될 리가 만무했다.

조선 조정은 후임 군수인 박원명을 파견하여 봉기 참가자들에 대한 처벌이 없을 것이며 그동안의 폐단을 시정하겠다고 약속했다. 그러나 이미 1893년 보은 장내리에서 동학교도들의 집단 행동에 대한 위기감을 느낀 조선 정부는 필요 이상의 대응을 보였다. 신임 군수 박원명을 보낸 직후 안핵사로 이용태를 파견했으며, 이용태는 역졸 800여 명을 동원해 약속을 어기고 주모자 및 가담자들을 색출하는 한편, 전라감영에서는 친군무남영 및 별초군과 보부상들을 집결시키기 시작했다.

정부가 무력 진압의 의사를 밝히자 전봉준 등 동학 지도자들도 백산 집회를 열었다. 이곳에 집결한 동학교도는 8,000~10,000여 명 내외였고 삽시간에 규모가 방대해졌다. 초기 이들의 무장은 각 고을 무기고에서 탈취한 재래식 장비들로 이루어져 있었다. 이미 적지 않은 무기가 동학군의 손에 넘어갔으며, 이를 저지할 각 읍의 수령이나 군교, 포군들은 격파당하거나 도망치는 바람에 제대로 처리하지 못한 것이었다.

이에 따라 이미 중앙에서는 음력 4월 2일 내무부의 보고에 따라 본격적으로 진압군 사령부인 양호초토영이 구성되고 있었다. 그리고 그 지휘관으로는 장위영 정령관이었던 홍계훈이 전라병사 겸 양호초토사로 임명되어 진압 작전을 진행하게 되었다. 이미 조선 정부는 고부 봉기 때부터 해당 사건을 주시하고 있었고, 이에 따라 미리 유사시를 대비한 인선을 준비했을 가능성이 컸다. 초토사 홍계훈은 각 지역 포군 및 수성군을 중심으로 한 지역 방어와 함께 지방 친군영인 무남영과 보부상, 별초군 등을 동원해 진압 작전을 구상하고 있었다.

이 당시 전라감영군은 홍계훈의 명령에 따라 용머리 고개 일대에 집결, 한참 편성을 진행 중이었다. 무남영 영장 이경호가 무남영 및 감영병 도합 700명 및 징발된 포군 550명, 그리고 보부상 1,000여 명을 집결시켰고, 전라감영 병정대관 이재섭이 역시 징발된 포군 및 전주부 방어

친군무남영병
親軍武南營

친군무남영은 1차 봉기 전해인 1893년에 편성되었다. 편제 완료시의 예상 병력은 일천에 달했지만, 1894년 시점의 병사 수는 삼백여 명에 불과했다. 게다가 조직한 지 채 1년도 되지 않은 시점이라 장비와 훈련이 미비하였다. 무남영의 재정은 전라도 관내 각 고을에서 조세를 거두어 충당했는데, 지방관의 착복으로 장비와 급료가 제대로 지급되지 않아 친군임에도 사기가 그리 높은 편이 아니었다.

친군무남영은 퍼거션 캡식 전장식 라이플로 무장하였다. 신식 병기로 무장했으나, 경군인 친군장위영의 후장식 라이플에 비하면 2선급 장비였다.

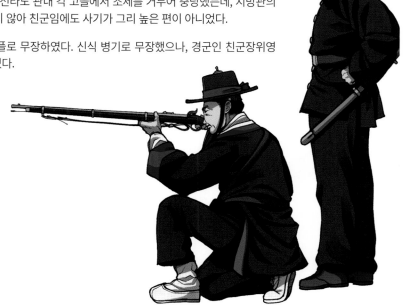

병력을 지휘하고 있었다. 이외에도 전라병영 및 전라좌수영과 우수영에서 차출한 병력도 출동 중이었으며, 초토사 본인은 중앙군을 지휘하며 인접한 충청도와 경상도의 친군영 및 포군 병력들을 추가 투입해 동학군을 포위섬멸하려고 했던 것으로 보인다.

이에 따라 전라감영은 초토사의 지휘에 따라 전주성의 초입인 용머리 고개 일대에 지방군을 집결시키며 교전을 최대한 회피하도록 했으나, 원평에서 거둔 작은 승리가 비극의 실마리로 이어졌다.

일부 지방군이 금구-원평 일대에서 동학군과 교전하여 114명을 생포하는 등 승전보를 보내자, 동학군을 만만히 본 일부 지방군 장교들이 조기 결전을 주장했다. 특히 중군 김달관과 감영 병정대관 이재섭 등 일선 지휘관들의 의지가 강력했다. 하지만 여전히 중앙군은 도착하지 않았고, 전라감사 김문현이 전라도 53개 주에 감결을 내렸으나 여전히 24개 읍에서 징집된 군대가 아직 용머리 고개 일대에 다다르지 못했다.

김문현은 급한 대로 남원과 장성, 진안, 용담 등에서 군대를 추가 징발하려 했으나 시간이 촉박했다. 결국 중앙군과 기타 병력이 지원되기 전에 전라도군이 단독으로 해결하자는 주장 아래에 영장 이경호와 병정대관 이재섭의 부대가 용머리에서 빠져나와 금구로 진격했다.

동학군은 당초 1만 이상의 군대가 자신들을 토벌한다는 소문에 휩싸여 충격을 받았다. 이미 음력 4월 4일 전라도 지방군이 태인, 김제, 부안, 고부 4개 읍에 대한 통행 차단을 선포했고, 전라감사의 동원령 및 중앙군의 출동 소식 역시 사기를 꺾었다.

한편 용머리 고개에 집결한 전라도 지방군은 남원 포군을 지휘하는 영교 정창권과 창평의 포군들이 태인에서 합류하며 숫자가 불어났다.

음력 4월 6일이 되자 지방군은 2개의 제대로 나뉘었다. 하나는 분견대로서 부안의 동학군을 압박하며 죽산으로 진격했고, 다른 하나는 백산 일대로 진격하던 지방군 본대로 추정된다. 이 중 백산으로 진격한 지방군 본대는 그 날 오후 4시 동학군과 조우, 전투를 벌이기 시작했다. 1차 전투는 전라도 지방군이 동학군을 제압하며 승세를 올렸으나 이는 함정이었다.

지방군은 장교단 내부에서 전공을 세우기 위해 패퇴하는 동학군 후미를 무리하게 쫓았다. 중군 김달관과 병정대관 이재섭이 병력을 이끌고 추가 공세에 나섰으나, 기다리는 것은 동학군의 매복이었다.

전투의 결과는 매우 치명적이었다. 전라도 지방군 지휘부가 이 전투 한 번으로 완전히 소멸되었다. 총지휘관이자 무남영 영장인 이경호가 전사했고, 태인 지역 보부상 지휘관인 유병직과 서기 이돈승도 혼전 중에 사망했으며 지방군 700명이 전사했다. 전라도 지방군이 공백 상태에 빠지게 된 것이었다. 용머리 고개의 지방군 전력 대부분이 소멸했고, 전주성 방어군 100명만이 유의미한 전력이었다. 이는 곧 양호초토영의 진압 계획을 완전히 망가뜨리게 되었다.

원래대로라면 초토사 홍계훈은 800명의 경군을 중심으로 무남영 및 전라감영군 700명과 대구에서 증원될 감영군 600명, 전라병영 및 전라좌우수영 부대를 통합하여 동학군을 섬멸할 계획이었다. 그러나 용머리 고개에서 벗어나 전라도 지방군이 전투에서 대패하고 지휘부가 사실상 몰상당하며 이 지역은 사실상 무주공산이 되어 버렸다.

무장한 보부상 보부상과 포군은 동학농민운동을 마주한 조선 정부가 즉시 동원할 수 있는 민병대였다. 이들은 각 고을 등에서 소집되어 지방 정부의 지원을 받아 무장했으며, 황토현 전투 등에 투입됐다. 이후 전주성 전투 등에서도 경군을 보조하였으며, 지역 방위, 물자 수송 등에 투입되기도 하였다. 보부상은 자체 조직이 강고하게 짜여 있고, 1883년에는 군국아문에 편성되는 등 조정의 친위대 역할을 맡았다. 동학운동 당시에는 충청도의 보부상들이 동원되었다.

중앙군의 1차 증원과 동학군의 기동

초기 봉기 보고 이후 양호초토사 홍계훈을 위시한 부대들이 속속 배치되었다. 주력은 왕실근위대인 친군장위영과 강화도 주둔군인 친군 심영으로 편성되었다. 청에 병력 수송을 위한 선박 대여를 요청했으며, 상해에도 군수물자 구매를 재개했다.

홍계훈 예하로 가장 먼저 양호초토영 일선 전투부대에 소속된 지휘관 명단은 아래와 같다.

대관 : 이학승 이두황 오달영 오원영 원세록
교장 : 이문구 이명구 양성록 최흥정 윤희영
　　　추성엽 김대유 한응연 김진풍 홍명석
병력 5개 대 800여 명(1개 대 160여 명 구성),
중화기 없음.

이들은 총 5개 대를 통솔하여 음력 4월 3일 제물포에 각각 오후 1시, 오후 5시에 도착하였으며 4월 4일 오전 11시를 기해 우선 대관 원세록이 1개 대의 부대를 지휘하여 창룡호에, 대관 이두황의 1개 대가 한양호에 탑승하여 출발했다. 선발대 출발 이후 해무로 인해 홍계훈의 본대인 3개 부대는 출동이 잠시 지연되었다. 그러나 곧바로 청 해군이 파견한 평원에 탑승, 4월 4일 오후 3시를 기해 전라도로 출동했다.

한편 조선 정부도 많은 병력 차출에 대해서는 크게 난색을 표했다. 당시 실질적으로 조선 정부가 전라도에 투사할 수 있는 병력은 그리 많지 않았다. 유사시 남쪽에 투입할 수 있는 군대는 평양의 친군서영 2,500명과 강화의 친군심영 1,500명, 수도 한성의 친군장위영과 통위영, 경리청, 용호영 등 도합 6,000여 명이었다.

그러나 통위영은 수도 한성만이 아니라 경기도 일대의 치안 유지 임무에 전력하고 있어 제때 소집하여 태세를 갖추기는 어려웠다. 경리청은 북한산성 방어가 주력 임무라 차출이 어려웠으며 용호영은 군제 개편의 혜택으로부터 멀리 떨어져 사실상 전투부대로서 기능하기 어려웠다. 평양 친군서영은 최후의 예비대로 남아 있었으니 자연스럽게 가용할 부대는 근위대인 친군장위영과 강화도 친군심영 뿐이었다.

왕실 근위대인 친군장위영은 왕실과 궁궐을 직접 호위하는 병력 200~400명을 제외한 나머지 병력 1,400~1,600명의 병력을 투입할 수 있었고, 이 중 절반 가량이 출동할 수 있었다. 친군심영 역시 많은 부대를 차출하였으며, 이 두 군영은 1차 동학농민운동 당시 관군의 주력으로 활동하게 된다.

그러나 음력 4월 5일 중앙군이 상륙한 직후, 황토현에서의 대패 소식은 양호초토영의 역할을 무겁게 만들었으며 동시에 절망적인 현황으로 이어졌다. 지방군이 전멸한 이상 이제 실질적으로 전라도 일대에서 동학군을 막을 세력은 갈 곳을 잃은 전라병영군과 수영군, 우왕좌왕하고 있는 각 읍 수령의 포군 및 수성군과 초토사 홍계훈이 지휘하는 800여 명의 병력뿐이었다. 그나마 전라우영이 위치한 나주 등 전남 지역이 통제할 수 있는 지역으로 남은 것이 다행이었다.

다시 지방군을 재건하고 동학군이 북상하지 못하게 저지하는 것은 양호초토영의 손에 달려 있었다. 물론 아직 잔존한 지방군과 패퇴한 병력들이 회군하고 있었지만, 이들을 다시 재편해 전투에 투입할 수 있도록 하는 것은 별개의 문제였다.

무슨 일이 있어도 양호초토영은 시간을 벌어야 했다. 그러나 초토영이 신경쓸 것은 비단 전투임무만이 아니었다. 경군과 지방군의 동원은 물론, 이들을 위한 군수지원 및 민심 안정, 심지어 동학군 포로들에 대한 심문까지 모든 것을 관장해야 했다. 동학군 포로들의 경우 동원된 보부상들이 사람들을 마구잡이로 체포했기에 양민인지 동학에 가담한 사람인지를 분간해야 하는 경우가 많았기 때문이었다.

한편 황토현에서 지방군을 격파한 동학군의 기세는 하늘을 찌르고 있었다. 전투 직후인 음력 4월 8일, 충청도의 동학도들이 회덕에서 봉기하여 관아를 공격했고, 이 때문에 양호초토영에 병력을 빌려 달라는 공문이 급히 전달되었다.

경상도 관내 역시 다를 바가 없었다. 결국 전라도 관내의 동학군을 격파하기 위해 출동 준비를 하던 친군진남영과 친군남영군은 총구를 돌려 각각 충청도와 경상도 일대를 평정하기 위해 등을 돌려야 했다.

게다가 당시 동학군의 공세에 전라도는 13개 읍의 수령이 도주했고 10개 읍은 군기고가 약탈당하여 징병이 불가능했으며, 수령이 피살되어 지휘권이 무너진 지역은 4곳이었다. 절반에 달하는 지역이 정부의 통제에서 벗어났다.

이 때문에 양호초토영은 병력을 나누었다. 초토사가 지휘하는 800명의 병력 중 치중대 200여 명과 보급항인 법성포를 방어할 병력, 그리고 환자 등 비전투요원을 포함한 200여 명을 후방에 남겼다. 400명의 전투 병력으로 1만에 달하는 동학군을 상대해야 했던 것이다. 그럼에도 초토영은 병력을 계속 쪼개 동학군에게 제압당한 무장읍 등 5개 읍의 행정권을 회복하며 전라도 관내 53개 읍에 징병령을 내렸고, 동시에 중앙에 증원군을 요청했다.

한편 조선 조정은 음력 4월 14일, 일본 공사관 기록에 따르면 야간에 비상 회의를 열었다. 안건은 임오군란과 갑신정변의 사례에 따라 청에 원병을 요청해야 하는가에 대한 것이었고, 병조판서 겸 친군경리사 민영준과 해연총제사 민응식이 각각 찬성과 반대로 팽팽히 맞섰다.

이러한 대치 상황은 해연총제사 민응식의 주장이 관철되며 일단락되었다. 우선 친군장위영과 강화 친군심영으로 증원군을 편성하여 보낸 후, 전황이 나빠지면 그때 다시 논의해도 늦지 않다는 중론이었다. 그리고 당시 국왕인 고종 역시 가능하다면 이미 파견한 군대로 사태를 진압할 것을 주문했다.

이에 따라 음력 4월 16일 친군장위영 병력 300명과 강화 친군심영 병력 500명이 증원되었으며, 다음 날인 17일에는 친군장위영 소속 포병대 40명이 크루프 산포 1문과 탄약차 1대, 탄약 10상자, 화약 5통을 들고 합류했다.

해연총제사 민응식 역시 친군심영에서 야

포 2문을 포함한 500여 명의 병력을 항구에 집결시켰다. 이 병력들은 친군심영 중군 서병훈과 부관 이종대의 지휘하에 17일 오후 5시를 기해 현익호에 탑승해 군산으로 이동했으며, 친군장위영 병력은 법성포로 향했다.

조선 조정은 추가 병력 파견에 대한 안건을 상당히 심각하게 받아들였다. 한성의 전보국에서는 동학군에게 관보가 누설되지 않도록 암구호 전보를 보내도록 조치하였으며, 동시에 비번인 담당자들이 사무실에 들어가는 것을 제한하는 조치를 하는 등 정보 역량에서의 조치도 충분히 취하고 있던 상태였다.

이러한 중앙의 1차 증원군 편성은 병력 부족으로 허덕이던 초토사 홍계훈에게 가뭄의 단비와도 같은 존재였다. 그리고 이들을 적극 활용하여 황토현 전투 이후로 기세를 올리며 전라도 관내를 장악한 동학군을 꺾을 단 한 번의 기회를 찾아내야 했다.

한편 초토사의 본대는 음력 4월 7일, 군산에서 전주로 이동해 황토현 전투 패전 직후의 민심 이반을 막기 위해 용머리 고개에서 무력 시위를 실시하고, 직후 다시 이동해 음력 4월 24일 기준으로 고창군 흥덕면에 진을 치고 있었다.

이는 무너진 지방 행정을 복구하는 한편, 흩어진 지방군을 재건하는 데 목적이 있었다. 18일 법성포와 군산에 각각 장위영과 심영 병력이 상륙하자 양호초토영은 병력을 재편했다.

동학군이 상대적으로 빈약한 지방군 및 포군을 상대하고 경군과의 전투를 피하는 것을 역이용하려는 것이었다. 실제로 동학군은 끊임없이 기동하며 경군과의 교전을 회피하고 있었다. 창설한 지 1년도 채 되지 않은 전라도 지방군과는 달리 경군은 신식 화기와 유럽식 전술, 그리고 미 군사교관단에게 얼마 전까지 훈련을 받은 군대였다. 즉 화력이 강한 경군과의 쓸모없는 소모전을 피해야만 했던 것이었다.

반대로 경군은 동학군을 잡아 두며 지방군을 다시 집중시켜야만 했다. 전투를 피하는 쪽과 어떻게든 접촉을 유지해서 지연전을 펼치려는 시도는 양측의 정보전과 기동에서 드러났다.

경군의 진압 경로와 증원군 전력
음력 1894년 4월~5월

경군 1차 진압부대

양호초토사 홍계훈
대관 5인
이학승 이두황
오달영 오원영
원세록

친군장위영 5개 대
800여 명

경군 1차 증원부대

친군심영중군 서병훈, 부관 이종대

친군장위영병	친군심영병
300명	**500명**

크루프 산포	야포	표병대
1문	**2문**	**40명**

진압

월 3일 오후 1시/5시
물포에 2개 조로 나뉘어 도착.

월 4일 오전 11시
관 원세록, 이두황의 2개 대
룡/한양호에 타고 선출발.

월 4일 오후 3시
계훈 지휘 부대
군함 평원호 탑승. 목포로 출발

1차

4월 16일 제물포 집결
4월 17일 오후 5시
심영부대는 군산으로,
장위영부대는 법성포로 해상 기동.

2차

4월 29일
전주로 남하 개시

3차

5월 1일
청주에서 전라도
경계 일대로 이동.

★ 한성
● 제물포
● 청주
● 군산
● 전주
● 법성포
● 목포

경군 2차 증원부대

양호도순변사 이원회, 염찰사 엄세영,
신임 전라감사 김학진

친군장위영 2개 대 260명
친군통위영 1개 대 130명
친군서영 5개 초 650명
해연총제영 인천부 방어군 70명
총 1,110 명

경군 3차 증원부대

충청 지역 포군 및
보부상 다수

친군진남영 1개 초
100명

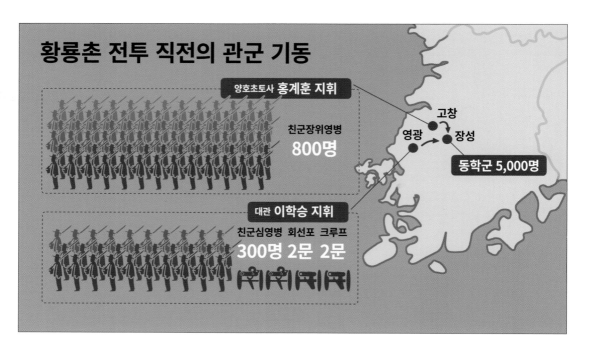

황룡촌 전투 직전의 관군 기동

양호초토사 **홍계훈 지휘**

친군장위영병
800명

고창
영광   장성

동학군 5,000명

대관 **이학승 지휘**

친군심영병 회선포 크루프
300명 2문 2문

한편, 전라도 각 지역의 정보는 양호초토영으로 집중되고 있었다. 전보국이 있는 전주성을 중심으로 초토영과 중앙 사이에서 동학군의 기동로에 대한 보고서가 매일같이 보고되었다. 다만 이곳에서 취합되는 것은 단편적이었다. 나주목사는 이미 음력 16일에 동학군 주력이 함평으로 갔다고 보고했고, 영광군수는 19일에 영광군의 성이 약탈당했다고 했다.

그러나 황룡촌 전투 이전 동학군의 목적지는 단 한 곳이었다. 장성에서 보낸 보고에 22일에 장성 월평촌에 동학군 수천 명이 주둔하여 밥을 짓고 있다는 정보가 있었다. 이 때 법성포에 상륙한 친군장위영 병력은 4월 21일에 영광에 도착하여 함평 일대의 보고를 받았으며, 이들이 추격한다는 소문이 돌자 동학군은 2개 부대로 분산되어 흩어졌다. 하나는 나주 방면으로, 다른 하나는 장성 방면으로 이동했다. 초토영은 장성에서 전주 방면으로 북상하는 동학군의 이동을 방해하고 끈질기게 요격하며 시간을 벌어야만 했다. 이미 초토사의 본대는 4월 18일, 전주에서 태인으로 이동했고, 19일에는 정읍에 도착했다. 홍계훈의 초토영은 동학군 본대를 집요하게 추적하고 있었고, 정보 수집을 등한시하지 않았다.

21일, 초토사 홍계훈은 대관 이학승, 원세록, 오건영에게 명령해 친군심영 병력 300명과 크루프 산포 2문, 개틀링 기관총 2문을 배속시키

고 장성 일대로 나아가 이동하는 동학군을 추적하도록 했다. 이에 앞서 종사군관 2명을 국왕의 윤음을 보내 동학군을 타이르도록 했으나 그들과의 연락이 장성 인근에서 끊기면서 장성에서의 전투가 서서히 윤곽을 드러내기 시작했다. 그러는 사이 본대는 고창을 거쳐 영광군에 도착하였다. 이때 친군장위영의 대관들이 다른 부대인 친군심영을 지휘하게 된 이유는 확실하지 않다.

다만 법성포와 인근 지역을 방어하려 400명의 병력이 흩어져 있었고, 각 지역 방어를 위해 일부 분견대가 파견되어 실제 지휘할 병력이 없는 대관들이 있었기 때문에 친군심영의 병력을 배속시킨 것으로 추정된다. 실제로 친군심영의 증원 병력은 대관 없이 심영 중군과 부관이 인솔했으며, 법성포에 도착하자마자 초토영에서 파견한 대관들이 이들을 지휘한 것을 보면 처음부터 장위영 지휘관들에게 이들을 배속시키려 했던 것으로 보인다.

어찌되었건 장성에서 북상하려는 동학군을 향해 조정이 심혈을 기울여 보낸 경군이 포위망을 펼치고 있었다. 최소한 포위섬멸은 불가능하더라도 더 이상 동학군이 전라도의 행정 수도인 전주성까지 북상하는 것만큼은 저지해야만 했다. 수적 열세를 감당하지 못하여 밀리더라도 전주부의 군대가 다시 재소집되고 관리들로 하여금 다시 지방군을 재건하여 동학군에 맞설 시

간을 벌어야만 했다.

반면 동학군은 시간이 없었다. 시간은 결코 동학군의 편이 아니었다. 경군에게 시간을 준다면 금방이라도 대규모 군대를 모아 자신들을 압박할 것은 자명한 사실이었기 때문이다. 그동안 경군을 회피하며 기세를 올리던 동학군은 이번

에야말로 선택의 기로에 서게 되었다.

이제 전주로 향하는 동학군을 필사적으로 저지해야 하는 경군과, 반드시 북상해야만 하는 동학군은 더 이상 야전을 피할 수 없었다. 양측의 싸움이 목전에 달했던 것이다.

황룡촌의 야전과 무너진 진압계획

1894년 4월 23일, 장성으로 진입한 대관 이학승, 원세록, 오건영과 예하 병력 300여 명은 동학군 본대와 조우했다. 그러나 경군은 크루프 산포와 개틀링 기관총을 각 2문씩 보유하여 지난 번 황토현 전투의 친군무남영 등 전라도 지방군과는 비교가 안 되는 화력을 보유하고 있었다.

이들의 목적은 장성을 거쳐 북상하는 동학군이 전주성까지 진격하지 못하도록 요격하는 것이었다. 초토사 본대는 법성포에 전투 당일 상륙할 해연총제연 병력을 맞이하기 위해 준비 중이었다.

동학군의 진격로를 요격하고 초토사 본대의 지원을 기다려야 할 대관 이학승 이하 경군은 초토사 홍계훈의 지시하에 장성으로 진격, 동학군과 접전을 벌이기 시작했다. 초토사 홍계훈은 이학승 부대가 동학군 주력을 잡고 있는 사이, 법성포에 집결한 병력으로 포위섬멸을 구사하고자 하였다.

최초 교전은 예상대로 동학군이 화력을 앞세운 경군에게 패퇴했다. 동학군의 전선은 삽시간에 황룡촌 뒤편 야산인 월평삼봉까지 밀렸다. 마침 점심 식사를 하던 동학군은 기습의 여파와, 예상보다 강력했던 경군의 화력에 밀려 적절한 대응을 하지 못했다.

동학군이 패퇴하자 대관 이학승은 예하 병력을 이끌고 이들에 대한 재공세를 시도했다. 그러나 동학군에도 군재가 있는 이들이 분명히 있었다. 경군이 생각치도 못한 방법으로 반격을 가했으니, 바로 장태의 활용이었다.

물론 야사와 설화에서 나오는 것처럼 장태

가 경군의 모든 화망을 막아 주거나 혹은 대포 포구에 물을 부어 못쓰게 만들었다는 것은 사실이 아니다. 그러나 평야가 아닌 야산에서 장태를 굴리며 빠른 속도로 내려오는 동학군을 모두 상대하기에는 경군의 숫자는 적었고, 화기 역시 불충분했다.

당시 경군의 주력 화기는 레밍턴 롤링블럭과 M1883 개틀링 기관총, 그리고 크루프사의 6cm Krupp Kolonial und Bergkanone M1870 산포 2문으로 무장하고 있었다.

여기서 주목할 것은 크루프의 산포들이었다. 이 산포들은 좌종당의 신강원정군이 사용한 바가 있던 장비였으며, 청이 1893 4월 4일 해당 산포 8문 및 탄약 2,000발을 조선군에 넘겨 주었다.

일본 공사관 기록에서 조선군이 6근 산포를 보냈다고 했으니 아마도 해당 산포는 좌종당이 사용했던 크루프 사의 장비가 맞을 가능성이 크다. 그러나 해당 산포는 문제가 한 가지 있었다. 바로 속사 자체가 어려웠다는 것이었다. 폐쇄기 개폐형 버전의 크루프사 대포들도 속사를 하려면 새로운 장치를 달아야 했었지만, 조선군이 사용하던 것은 볼트식이었다. 게다가 독일에서는 애초부터 6cm구경의 포들에 속사 기능이 없었다. 이는 청나라에서 사용하던 크루프제 포들의 문제점과도 동일했다. 흑색화약 시대의 한계로 1분 당 2발 이상 사격하기 어려웠다. 포탄의 한계상 사격 이후 포연이 너무 짙어 시계가 제한되었으며, 불규칙 연소로 인해 거리가 멀어질수록 명중률을 기대하기 어려웠다. 즉, 포연을

고려해서 장거리 포격을 가하고자 해도 실제 타격을 주기 어려운 상황이었고, 가까이에서 포격하자니 흑색화약의 짙은 포연으로 인해 시계가 가려져 다음 사격에 지장을 주었던 것이었다.

황룡촌 전투의 패배도 여기서 기인했다. 장태를 활용해 빠른 속도로 산을 내려오는 동학군을 상대로 유효한 화력은 크루프제 산포와 개틀링 기관총이었다. 그러나 M1883 개틀링 기관총의 탄창은 자주 불발이 나는 구조였으며, 불발을 조치하는 동안 포병들이 고폭탄 및 유산탄 화망을 펼쳐 방어할 필요가 있었다. 하지만 조선군의 크루프는 속사포가 아니었다. 보병의 화력이 이를 메꿀 수 있었으나, 이학승의 병력은 포병을 제외하면 보병이 250여 명을 넘지 못했을 것이다.

전투는 이산들와나의 영국군이 맞이했던 비극으로 도래했다. 물론 대관 이학승의 부대는 이러한 동학군의 돌격에 대비해 방어 대책을 준비하기는 했었다. 미리 호를 파고 지원화기를 적극적으로 운용하는 것이었지만, 예상외의 상황을 마주하자 경군의 방어선은 붕괴되었다.

결국 전투는 동학군의 승리로 돌아갔다. 대관 이학승은 패퇴하는 경군 후미에서 시간을 벌다가 전사했고, 친군심영 병력 300명 중 100명 역시 같은 운명을 맞이했다. 대관 원세록과 오건영이 가까스로 남은 부대를 재편했지만, 초토사 본영으로 돌아간 것은 200여 명 남짓이었다.

장비 피해도 심각했다. 레밍턴 롤링블럭 소총 80정과 개틀링 1문, 크루프 산포 1문도 전투 현장에 방기되었다. 그나마 각 1문씩을 겨우 챙겨서 후퇴한 것이 다행일 지경이었다. 동학군은 전투 승리 이후 빠르게 철수했다. 초토사 홍계훈의 본대가 직접 공세를 가할 것이라는 소문이 파다했고, 실제로 그럴 계획이었기 때문이었다.

이 전투의 후폭풍은 조선 정부와 양호초토영에 심대한 충격을 주었다. 양호초토영은 다시

진압 계획을 수정해야만 했다. 초토사 홍계훈은 이학승의 부대에 기대하던 전략을 모두 포기해야 했다.

홍계훈은 당초 소규모 분견대로 동학군의 주의를 끌며 전주성까지 진격하는 것을 요격, 차단한 뒤 고창군에 집결한 초토영 본대와 충청도에서 증원될 친군진남영 소속 100여 명의 병력으로 얕은 포위망을 구성하고자 했었다.포위망을 일단 형성한 뒤로는 각 지역에서 징발한 포군 등 지방군 병력을 합세해 점차 강력한 전선으로 키워 나갈 구상이었다. 이학승의 부대가 공세에 나서지 않고 지속적으로 접촉을 유지하며 요격했다면 양호초토영의 계획은 성공했을 수도 있었다.

그러나 23일 저녁에 들려온 패전 소식은 양호초토영이 더 이상 전주성 방어에 큰 의미를 두기 어렵다는 것을 증명했다. 기존의 전략은 전라도 행정의 중심지인 전주성의 방어를 것을 기본으로 하였다.

물론 전라 감영은 전주성을 방어하고자 했으나, 실질적으로 전주성을 지킬 병력도, 장비도 없었다. 오히려 동학군이 전주성 수비를 위해 소집된 지방군보다 더 나은 장비를 갖춘 상황이었다.

감영 병사 약 200명 정도가 화승총을 지니고 영문을 경호하였고 관리의 출입에는 반드시 3, 4명의 호위병을 거느렸다. 또 매일 사격연습을 하여 상을 주는 등 자주 병졸을 고무시키는 것 같았다.

5월 4일에는 동학도 수천 명이 마침내 감영에서 60리쯤 떨어진 金溝에 모여 시시각각 감영을 습격하려고 한다는 소문이 있어 밤에는 인심이 술렁거렸다. 판관 閔泳昇은 성 내외에 지시하여 農·商·老·幼의 구분 없이 매호당 1명씩 죽창을 들고 급히 鎭北亭에 모이게 하였는데, 모인 사람이 약 7,000명(그 중에는 12, 13세의 어린아이, 60세 전후의 노인도 있었다고 함)이었는데, 1,000명씩 조를 짜서 營城의 4문을 나누어 지키게 하고 나머지는 지시를 기다리게 하였다. 5일 아침 본인도 위와 같은 죽창부대 2,000명 정도를 보았다. 그러나 어젯밤부터 오늘 오후에 이르기까지도 내습할 기미가 없었다.

이는 장성 황룡촌 전투 이후 기록된 일본 공사관 문서로, 전주성 방어를 위하여 농민이든 상인이든, 나이가 많고 적음을 떠나 1호당 1명씩 징집하여 죽창대를 급히 편제했다는 내용이다.

당시 동학군은 대부분이 화승총과 화포로 무장한 상태였으며, 누가 보아도 전주성을 지키겠다는 것은 거의 자살 행위나 다름없었다. 제대로 화기를 장비한 병력은 감영군 200명 정도뿐이었다. 위에 언급된 죽창부대는 실제로 1,000명이 소집되었다.

양호초사 홍계훈으로서는 희망이 없는 전주성 방어전 대신 다른 방법을 택해야 했다. 전라감사보다 상급자인 양호초토사의 권한을 이용하여 전라도 관내 53개 읍에 감결을 내려 즉시 가용한 병력을 모두 동원하라는 명령과 함께 전주성 방어군 전체인 1,000명을 징발해 성 외곽으로 보냈다.

조선 왕실의 본향인 전주를 동학군에 손에 넘겨주는 것은 분명 정치적으로 큰 타격을 입을

수도 있는 상황이었다. 이는 양호초토영도, 전라감영도 모두 잘 알고 있었고, 그렇기에 장성에서 동학군의 북상을 필사적으로 저지하려 노력했던 것이었다.

그러나 이미 상황은 변해 버렸고, 야전에서 겪은 의외의 패배로 인해 기회는 사라졌다. 새로운 기회를 다시 만들어야 했다. 때문에 홍계훈은 미련 없이 전주성을 포기했다. 물론 동학군 견제는 게을리하지 않았다. 500리에 가까운 거리를 추격하며 동학군이 다른 쪽으로 새지 못하도록 막았고, 이들을 전주성에 가두고 포위하는 전략을 선택한 것이었다.

한편 동학군은 이학승의 기동대를 격파했음에도 최대한 초토영 본대와의 결전은 철저히 회피했다. 이학승의 부대를 격파한 것은 여러 가지 조건과 운이 따랐음도 있었거니와 교전에서 경군의 강력한 화력을 경험한 것 역시 결전 회피에 큰 영향을 미쳤다.

초토영으로서는 동학군이 내 준 이러한 사소한 기회도 놓칠 수 없었다. 동학군이 지나간 곳을 다시 장악하여 포군과 수성군을 재조직하고, 일부를 징발해 서서히 병력을 늘려 나갔다. 이는 동시에 동학군에 협조하지 못하도록 통제권을 확보하려는 목적이기도 했다. 전주성으로 동학군이 기동하는 동안 초토영 본대는 이들을 추격하며 후방 안정 및 병력 증강을 택했던 것이다.

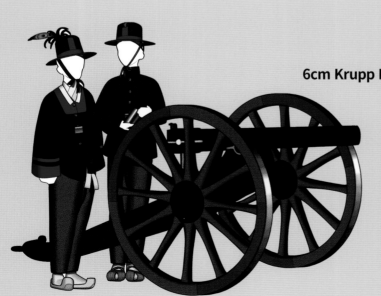

크루프 6cm 산포 M1870
6cm Krupp Kolonial und Bergkanone Modell 1870

6cm Krupp Kolonial und Bergkanone M1870 산포는 좌종당이 신강 원정 당시에도 사용한 크루프제 화포로, 구경 6cm, 포탄의 무게는 약 2.14kg이었으며 최대 사정거리는 2,500m 정도였다. 독일 내에서는 독일령 동아프리카 식민지 부대에 주로 공급했다. 조선에는 1889년 이후부터 도입된 것으로 추정된다. 1894년 해당 산포 8문과 탄약 2,000발이 청으로부터 제공되었으며, 당시 조선에서는 이를 과산포(過山砲)라고 명기하였다. 산을 넘기는 화포라는 의미였다. 동학농민운동 당시 조선군에서 제대로 포병을 갖춘 부대는 경리청 정도였기에, 이 화포는 경리청에서 차출했을 것이다.

물론 이러한 것은 조정에 협조적인 이들이 있기에 가능한 것이었다. 대체적으로 향촌은 동학군에 우호적이었던 반면, 읍성은 조정과 경군에 적극적으로 협력했다. 이는 개항의 물결에서 누가 더 이득을 보는지에 따라 결정된 것이었으며, 동학군이 내세운 것 중 하나인 '전운사의 혁파'가 역설적으로 읍성에는 부를 가져다 주었음을 감안하면 이들의 분열은 사실 이전부터 야기된 것이었다.

그렇기에 경군은 우호적인 읍성으로부터 병력은 물론, 각종 군수품을 구매할 수 있었고 장성 전투의 패배에도 불구하고 서서히 힘을 기를 수 있었다. 동학군은 그 사이 음력 4월 27일, 전주성을 함락시키고 사실상 무혈로 입성하였다. 전주 판관이 지휘하는 전주성 수비 병력이 잠시 교전을 시도했으나 몰려오는 동학군의 기세를 꺾지 못하고 끝내 패퇴했다. 전라감영 및 전보국 등 주요 관청들은 모두 성을 버리듯 빠져나왔고, 전라감사 김문현은 충청 관내까지 달아났다. 동학군은 전주성을 점령하며 기세를 떨쳤다.

그리고 이 시점에 홍계훈은 반격을 준비했다. 4월 28일이 되자마자 초토영은 전주성이 보이는 주요 거점을 장악했고, 4월 23일 장성 전투 이후로 약 5일 동안 모은 병력 1,500명을 직접 투입했다. 주력은 친군장위영 800명과 중앙에서 증원된 친군심영 500명, 그리고 장성에서 패배한 뒤 수습된 병력 200명이었다.

이외에도 지방군 4,000명을 집결시키는 것에 성공했다. 이 병력들은 즉시 전주성으로 나아가는 길목마다 200~300명씩 배치되었으며, 그대로 전주성으로 가는 모든 통신과 보급을 끊어버렸다. 두 번의 실수는 용납되지 않았다. 조정은 다급했고, 초토사는 마지막 승부수를 건 것이다.

양호초토영이 황룡촌 전투의 패배 이후 전선을 재편하고 있을 무렵, 중앙 조정은 매우 큰 혼란에 빠졌다. 믿었던 경군이 동학군에게 격파당했고 심지어 지휘관마저 전사했다는 사실은 너무나도 뼈아픈 것이었다. 당초 1차 증원군 파견 당시 총제사 민응식의 의견대로 전황을 보고 청군의 차병 여부를 결정하자는 입장을 취했던 사람들에게는 믿을 수 있는 보루가 무너진 셈에 가까웠다. 물론 조정 내에서는 해당 논쟁이 치열하게 전개됐다.

차병 반대론자들은 1889년부터 1893년까지 청이 시도한 내정간섭 및 전쟁 위협을 상기하며, 청군을 다시 불러들였다가는 천진 조약에 의거하여 일본군까지 들어와 자국의 안위를 위협할 것이라 주장했고, 차병 찬성론자들은 전통적 중화질서에 의거해 청이 조선을 지켜 주는 것은 당연한 당대의 국제 질서라는 점을 강조하였다.

1882년 임오군란과 1884년 갑신정변 때도 청군이 왕실을 수호하고 국가의 체제를 보장해 주었으며, 그 과정에서 왕실과 체제에 그 어떠한 위협도 가하지 않았다는 점을 강조하였다. 특히나 베트남을 프랑스에게 잃고 사실상 유일한 번국인 조선을 지키는 것은 청에게 무척이나 중요하다는 점, 그래서 제물포에 항시 북양함대 소속 군함 2~3척이 배치되어 있다는 점도 역설되었다.

해연총제사 민응식은 차병 반대론을, 병조판서 겸 친군경리사 민영준은 차병 찬성론을 펼치며 대립하고 있었다. 조선군 내부에서도 이를 두고 치열한 논쟁이 벌어졌다. 양호초토사 홍계훈은 출동 이후 청군의 파병을 요청해 둔 상태였다. 이러한 팽팽한 대립의 끈이 끊어진 것이 장성 황룡촌 전투의 패배였다. 완전히 인내심을 잃은 조정은 청에 군사적 지원을 요청하자고 주장했다. 이미 원세개의 장교들이 전주 일대에 음력 4월 초부터 파견되어 있었으며, 이들 역시 상황을 주시하고 있던 중이었다.

인내심을 잃은 조정과 대규모 패닉, 심지어 전선에서 군대를 이끌던 홍계훈마저도 청군 차병의 당위성 자체를 인정했으니 상황이 어찌 돌아갈지에 대해서는 보지 않아도 뻔한 것이었다. 결국 이러한 결정 자체는 음력 4월 21일의 패전에서 기인한 것이었으며, 병조판서 겸 친군경리사 민영준의 의견에 따라 차병 찬성론 쪽으로 대세가 기울어졌다.

전주성 포위전과 근대 화력전

조정의 패닉은 상당히 길었다. 그러는 사이 초토사 홍계훈의 부대는 음력 4월 27일 전주성을 내준 이후 바로 다음 날인 28일에 전주성에 병력을 이끌고 도착하여 포위를 시작했다. 경군의 지휘소는 당초 전라도 지방군의 집결지였던 용머리 고개에 자리를 잡았고, 친군장위영은 전주성 남쪽의 완산칠봉을 장악하여 포대와 관측소를, 친군심영은 전주성 서쪽의 다가산 일대를 장악하여 성을 위에서 아래로 감제할 수 있는 거점들을 장악했다.

분명 동학군의 전주성 점령은 이들이 거둔 최대의 승리였지만, 동시에 최후의 승리이기도 했다. 경군은 더 이상은 동학군에게 틈을 내주지 않고자 했다. 동학군은 28일부터 전주성 어귀까지 접근해 온 경군을 직접 확인했고, 이후 포위를 막기 위한 치열한 교전이 벌어지기 시작했다.

경군은 전주성 포위 병력을 4,000명까지 증강시켰다. 이 중 1,500명을 직접 전주성 공격에, 나머지 2,500명은 전주성으로 들어가는 모든 통로를 차단하는 데 주력했다. 각 읍에서는 할당된 대로 20~30명가량의 포군들을 증원하였으며, 전라남도 일대에서는 나주 목사 민종렬이 세심히 양성해 둔 지방군이 동학군의 견제를 걸어내면서 어느 정도 안정을 되찾아 가고 있었다.

동학군은 전주성에 펼쳐진 포위망을 뚫어내야만 했다. 그러나 상황은 여의치 않았다. 완산칠봉 일대에 배치된 경군의 포대는 상당히 촘촘했고, 동시에 치명적이었다. 이러한 포대는 이미 음력 4월 8일, 홍계훈의 명령에 따라 미리 축성된 곳이었다.

신속하게 거행할 일이다. 지금 전주부의 동쪽 오목대(梧木臺)에 장위영의 보루(堡壘)를 만들 것이다. 군사가 주둔할 천막과 나팔·북 등의 물건과 깃발 16쪽[面]을 준비하되 깃발은 각 방위의 색으로 하라. 토갑(土甲) 16곳은 높이 1길, 세로 4길, 가로 5길로 하되 4·5칸씩으로 한정하라. 완전하게 준비하되 속히 설치하게 하라. 혹 어긋나게 되면, 전말을 먼저 보고함이 마땅할 것이다.

완산칠봉 일대에 경군이 쓸 보루들이 이미 축성되었으며, 당일 교전에 들어갈 수 있었던 것도 이렇듯 미리 진지가 준비되었던 덕이기도 했다. 경군은 만반의 준비를 하고 있었다. 동시에 동학군이 보유한 화포 사거리 바깥에서 크루프 산포를 동원한 포격을 가했다. 동학군도 대응했지만 사거리가 부족했다. 포격이 가해져도 흙으로 다진 토갑에 막혀 유효타를 줄 수 없었다.

날이 갈수록 동학군 측의 피해가 심대해졌다. 동학군으로서는 상황을 타개해야만 했고, 포위망이 구성되는 것만큼은 막아야 했다. 따라서 4월 28일부터 양측은 성을 두고 교전에 들어갔다. 동학군은 정예 병력을 차출하여 28일 전주성 동문과 서문에서 동시에 용머리 고개 일대의 초토영 본대에 공세를 퍼부었다. 그러나 개틀링 기관총 진지를 구축한 장위영의 방어전에 말려 패퇴했다.

당시 전투에 대해 초토사 홍계훈이 올린 전보 내용은 다음과 같다.

그러나 아군 중 東岡을 맡은 자들이 일제히 발포하자 적도 중 갑주를 입고 환도를 차고 千步銃을 갖고 맨 앞에 서서 올라오던 30여 명이 탄환에 맞아 즉사하였는데 이들은 적당 중에서도 가장 영악하고 사나운 자들이라 하니 가히 그 예기는 꺾었다 하겠고 아군의 西岡을 담당한 자들도 일제히 迎擊하여 적도가 돌아 달아날 때 추격하여 사살한 자가 수백 명입니다. 남은 무리는 성으로 되돌아가 또 다시 성문을 굳게 닫았습니다. 그 후 신은 몸에 갑주를 두르고 10여 명의 士卒을 거느리고 南城 밑에 直抵하여 대포를 계속 쏘았으나 城堞이 견고하여 파괴할 수가 없었고 적당은 성위의 女墻內에 엎드려 있으면서 포환을 연발하는 것만 보였는데 날이 이미 저물어 신속히 공격할 수 없어 어쩔 수 없이

건지산

전주성 전투 배치도
음력 1894년 4월28일~5월8일

유연대

심영 담당

개틀링 포대

황학대

고개

사마교

크루프 포대

완산칠봉

장위영 담당

북문
(공북문)

서문
(패서문)

객사

감영

남문
(풍남문)

경기전

동문
(완동문)

기린봉 ▶

오목대

향교

남천교

경군 방어선

전주성 전투 당시 경군의 배치도. 경군은 용머리 고개에 지휘소를 설치하고, 남쪽의 완산칠봉과 서쪽의 황학대 및 유연대를 중심으로 방어선을 구축하였다. 동학군은 이 지역을 돌파하기 위해 음력 4월 28일부터 5월 3일까지 출성 전투를 감행했으나, 화력 열세로 패전을 면치 못했다.

진으로 돌아왔습니다.

오전부터 저녁 어스름까지 이어진 공방전은 매우 치열했다. 동학군은 기병을 동원한 기동전으로 경군의 포대를 제압하고자 하였으나, 그때마다 방어선에 가로막혀 실패했으며 수많은 사상자를 내고 있었다. 필요하다면 동학군의 돌격에 경군도 착검돌격으로 맞서며 격퇴했다.

이 날 교전에서만 갑주를 입고, 천보총과 칼을 갖춘 채 말을 탄 동학군 30여 명을 포함해 수백 명이 전사했으며 기세가 오른 경군은 밤낮으로 전주성을 향해 포격을 퍼부었다. 초토사 홍계훈이 직접 갑주를 입고 성 남쪽까지 접근해 포격을 지휘하기도 하였다.

화력전에 필요한 탄약 보급은 충분했다. 경군은 보급로 확보에 최대한 신경을 쓰고 있었다. 각 요소마다 배치한 경군 및 지방군이 보급로를 보호하고 있었고, 무엇보다도 기선과 마차들을 통한 물자 수송은 매우 빠른 편이었다. 기기창 역시 재가동하며 필요한 군수품을 생산했고, 상해에서도 각종 탄약들을 구매하며 전주성 전투의 경군을 지원했다.

경군의 장점은 이뿐만이 아니었다. 통신 분야에서도 상당한 강점을 갖추고 있었다. 물론 전주성이 함락당하면서 전주의 전보국이 무너졌지만, 설비는 모두 안전히 철수시켜 노성에서 그 업무를 대신하였다.

동학군으로서는 전주성에 들어간 순간부터 이미 전투의 향방이 결정나 버린 것이었다. 날이 갈수록 포위망은 두터워져만 갔고, 동시에 중앙 정부가 큰 결정을 내렸다. 청군 차병 결정 이후 추가 증원군을 대규모로 파견한 것이었다.

청군에 차병을 한 이후에도 여전히 조정 및 조선군 내부에서는 해당 안건에 대해 시시비비가 끊이질 않았다. 그러나 양측 모두 한 가지 사안에는 동의했다. 바로 청군이 본격적으로 개입하기 전에 동학군을 전주성에서 섬멸하자는 점이었다.

따라서 조선 조정은 2차 증원군, 3차 증원군 파견에 많은 신경을 쓰고 있었다. 특히 2차 증원군은 그 규모도, 지휘관도 상당한 규모였다. 고종은 양호초토영 및 초토사의 상급 제대인 양호순변사를 편제하여 1,040명의 병력을 맡겼다.

투입된 부대는 다음과 같다.

친군 장위영 2개 초 260명
친군 통위영 1개 초 130명
친군 서영 5개 초 650명

이외에 강화도 해연총제영에서 파견한 인천부 방어군 150명 중 70명이 합류했으며, 다수의 포병들을 차출하여 전주성을 포위한 다음 날인 음력 4월 29일에 전라도로 진군하기 시작했다. 사실 조선 정부의 입장에서는 즉시 가용한 편제를 거의 모두 내보낸 셈이었다.

사실 조선 조정은 통위영 병력까지 투입할 생각은 크게 없었다. 통위영은 물자가 상당히 부족한 상태였다. 1891년 탄약고 2곳이 화재로 손실되어 많은 탄약을 망실했거니와, 수도 및 경기도 일대 치안 유지 관계로 차출하기도 빠듯한 상황이었기 때문이었다.

그러나 전주성이 무너지고 청군에 차병까지 한 이상 조기 진압이 정답이었다. 따라서 장위영의 잔류 병력 전원과 친군 서영의 병력 1/4, 그리고 통위영에서 간신히 빼낸 1개 초(대부분 포병대)를 전주로 내려보낸 것이었다.

그리고 통위영의 빈 자리를 메꾸기 위해 경기 감영은 3,000명의 속오군을 급히 소집하여 전장식 소총을 지급하고 경군이 빠져나가 치안이 어지러워진 한성-경기 일대에 대한 통제를 실시하였다. 그야말로 조선 조정 역시 이번 전주성 포위전에 사활을 걸었다고 볼 수 있었다.

3차 증원은 지방 친군영에서 차출한 병력들로 초토사를 지원하기 위해 꾸려졌다. 충청감사가 친군 진남영 소속 100명을 출동시켰으며, 동시에 충청 감영은 음력 5월 1일부로 포군과 보부상에 총동원령을 내렸다. 그리고 이들은 충청-전라 경계를 방어하며 전주성에서 탈출할지도 모를 동학군의 진로를 차단하고 있었다.

이들을 총괄 지휘하는 사람은 조선 왕실과

조정이 가장 신뢰하는 장군인 이원회였다. 그는 노장이었으되 근대식 군대에 대하여 상당히 조예가 깊은 인물이었다. 초토사 홍계훈이 일반 사졸에서 장군이 된 전무후무한 케이스라면, 순변사 이원회는 정통 무관의 길을 걸으며 일본에서 근대식 군대에 대해 배우고, 교련병대부터 1894년 현재까지 조선군을 재조직하는 데 있어 큰 공헌을 한 인물이었다.

그런 그가 군대를 이끌고 남하하기 시작했다. 물론 이원회의 목적은 동학군의 완전 섬멸보다는 회유를 통한 무장해제에 가까웠다. 따라서 염찰사 엄세영도 동행하여 선무공작을 펼쳤다. 그러나 이들의 증원 소식은 전주성에서 희비를 가르게 되었다.

이제 정말로 위기에 봉착한 것은 동학군이었다. 1주일 전과는 상황이 너무 변했다. 조선 정부의 반응은 신경질적이기는 했지만 확실히 반란을 제압하기 위하여 가지고 있는 모든 카드를 내놓았다. 전라감사 김문현을 대신해 김학진을 선임했고 순변사 이원회가 증원군을 이끌고 남하하고 있었다.

무슨 일이 있어도 동학군은 자신들을 포위한 경군의 포위망을 돌파해야만 했다. 그게 어렵다면, 최소한 완산 일대에서 자신들을 내려다보는 포대들을 격파해야만 했다. 그러나 동학군은 이미 28일의 교전에서 많은 피해를 입었다. 500명이 전사했고, 특히 기병대 및 동학군 정예부대의 손실은 너무나도 뼈아팠다.

따라서 음력 4월 28일 이후의 동학군 공세는 주로 용머리 고개가 아닌, 북문 방면의 황학대에 집중되었다. 그러나 해당 지역의 경군은 개틀링 기관총을 장비하고 있었고, 그대로 공세 제파 자체가 개틀링 화망 속에서 사라졌다. 그렇게 다시 29일 전투에서 300명이 전사했다.

단 이틀 사이에 1,000명에 가까운 사상자가 발생하자 동학군은 충격을 받았는지 4월 30일과 5월 1일에는 별다른 공세를 퍼붓지 않았다.

경군은 승전보를 조정에 전보로 올렸고, 한때 패닉에 빠진 왕실과 조정은 냉정을 되찾으며 추가 증원군이 내려갔다는 소식을 전했다.

5월 1일, 대규모 증원군이 한성에서 전주로 출발하자 동학군은 그 다음 날인 5월 2일, 다시 총공세에 나섰다. 이번에는 다시 서문에서 공세를 걸어 초토사 지휘부가 위치한 용머리 고개를 직접 공략, 경군의 수뇌부를 제거하고자 했다.

그러나 용머리 고개의 지형은 그리 호락호락하지도 않았고, 경군의 탄막사격은 매우 치명적이었다. 용머리 고개로 돌격하던 동학군은 경군의 압도적인 화력에 의해 다시 처참한 패배를 맛보았다. 여유가 생긴 초토영은 계속해서 전보를 보내 전라도 관내에서 가용한 병력을 모두 징발하고 있었다.

또한 효유문을 보내 동학군의 출성 투항을 유도하는 등 심리전도 구사하고 있었다. 순창군수와 담양부사에게 300명의 포군을, 금구와 태인에서는 각 20명의 포군을, 김제와 고산, 익산, 임실에서는 30명의 포군을 차출해 용머리로 집결시켰다. 전사한 영장 이경호의 후임으로 온 친군무남영 영장에게도 200명의 병력을 차출하라는 명령을 내렸으며 전라 좌우수영과 병영에서도 각 100명의 포군을 징발했다.

동학군도 계속해서 이런 식으로 전투가 전개된다면 경군의 화력에 모두 익사하는 비극을 초래할 것이라는 우려가 강했다. 4월 28일 이후로 너무 많은 패배를 당했고 필연적으로 사기는 바닥을 쳤다. 거기에 역전의 노장 이

동학군과 관련된 기록에서 흥미로운 부분은, 그들이 갑주를 입고 있었다는 점이다. 1892년 갑주폐지령으로 인해 보유한 갑주류는 각 고을 무기고에 비축 물자로 보관되었다. 그러나 동학군이 고을을 점령하면서 군수물자들을 활용하기 시작하면서, 갑주 역시 사용되었다. 그림의 동학군 병사는 두정갑에 부적을 붙이고 있다.

두정갑을 입은 동학군 병사

원회가 지휘하는, 조선 최정예의 부대들이 자신들을 섬멸시키기 위해 남하하고 있었다.

동학군은 3번의 공세에서 1,000명이 넘는 이들을 잃었다. 경군의 피해는 4월 29일 교전에서 단 1명만이 총상으로 부상당했을 뿐이었다. 분위기를 바꿀 무언가가 필요했다. 이에 따라 동학군은 최대 규모의 공세를 준비했다. 음력 5월 3일에 벌어진 공방전은 전주성 최대의 전투로 일컬어질 만큼 쌍방이 많은 군대를 투입했다. 동학군은 그동안 친군장위영이 담당한 전선을 중심으로 돌파를 시도했지만 이들의 방어선은 매우 견고했다.

따라서 5월 3일의 공세는 친군장위영보다는 약한 방어선을 담당한 친군심영의 전선을 주로 공략했다. 다가산을 방어하고 있는 친군심영은 총 500여 명의 병력을 보유하고 있었으나, 이곳의 전선은 얇고 넓게 분산되어 있었다.

이를 노린 동학군은 오전 10시를 기하여 서문과 북문을 통해 대규모의 부대를 동원했으며, 그대로 다가산의 친군심영에게 타격을 주기 위해 사마교와 인근 하류를 건넜다. 지난 전투에서 연이어 승리하여 방심하고 있던 친군심영은 2~6배 이상의 동학군에게 밀려 패퇴했다. 다가산을 내준 친군심영은 본대가 있는 용머리 고개까지 밀려났다. 동학군은 후퇴하는 친군심영을 쫓아 초토영 본대 어귀까지 근접해왔다. 이때가 전주성 포위전의 분기점이었다.

그러나 초토영 본대의 대응은 침착했다. 다가산에서 철수한 친군심영을 수습해 전열을 재정비하는 한편, 용머리 고개를 중심으로 배치된 친군장위영이 방어선을 사수하도록 했다. 용머리 고개의 전투는 치열하게 전개됐지만 결국 우월한 화력을 지니고 방어선에 버티고 있던 초토영의 승리로 돌아갔다. 동학군은 크루프와 개틀링 포대의 화망, 그리고 경군 보병대의 진격에 전열이 붕괴되었다.

견디다 못한 동학군이 패주하자 경군은 다시 병력을 보내 포기했던 다가산을 다시 접수했다. 전주성 최대 전투라는 명칭이 무색하게 교환비는 처참했다. 동학군은 이 날만 1,000여 명이

전사했다. 경군은 다가산에서 철수하는 과정에서 전사자 1명과 부상자 2명만을 냈을 뿐이었다.

동학군의 지도자인 전봉준이 전투를 지휘하다가 좌측 다리에 총상을 입을 정도였으며, 선봉에서 동학군을 이끌던 소년 장수 이복룡도 이때 경군의 총격에 사망했다. 이처럼 최후의 시도마저도 경군의 화력과 지형지물, 견고한 진지에 가로막혀 실패했다. 이제 동학군은 전주성에서 고사하거나 혹은 이와 같이 출성하여 죽어나갈 수밖에 없는 상태였다.

대승을 거둔 경군은 이 기회를 놓치지 않았다. 조정에 보고를 하는 한편, 전주성의 목줄을 죄기 시작했다. 지난 3일의 전투에서 많은 군수물자, 특히 탄약을 소비한지라 탄약을 다시 비축하기 시작했다.

초토영은 빠른 시일 내로 군수물자 지급이 필요하다고 보고했고, 급히 의주의 호분위가 군수물자를 가지고 남하했다. 동시에 조선의 군수시설과 물류체계가 활발히 가동했다. 기기창과 청평천의 화약 공장들은 지난 80년대 후반에 수입하여 곳곳에 비축해 둔 수백만 발의 미국제 피바디 마르티니 탄약을 손보아 전주로 공급했고, 탄약과 화포에서 쓰일 양화약과 왜화약을 제조하여 경군을 위해 기선을 통해 전주로 많은 물자들을 내려 보냈다. 당시 기기국으로부터 온 전보에는 "청평천에서 새로 제조한 화약 5궤와 일본 화약 5통과 양화약(洋火藥) 300봉과 대포약 40봉과 나개철(螺盖銕) 400개를 지난 16일 강화의 군함편에 이미 실려 보냈습니다"라고 하였다.

그러나 아직까지는 경군도 마음을 놓을 수는 없었다. 음력 5월 7일까지 이렇다 할 양측 사이의 대규모 교전은 없었으나, 중앙에서 출병시킨 순변사 이원회의 야전군이 아직 도착하지 않았기 때문이었다. 아직까지 경군은 전주성 서쪽의 다가산과 남쪽의 완산칠봉만을 장악했을 뿐, 북문 일대는 병력이 모자라 제대로 포위망을 펴지 못했다. 따라서 순변사 이원회의 부대가 도착한 뒤 포위섬멸전을 구상했던 것으로 보인다.

홍계훈은 5월 7일 전보에서 다음과 같이 조정에 보고하고 있었다.

여러 차례 접전할 때 적의 무리 중에 용맹스럽고 힘 있는 자를 격살한 것이 태반이나 됩니다. 지금 성안에 점거하고 있는 자는 모두 남은 무리라고 하는데, 수가 아직도 적지 않습니다. 성 주위 10여 리에는 기영의 군사가 아직 오지 않아 군사가 적어 포위하기가 어려우니 비록 요새의 길을 막고 차단하더라도 밤에는 빠져나가 도망치는 자가 많고 쓸데없이 여러 날을 보내고 있어서 성안에 남아 있는 적도들을 전부 놓칠까 두렵습니다. 그렇기 때문에 속히 운제(雲梯, 사다리)를 만들어 성을 넘어 섬멸할 계획입니다.

홍계훈은 시간이 지체되면 동학군이 포위망이 약한 부분을 돌파하고자 할 것이고, 그렇게 된다면 소탕이 어려워질 것을 염려하고 있었다. 친군장위영과 친군심영은 300여 개의 사다리와 운제를 제작했고, 각 읍에서 징발한 목수들도 공성장비 작업에 대거 투입하였다.

그러던 사이, 충청감영에서 섭사성의 청군이 아산만 일대로 도착했다는 급보가 도착했다. 기병 150명과 보병 1,500명이었으며 이들은 곧 상륙하여 전주로 진격할 것이라는 내용이었다. 초토사 홍계훈은 이러한 정보에 따라 조금 무리가 있더라도 공세를 펼치기로 결심했고, 그 다음날인 음력 5월 8일 오전 9시 30분을 기하여 전주성 일대에 공성전을 시도했다.

예상외로 저항은 미미했다. 이미 전의를 상실한 동학군은 경군이 사다리를 세워 남문 일대에 집중 공세를 펼치자 패퇴하기 바쁜 실정이었다. 남문이 돌파당하자 경군 주력이 이곳으로 밀려들었다. 동학군은 동문과 북문으로 패주했다. 이들을 추격하기 위해 경군은 추격전을 실시하였으며, 각 읍의 포군들이 포위망을 구성하여 빠져나가지 못하도록 계속해서 이동했다.

경군은 전주성에서 지난 장성 황룡촌 전투에서 상실한 크루프 야포 1문과 개틀링 기관총

1문, 각종 화기 1,000여 정과 불랑기 24문, 포탄 10상자, 화약 1,000여 근과 함께 갑주와 투구, 활과 화살과 같은 다량의 군수품을 노획했다.

이렇듯 동학군은 전주성에서 달아났고, 전주 판관은 다시 복귀하여 임무를 수행할 수 있게 되었다. 그러나 이를 두고 순변사와 초토사 사이에 갈등이 생기게 되었다. 전주성 남문에 공성을 걸어 성을 장악했다는 승전보는 즉시 조정에 전보로 보내졌다. 그러나 조정의 반응은 뜻밖이었다. 사다리를 동원하여 공성을 건 것은 매우 경솔했다며 홍계훈의 공세를 지적했다.

조정은 아직 순변사의 부대가 도착하지 않았고, 포위망이 느슨한 상태에서 동학군이 달아나 저항할 것을 우려하고 있었다. 그렇기 때문에 홍계훈의 공세에 대해 비판적이었다. 그러는 사이에 순변사 이원회의 야전군이 전주 일대에 도착하였다. 순변사 이원회와 염찰사 엄세영은 무리한 포위섬멸로 인한 경군의 손실을 줄이고, 동학군에 대한 유화책을 위하여 전주로 내려왔다.

양 측은 곧바로 충돌했다. 초토사 홍계훈은 전주성 남문을 장악했으니 추격하여 동학군을 섬멸할 수 있다고 했고, 순변사 이원회는 성급한 공세를 펼치게 되면 오히려 동학군이 분산되어 진압이 어려워진다고 지적했다. 순변사는 무력 진압 대신 협상과 회유를 통한 조속한 사태 해결을 원했으며, 이들이 대동한 1,040명의 병력은 회담을 유리하게 만들기 위한 압박용 수단이었다.

동시에 청군이 이미 아산에 상륙했고, 이미 많은 정탐들이 붙어 이들의 이동과 행동에 대해 보고를 올리고 있었다. 청군이 본격 개입하기 이전에

포군 병사

포군은 조선 후기 지방의 삼수병 제도 중 포수를 모아 구성한 속오군을 기원으로 한다. 그러나 병인양요 때 포수들이 활약하자 강화도를 시작으로 포군을 별도로 편제했고, 이후 전국으로 확대하여 1876년에는 전국에 약 3만 명에 달했다. 지방마다 운영은 달랐으나, 대부분은 급료를 받아 생활하는 상비군에 가까왔다. 동학농민전쟁기에 소집된 포군의 상당수는 민보군이었는데, 민보군은 각 지역 지방관 주도하에 양반과 향리들이 자체적으로 조직한 자위조직이다.

교전 행위를 종식해야 함에는 양측의 이견이 없었다.

물론 반발은 거셌다. 특히 작전 기간 동안 가장 많은 사상자를 낸 친군심영의 불만은 하늘을 찔렀다. 그들은 친군장위영과는 달리 끝까지 동학군을 섬멸하여 전사하고 부상당한 심영 병력들의 복수를 해야 한다고 주장하고 있었지만 결국 초토영의 명령에 따라 동학측과의 화약이 체결되었다. 그리고 그것은 새로운 전쟁의 도래를 대비한 것이기도 했다.

새로운 전쟁의 도래

전주성에서 대승을 거둔 경군은 동학군 측과 전주화약을 맺고 급히 병력을 철수시켰다. 청군 3,000여 명이 아산만에, 일본군 8,000여 명이 제물포에 며칠 사이의 간격을 두고 상륙하기 시작했다. 조정은 불안에 휩싸였다.

특히 일본군의 상륙에 조선측은 매우 민감하게 반응하였다. 독판교섭통상사무아문 협판 조병직은 일본군이 상륙한 바로 다음날인 음력 5월 6일에 항의 서한을 보내며 반발했다.

조선측은 '귀 병정들이 와서 우리 도성을 險地로 몰아넣었다'라며 강하게 비난했고, 즉시 군대를 철병하라고 요구하였으나 일본 공사관은 정부의 칙령에 있기에 따르기 어렵다며 거절하고 있었다.

1. 군인이 인천항에서 이곳을 향하여 출발하는 데는 군복을 입지 말고 대오를 짓지 말며 병기를 휴대하지 말 것. 상인이나 여행자의 모습으로 될 수 있는 대로 적은 인원으로 개별적으로 入京할 것. 단 전시에 착용하기 위한 각자의 군복을 지참할 것.
1. 병기·탄약은 본 공사관에 비축되어 있는 것을 사용하려고 하지만, 부족한 것은 보통 화물로 하여 군함에서 가져오게 할 것.

일본측은 조선에 300명의 병력만을 상륙시키겠다고 하며, 위의 방법으로 조선측을 기만했다. 또한 병력 상륙에 대해서도 자신들의 거류지 및 공사관을 방어하기 위함이라고 했으나 조선측에서 입수한 정보는 전혀 달랐다. 일본은 최소 1,000명 이상의 병력을 상륙시켰고 해연총제영과 친군심영 본대에서는 지속적으로 경고를 보내 왔다.

조병직은 계속해서 일본 공사에게 경고를 보냈다. 왜 300명이 아니라 4~5,000명에 달하는 병력을 보냈느냐며 항의를 했으나 막무가내였다. 조선으로서도 수도를 방어할 군대를 다시 부를 필요가 있었다.

따라서 음력 5월 19일을 기해 전주성에서 치안을 유지하고 아직 제압되지 않은 각 지방의 동학군을 추격하던 경군에게 복귀 명령이 떨어지게 되었다. 경군은 친군장위영의 포병대 1개 대와 회선포 1문, 그리고 친군심영 주요 지휘관 및 4개 대 520명과 크루프 야포 2문, 친군진남영의 병력 1개 대 130명만을 전주에 남긴 채 나머지 부대는 전주에서 철수했다.

홍계훈은 친군장위영 5개 대 650명과 친군진남영 1개 대 130명, 크루프 야포 2문과 개틀링 기관총 2문을 가지고 우선 육상으로 철수했고, 순변사 이원회의 야전군도 급히 해상을 통해 철수했다. 이들은 공주에 도착한 이후 친군진남영을 청주로 돌려보냈고, 나머지 병력을 추스려 급히 공주에서 북상하기 시작했다. 음력 5월 26일, 초토사의 본대는 한강에 도착했고, 이들의 복귀를 지원하기 위해 장위사 한규설이 병력 300명과 서양식 수레 30대를 이끌고 광화문 바깥에서 이들을 맞이했다.

고종은 건청궁에서 홍계훈을 만나 노고를 치하했다. 조정은 근위대인 친군장위영 본대가 다시 복귀하자 한시름을 놓을 수 있었다. 치안과 국방상 공백이 너무 컸던지라 복귀한 장위영 병력들을 원래 위치에 복귀시켰으며, 초토사 홍계훈은 장위영 정령관으로 돌아왔다.

청군은 아산만에서 진격을 정지했다. 조정의 관심사는 청일 양국 군대의 철병이었다. 청군은 조선 정부가 자체적으로 동학군을 제압했으니 철병하고자 했으나, 문제는 일본이었다. 일본측은 계속해서 차일피일 이런저런 핑계를 대며 철병을 미뤘다.

초토사 홍계훈의 친군장위영 본대가 육상으로 복귀하던 사이, 순변사 이원회의 부대는 해상으로 철수하고 있었다. 아이러니컬하게도 순변사군은 해상으로 철수한 덕분에 일본측의 정보망을 피할 수 있었다.

초토사 홍계훈의 친군장위영 부대는 실시간으로 매일같이 그 위치가 일본 공사관을 통해 파악되고 있었다. 그들은 전보의 내용을 해독하여 조선군의 위치를 알아냈다.

또한 공주에 주둔한 엽지초의 청군 부대와 그곳에서 그들을 접견(혹은 견제)하는 친군진남영 부대의 정보도 속속들이 얻어내고 있었다. 당시 일본은 사실상 조선군 병력 이동 현황 전체를 꿰뚫고 있었다 보아도 과언이 아닐 지경이었다.

그러나 해상 철수로 돌아오는 조선군까지는 알아낼 여유가 없었다. 이원회가 이끌고 간 1,040명의 병력 대부분에 대해서 일본군은 중앙군인 친군통위영이 복귀한 것으로만 알고 별다른 신경을 쓰지 않았다.

사실 그럴 만도 했다. 당시 조선 경군의 담당 구역은 상당히 광활했다. 왕실 근위를 친군장위영이 담당한다면, 통위영은 한성-경기 일대 전체를 통제해야 했고, 그런 만큼 병력이 많이 잔류했으리라 일본측이 생각했기 때문이었다.

하지만 그것은 일본의 오판이었다. 판중추부사 김홍집은 친군서영병들을 평양으로 돌려보내지 않고 그대로 궁궐 내에 유숙시켰고 일본측은 그 정보를 입수하지 못하고 있었다. 이들의 부대는 계속해서 수도로 점차 집결했고, 어쩌면 '유사시'에 왕실과 조정을 구원할 수 있는 비장의 카드가 될 수도 있었다.

한편 일본측은 병참부를 물색하고 계속해서 정보를 정탐하고 있었다. 수도에 주둔하던 조선군의 강점과 약점, 주변 지방의 증원군 및 병영 위치까지 세밀하게 조사하고 있었다.

이미 동래에서는 일본의 정탐 활동에 대해 우려를 표하고 긴밀히 전라도 관찰부와 협조를 이루고 있었다. 부산 해관에서는 동래부 주둔군을 동원해 일본측 정탐자를 체포하고자 했으나 일본의 항의로 실패했다.

따라서 전라 감영에 긴급 서한을 보내 이들을 주의하라고 경고하고 있었다.

-완영(전라감영)에서 전보가 왔다. 일본인 거창궁 등 14명이 입증할 만한 공문도 휴대하지 않고 어제 도착하였다. 곧바로 일본 관리와 의견을 왕래하여 우리측이 순포(巡捕)를 보내 압송해 가겠다고 하자 일관(日館)은 자신들이 병정을 보내 이들을 압송해 오겠다고 서로 입씨름을 하였다.-

이러한 정탐 행위는 수도의 경군과 조정에도 알려졌다. 인천 일대를 방어하던 해연총제영이 이들을 제압하고자 했으나 역시나 일본의 항의로 실패했다.

순검 300명을 선출하였으며, 동래인과 포청의 짐군(擔軍)들이 많이 들어갔으며, 모두 일본 옷을 입었다. 밤에는 도성 내외를 두루 다니고 장위영 병정을 염탐하였다. 일본인들이 골격을 어루만지고서, 그들 스스로 500명을 선출하여 장차 싸움에 나가게 할 것이라고 하였다.

이미 일본은 이렇게 친군장위영 및 주요 군대에 대한 정보를 얻고 있었다. 물론 궁궐 내에 유숙하며 방어선을 구축한 친군서영병의 존재까지는 알 수 없었지만, 적어도 수도 내에서 필요한 정보 대부분은 취합하고 있었다. 청일 양국군의 대치로, 조선은 최소한 자국을 방어할 시간이 필요했다.

그리고 동아시아의 국가들은 각자 선택의 시간을 마주하게 되었다. 어쩌면 역사를 바꿀 수 있는 갈림길이었던 것이다.

홍계훈
양호초토사, 훈련대장

?~1895. 10. 8.
출신지 불명. 한성부 졸.

1876	전라감영 중군. 첨지.
1882	무예별감. 임오군란에서 명성황후 구출. 포천현감.
1883	구성부사.
1884	태안부사.
1885	충청수사.
1886	충청병사.
1889	장단부사.
1890	장위영 정령관.
1892	낭천 현감.
1893	홍재희에서 홍계훈으로 개명.
1894. 3.	전라병사.
1894. 4.	양호초토사. 황룡촌 전투.
1894. 5.	전주성 전투.
1894. 8.	철원부사.
1895	훈련대 연대장.
1895. 10.	을미사변으로 전사.
1896	군부대신 추증. 충의공 증시.
1900	장충단 제향.

홍계훈(초명 홍재희)의 출생은 확실치 않다. 김윤식의 운양집(雲養集)에 남은 기록을 보면 어려서 아버지를 잃은 것으로 보이며, 무예별감으로 근무 중 1882년 임오군란 중 명성황후를 피신시킨 공을 논하는 내용이 실록에 등장하기 전까지는 주요 인물로 등장한 적도 없다. 아마 일신의 무예는 뛰어났을 것이다. 무예별감은 왕을 근거리에서 시위하는 정예 중의 정예병이었기 때문이다. 그러나 무예별감의 선발 조건은 오로지 체격과 무용뿐으로, 공노비나 사노비라도 등용하는 등 출신을 따지지 않았기에 별군직에 속했고, 공식적인 신분 자체는 높지 않았다.

그런 홍계훈의 인생이 일변한 것은 임오군란 때 명성황후를 피난시키는 공을 세우면서부터이다. 궁녀로 일하는 자신의 동생이라고 난군을 속이고는 명성황후를 업어 피난시킨 홍계훈은 난이 끝난 뒤 포천현감에 제수되었다. 친위병이라지만 품계 없는 일반병 신분에서 일약 종6품 지방관으로 올라간 것이다. 이후로도 그는 충청수사(정3품), 충청병사(종2품) 등 일약 군부 최상위권의 직책들을 역임했다. 1893년이 되자 그는 이름을 홍재희에서 홍계훈으로 개명하고 이듬해 전라병사로 부임했다.

1894년 동학농민운동이 일어날 즈음 홍계훈은 중앙으로 올라와 장위영 정령관으로 있었다. 조정은 동학군을 진압하기 위해 장위영을 내려보내며 홍계훈을 진압군의 지휘관인 양호초토사로 삼았다. 동학농민운동을 그린 창작물들 대다수는 조선군을 오합지졸로 묘사하는 경향이 있지만, 이는 대부분 전라도 감영군의 사례이며 장위영과 홍계훈은 중앙의 정예인 만큼 결이 달랐다. 300명만을 파견한 장성 황룡촌 전투에서 패배하고 지휘관 이학승이 전사하는 일이 있었지만, 함락된 전주성을 둘러싸고 홍계훈 지휘하에 벌어진 공방전에서는 경군이 동학군을 압도하여 8일 만에 전주성을 탈환하였다. 그러나 청군에 이어 일본군까지 조선으로 들어오자 부랴부랴 동학군과 화약을 맺고 5월 말 한성부로 돌아왔다.

이후 잠시 철원부사를 거쳐 훈련대 연대장이 된 홍계훈은 을미사변을 맞았다. 을미사변 당시 범궐한 병력의 숫적 주력은 바로 홍계훈이 지휘관으로 있던 훈련대였고, 홍계훈은 사태 수습을 위해 현장으로 달려갔다가 광화문 앞에서 최후를 맞았다. 사태 수습 뒤 조정은 홍계훈을 군부대신에 추증하고 충의공(忠毅公) 시호를 올렸으며, 1900년에는 장충단에 제향되었다.

홍계훈의 행적은 명성황후를 구해 입신출세하고, 명성황후가 숨진 을미사변에서 목숨을 잃었으니 그야말로 고종의, 특히 명성황후의 '충신'이라 할 만하다. 동학농민전쟁 당시 민심을 상하지 않고 동학군을 진압한 점으로 보아 군재도 괜찮은 편이었다. 그러나 이후 일본이 조선에 직접적으로 개입하게 된 계기를 가져온 청군 출병 요청을 정부에 건의한 인물이기도 하다.

참고문헌

1. 史料

『고종왕조실록』
『국립 러시아 해군성 문서 II』
『宮內府去來案文牒』
『승정원일기』
『양호초토등록』
『양호전기』
『이홍장전집』

『주한일본공사관기록』
『프랑스외무부문서 1~9』
『해은일록』
『漢城旬報』
『Papers Relating to the Foreign Relations of the United States』

2. 단행본

강덕수 등,『2014 러시아는 어디로 가는가?』, 한울아카데미, 2019.
김정자,『한국군복의 변천사 연구』, 민속원, 1998.김재승, 『한국근대해군창설사』, 혜안, 2000.
국방군사연구소,『韓國의 軍服飾發達史. Ⅰ, 古代-獨立運動期』, 국방부군사연구소, 1998.
국방부군사편찬연구소,『한국무기발달사』, 국방부군사편찬연구소, 1994.
국방대학교,『일본제국 해군의 발전사』, 국방대학교, 2003
국방부전사편찬위원회,『병인, 신미양요사』, 국방부전사편찬위원회, 1989.
나애자,『한국근대해운업사연구』, 국학자료원, 1998.
배항섭,『19세기 조선의 군사제도 연구』, 국학자료원, 2002.
백기인,『한국근대 군사사상사 연구』, 국방부군사편찬연구소, 2012.
서인한,『대한제국의 군사제도』, 혜안, 2000.
손정숙,『한국 근대 주한 미국공사 연구 : 1883-1905』, 한국사학, 2005.
신용하,『초기 개화사상과 갑신정변연구』, 지식산업사, 2000.
심헌용,『한말군근대화연구』, 국방부군사편찬연구소, 2005.
연갑수,『대원군집권기 부국강병정책 연구』, 서울대학교출판부, 2001.
─────,『고종대 정치변동 연구』, 일지사, 2008.
육군군사연구소,『청일전쟁(1894~1895)』, 육군군사연구소, 2014.

이광린,『한국개화사연구』, 일조각, 1969.
임재찬,『구한말 육군무관학교 연구』, 제일문화사, 1992.
유승주,『조선후기 군수광공업사연구』, 고려대학교민족문화연구원, 2022.
조필군,『일본육군조전』, 박영사, 2021.
최병옥,『개화기의 군사정책연구』, 경인문화사, 2000.
현광호,『대한제국의 대외정책』, 신서원, 2002.
현명철,『메이지 유신 초기의 조선 침략론』, 동북아역사재단, 2019.
Donald. M. Bishop,『Shared Failure: American Military Advisors in Korea, 1888-1896』, Royal Asiatic Society, Korean Branch, 1985.
Harold F. Cook,『Pioneer American Businessman in Korea: The Life and Times of Walter David Townsend』, Royal Asiatic Society, Korean Branch, 1981
John Charles Davis,『U.S. ARMY RIFLE AND CARBINE ADOPTION BETWEEN 1865 AND 1900』, Northern Illinois University, 2007.
Robert Erwin Johnson,『Rear Admiral John Rodgers, 1812-1882』, United States Naval Inst.; 1st edition, 1967.
Spencer J. Palmer,『Korean American Relations, V2: The Period Of Growing Influence, 1887-1895』, Literary Licensing, 2012.

3. 논문

권용식,「朝鮮末 水師海防學堂에 관한 硏究」, 인하대학교 교육대학원 석사학위논문, 2003.
강정일,「지정학으로 본 러시아제국의 對한반도정책(1884-

1904) : 팽창원인과 실패과정을 중심으로」, 고려대학교 사학과 박사학위논문, 2014.
강효숙,「제2차 동학농민전쟁 시기 일본군의 농민군 진압」,

『한국민족운동사연구』 52, 한국민족운동사학회, 2007.

김성학, 「군대식 학교규율의 등장과정과 사회적 기능, 1880~1910」, 『한국교육사회연구』 16, 한국교육사회학회, 2006.

김연희, 「고종 시대 근대 통신망 구축 사업 : 전신사업을 중심으로」, 서울대학교 대학원 협동과정 과학사 및 과학철학전공 박사학위논문, 2006.

김영림, 「淸朝의 근대식 함선 도입과 동아시아의 충격」, 동국대학교 사학과 석사학위논문, 2006.

김영태, 「대원군 집권기의 국방력 강화 정책 = A study on the national defense enhancement policies during the regency of Daewongun(1863-1873)」, 부산대학교 사학과 석사학위논문, 2015.

김정기, 「1880년대 기기국·기기창의 설치」, 『한국학보』 10, 1978.

김정자, 『조선 중·후기 訓鍊都監의 군사복식에 관한 연구』, 『대한의상학회지』 63, 한국복식학회, 2013.

김종학, 「개화당의 기원과 비밀외교, 1879-1884」, 서울대학교 사학과 박사학위논문, 2015.

김지혜, 「한국의 관악 발전사와 제주의 관악 발전사에 대한 비교 연구」, 경원대학교 대학원 음악학과 석사학위논문, 2007.

김진성, 「1882년 임오군란 직후 조·청 관계와 변법개화파의 대청(對淸) 인식」, 성균관대학교 사학과 석사학위논문, 2011.

김현숙, 「개항기 '체육' 담론의 수용과 특징」, 『한국문화연구』 27, 이화여자대학교 한국문화연구원, 2014.

모동주, 「육군박물관 소장 주요 고화기」, 『학예지』 1, 육군사관학교 육군박물관, 1989.

박장희, 「영국 성공회의 강화도 선교와 특징 : 1890-1910」, 동국대학교 사학과 석사학위논문, 2018.

박한민, 「朝日修好條規 체제의 성립과 운영 연구 (1876~1894)」, 고려대학교 한국사학과 박사학위논문, 2017.

손명숙, 「壬午軍亂의 性格에 관한 硏究」, 숙명여자대학교 사학과 석사학위논문, 1989.

신동규, 「갑신정변 체험기 『遭難記事』 필사 원본의 발굴과 사료적 특징」, 『한일관계사연구』 47, 한일관계사학회, 2014.

신효승, 「1871년 미군의 강화도 침공과 전황 분석」, 『역사와 경계』 93, 부산경남사학회, 2014.

연갑수, 「병인양요 이후 수도권 방비의 강화」, 『서울학연구』 8, 신구문화사, 1997.

─────, 「대원군 집권기 무기개발과 외국기술 도입」, 『학예지』 9, 육군사관학교 육군박물관, 2002.

이강칠, 「임오군란 후 친군제도와 군복에 대한 소고」, 『학예지』 3, 육군사관학교 육군박물관, 1993.

─────, 「한국의 화약병기」, 『학예지』 9, 육군사관학교 육군박물관, 2002.

이상태, 「제너럴 셔먼호 사건과 신미양요」, 『군사』 14, 국방부군사편찬연구소, 1987.

이소영, 「근대 국가음악기관의 변천」, 이화여자대학교 한국학과 석사학위논문, 1998.

이종진, 「고종시대 근대적 군사제도의 수용 : 교련병대(별칭 별기군, 왜별기)의 설치와 운영」, 서울대학교 정치외교학부 석사학위논문, 2014.

이희근, 「東學敎團과 甲午農民蜂起」, 단국대학교 사학과 박사학위논문, 1997.

이현아, 「1884년 甲申衣制改革 연구」, 단국대학교 사학과 석사학위논문, 2016.

임경희, 「開港以後 負褓商의 政治化過程 硏究」, 이화여자대학교 정치외교학과 박사학위논문, 1996.

장경호, 「고종의 미국인식에 대한 연구 : 고종과 미국 공사관원·고문관간의 관계를 중심으로」, 강원대학교 사학과 석사학위논문, 2013.

정민호, 「19세기 후반 조선의 대러(對露) 인식의 변화와 조·러(朝露) 관계」, 강원대학교 교육대학원 역사교육전공 석사학위논문, 2017.

정찬도, 「화약 무기와 제국주의 : 19세기 후반 영국군의 아프리카 원정을 중심으로」, 경희대학교 사학과 석사학위논문, 2002.

조기정, 「美國 軍事敎官 招聘을 通한 韓美關係 : 1883~1899」, 이화여자대학교 사학과 석사학위논문, 1980.

조재곤, 「병인양요와 한성근 -한 전기소설을 통해 본 분식된 '전쟁영웅'의 일대기-」, 『군사』 50, 국방부군사편찬연구소, 2003.

─────, 「동학농민전쟁과 전운영(轉運營)-송문수의 활동을 중심으로-」, 『역사연구』 34, 역사학연구소, 2018.

최규남, 「舊韓末 外國 機械技術의 受容 過程 : 大院君의 執權(1864년)後부터 甲午更張(1894년)前까지」, 충남대학교 공업교육학과 석사학위논문, 1991.

최은영, 「조선후기 江華 鎭撫營 개편과 首都防禦策」, 홍익대학교 교육대학원 역사교육 전공 석사학위논문, 2006.

최창묵, 「東學農民軍의 全州城 占領에 관한 硏究」, 원광대학교 사학과 박사학위논문, 2009.

토마스 듀버네이, 「A Comparison of Firearms Used in the Shinmiyangyo」, 『민족문화논총』 제44호, 2010

─────────, 「Empirical Research on the 1871 U.S. Military Action in Korea : 신미양요시 미군의 작전과 무기에 대한 연구」, 영남대학교 사학과 박사학위논문, 2013

하명준, 「朝鮮後期~近代改革期 平安道의 政治·文物 伸長 硏究」, 서울대학교 사회교육과 박사학위논문, 2016.

한보람, 「고종대 전반기 시무개혁 세력 연구」, 서울대학교 국사학과 박사학위논문, 2019.

현광호, 「1880년대 후반~1890년대 전반기 조선의 프랑스 인식」, 『인문학연구』 44, 조선대학교 인문학연구원, 2012.

현광호, 「미국공사 허드의 조선 인식과 외교 활동 (1890-1893)」, 『인문과학』 94, 연세대학교 인문학연구원, 2011.